# 企业文件材料归档范围和档案保管期限规定讲解

qiye wenjian cailiao

Guidang

guidang fanwei he
dangan baoguan qixian
guiding jiangjie

国家档案局 编

中国文史出版社

**图书在版编目（CIP）数据**

《企业文件材料归档范围和档案保管期限规定》讲解/国家档案局编. —北京：中国文史出版社，2019. 1
ISBN 978-7-5034-9940-1

Ⅰ. ①企… Ⅱ. ①国… Ⅲ. ①档案学-学会-学术交流-概况-中国 Ⅳ. ①G279.21

中国版本图书馆 CIP 数据核字(2018)第 290423 号

责任编辑：詹红旗　戴小璇

出版发行：**中国文史出版社**
社　　址：北京市海淀区西八里庄路 69 号　　邮编：100412
电　　话：010-81136606　81136602　81136603（发行部）
传　　真：010-81136655
印　　装：廊坊市海涛印刷有限公司
经　　销：全国新华书店
开　　本：710 毫米×1000 毫米　1/16
印　　张：22. 75
字　　数：280 千字
版　　次：2020 年 7 月北京第 1 版
印　　次：2022 年 2 月第 2 次印刷
定　　价：62. 00 元

# 《档案专业人员培训多媒体教材》

## 编 审 委 员 会

# 《〈企业文件材料归档范围和档案保管期限规定〉讲解》

## 编 写 委 员 会


**主　任**：李晓明

**副主任**：姜延溪　刘　左

**编　委**：蔡盈芳　张晶晶　王　洋　蒋　琴

黄胜国　唐卫华　张宇明　冯　雪

# 出 版 说 明

加强档案专业人员培训是提升档案工作水平和能力的基础。为进一步规范档案专业人员培训工作，提高档案专业人员培训质量，国家档案局组织编写制作了《档案专业人员培训多媒体教材》（以下简称《教材》）。

《教材》以党和国家有关档案工作的政策、法律法规规章以及档案工作的有关标准、规范为依据，将档案管理基本原则和技术要求有机结合，充分体现科学严谨、指导规范、立足实际、面向一线。

《教材》采用纸质载体教材和多媒体教学演示光盘相结合的形式，二者各自独立又互为补充。纸质载体教材包括该科目所涉及的档案工作的有关依据、技术要求、规范程序、质量标准及必要的图示说明等相关内容，重点在于培养学习者具备档案基础理论知识和实际操作技能。多媒体教学演示光盘按照有关档案工作任务的步骤和流程，详细介绍并演示每个工作环节的规范与要求等，指导学习者准确掌握该项工作的基本技能。

《〈企业文件材料归档范围和档案保管期限规定〉讲解》是《教材》系列之一。该教材以《企业文件材料归档范围和档案保管期限规定》（国家档案局令第 10 号）为基础，全面介绍了《企业文件材料归档范围和档案保管期限规定》制定的背景、意义及主要内容，对企业文件材料归档范围和档案保管期限表的编制方法作了详细说明，方便档案行政管理部门和企业档案人员根据工作需要参照学习。

由于《教材》的编写制作时间仓促，难免会有疏漏和不完善之处，各使用单位或个人使用中发现的问题或建议请及时反馈给我们（电话：010—55605241），以便我们修订完善。

国家档案局《档案专业人员培训多媒体教材》编审委员会办公室

2020 年 5 月

# 目　录

# 第一章　《规定》制定的背景、意义和原则

## 一、背景

企业是社会单位组成的重要方面。企业生产经营过程中形成的各种文件材料，既是企业经营的真实记录，也是改革开放以来我国经济成长、发展和壮大的历史记录。在完善社会主义市场经济体制的进程中，企业档案在规范企业管理、辅助生产经营、维护企业权益、完善法制经济、解决企业纠纷以及追踪产品质量方面所具有的重要凭证、依据和参考作用越来越明显。

国际上，规范企业文件材料与档案管理也日益成为通行的法规行为，不少外商投资企业进入中国后都向档案行政管理部门询问有否关于企业文件材料收集、档案保存的有关国家规定。近年来，随着全球化进程加快，一些发达国家对企业文件材料形成与档案保存更是作出严格的法律规定。如美国的“萨班斯法案”（SOX）对上市公司财务文件就有严格保存期限规定。

2008 年，财政部、审计署、证监会、银监会、保监会印发的关于《企业内部控制基本规范》，要求企业应当以书面或者其他适当的形式，妥善保存内部控制建立与实施过程中的相关记录或资料，确保内部控制建立与实施过程的可验证性。其后，作为全面提升上市和非上市大中型企业经营管理水平的重要举措和应对国际金融危机的重要制度安排，五部门又联合发布了《企业内部控制应用指引》《企业内部控制评价指

引》和《企业内部控制审计指引》，其中多处要求企业建立完善的档案、记录管理，确保企业行为的可审计性。这说明良好的档案管理对加强和规范企业内部控制，提高企业经营管理水平和风险防范能力，促进企业可持续发展，维护社会主义市场经济秩序和社会公众利益等，具有重要的基础作用。

2010 年，在过去有关标准、规定的基础上，国家档案局着手研究起草《规定》，以适应市场经济体制完善、WTO 法规一致性要求，进一步规范国有、民营及外商投资等各类企业的文件材料归档范围和档案保管期限。

《规定》的制定，正是适应社会主义市场经济体制完善和现代企业制度、现代产权制度的要求，规范企业各类文件材料的归档范围和档案保管期限，使企业档案成为企业内部控制、健全各项管理、依法规范经营的基础，有效地服务企业各项活动的凭证参考需要，并满足国家和公众对企业依法生产经营进行监督管理的要求。

## 二、意义

为适应市场经济完善、法规一致要求，国家档案局制定《规定》，以进一步规范国有企业、民营企业及外商投资企业等各类企业的文件材料归档范围和档案保管期限，使企业档案成为企业内部控制、健全各项管理、依法规范经营的坚实基础，成为满足国家和公众对企业依法经营进行监督管理的重要依据，成为有效服务企业各项活动、承载企业发展历程的真实记录。

《规定》是一部新形势下企业档案业务建设的重要规章，是改革开放以来我国企业档案工作提升发展的重要成果，是企业科学界定文件材料归档范围，准确划定保管期限的重要指南。《规定》的贯彻实施，对企业科学编制文件材料归档范围和档案保管期限表，推动企业和国家档案资源建设具有重要意义。各级档案行政管理部门和各级企业应该从依法治档的高度，正确认识和贯彻实施《规定》，增强学习贯彻的主动性和自觉性，正确把握《规定》的精神实质和实施要求，使《规定》能够在企业中落到实处。

## 三、原则

《规定》制定遵循下列原则：

一是法规一致。体现市场经济体制要求，面向各种类型、各种规模、各种所有制及外资等在中国境内经营的所有企业。

二是科学发展。全面涵盖各种门类和各种载体文件材料基础上，贯穿以人为本，重视公民权益，体现合规管理，履行社会责任。

三是与时俱进。充分考虑我国企业发展现状和企业研发、生产、经营和管理活动的特点，适应社会主义市场经济体制完善和现代企业制度、现代产权制度建立的要求。

四是明确责任。对档案行政管理部门和企业在执行《规定》中的职责和义务做出规定性要求。

# 第二章　《规定》内容介绍

## 第一节　《规定》的结构与主要内容

### 一、《规定》概览

《规定》分为正文和附表，正文对企业文件材料归档范围和档案保管期限表提出要求；附表为《企业管理类档案保管期限表》，是一表多用，既有归档范围又有保管期限。

规定全文共21条，包括5个部分。

**第1部分：目的、意义、定义、责任要求**

第一条至第三条，就《规定》制定的目的、意义和有关定义进行说明，对管理责任提出了要求。

**第2部分：企业文件材料归档范围及要求**

第四条至第六条，就企业文件材料的归档范围提出了要求。

**第3部分：企业文件材料具体内容及保管期限**

第七条至第十四条，就企业文件材料归档范围和档案保管期限的划分提出要求。

**第4部分：档案保管期限表的编制及报审要求**

第十五条至第十八条，就企业文件材料归档范围和档案保管期限表的编制工作提出要求。

**第5部分：适用及附则**

第十九条至第二十一条，对《规定》内容的适用性、解释权和生效时间进行规定。

5个部分中，第1部分是基础，第2、3部分是核心，第4、5部分是保障，共同构成规范企业文件材料归档范围和档案保管期限工作的全过程要求。

## 二、《规定》与其他文件的关系

### （一）国家档案工作法规体系构成

国家档案工作法规体系按层次从高到低依次由档案法律、档案行政法规、地方性档案法规、档案规章、档案规范性文件等组成。

档案法律由全国人民代表大会及其常务委员会制定，并由国家主席签署主席令予以公布。主要有《中华人民共和国档案法》以及刑法、民法等基本法律及其他专门法中涉及的档案内容或条款。

档案行政法规由国务院根据宪法和法律制定，并由总理签署国务院令予以公布。

地方性档案法规由省、自治区、直辖市以及较大的市的人民代表大会及其常务委员会根据本行政区域的具体情况和实际需要制定，并由大会主席团或其常务委员会发布公告予以公布。

档案规章，包括国务院部门规章和地方政府档案规章。部门规章由国家档案局依据法定权限制定或国家档案局与国务院其他专业主管机关或者部门联合制定，并由部门首长签署命令予以公布。

档案工作规范性文件由各种办法、细则等组成。

### （二）《规定》的性质与效力

《规定》以令的形式颁布，属于国务院部门规章，其效力高于一般的由部门制定的规范性文件，如办法和标准规范。因此，其他有关企业文件材料归档范围和档案保管期限的办法、标准、规范与本《规定》

相冲突时以本《规定》为准。

(三)《规定》与《企业档案工作规范》的关系

《规定》是行政规章，《企业档案工作规范》属于标准规范类文件，而且标准的附录是参考性附录，所以《规定》在文件效力上高于标准规范类文件。《规定》是根据最新的形势和原则编写的，内容有更好的针对性和适应性。

(四)《规定》与《国有企业文件材料归档办法》的关系

《国有企业文件材料归档办法》是2004年由国家档案局和国务院国有资产监督管理委员会联合下发的，文件附有《国有企业文件材料归档范围》，对国有企业文件材料的归档范围进行了规定。这两个文件在总的思想和原则上并不冲突，主要区别在于由于《国有企业文件材料归档办法》成文较早，条目设置比较原则，许多新的文件内容未在文件中体现出来，因此企业在制修订文件材料归档范围和档案保管期限时，应以《规定》为准。

(五)《规定》与其他办法、标准规范的关系

《规定》只提供了企业文件材料归档范围和管理类档案保管期限表的编制依据，并对编制工作进行了原则性的规定。由于各专业档案产生的多样性，每个专业领域产生的文件材料千差万别，因此其他有关档案规章制度、标准规范，可以作为企业制定其他文件材料归档范围和档案保管期限表时的参考。如国家档案行业标准《建设项目档案管理规范》(DA/T 28—2018)、《科学技术研究档案管理暂行规定》《企业职工档案管理工作规定》《会计档案管理办法》(财政部、国家档案局令第79号)等，就是企业建设项目、科研、会计、职工等的文件材料归档范围和档案保管期限表编制的重要参考依据。企业在编制文件材料归档范围和档案保管期限表时依据国家及专业相关规定，正是《规定》的要求之一和倡导的精神(见《规定》第十五条)。

# 第二节 《规定》正文内容释义及特色

## 一、正文内容条文释义

第一条 为便于企业正确界定文件材料归档范围，准确划分档案保管期限，促进企业依法经营和规范管理，根据《中华人民共和国档案法》《中华人民共和国档案法实施办法》，制定本规定。

本条主要是明确《规定》制定的目的和法律依据。

《档案法实施办法》明确对国家和社会有保存价值的档案属于国家所有的，由国家档案局会同国家有关部门确定具体的范围。

《规定》对企业文件材料归档范围和档案保管期限表的制定工作进行详细的规范，制定这样一个规章的最终目的就是为了企业在档案工作中正确界定文件材料的范围，准确划分档案保管期限。

将制定10号令的目的定位为上述内容是有其根据的。尽管企业档案工作很早就成为企业基础管理的一部分，企业档案的作用也为大家所知，但在文件材料归档范围的界定和档案保管期限的划分上一直存在着粗放和理念滞后的问题。表现为归档范围没有随着企业活动重点的变化而变化，许多新产生的文件材料没能纳入归档范围，文件材料归档范围和档案保管期限表述过于概括。在保管期限的划分方面，重管理轻业务；在划分方法上档案部门要么大包大揽，要么听由业务部门自主划定，其最终结果是档案资源结构不合理，档案资源难以发挥应有的作用。

正是为了改变上述状况，国家档案局根据近年档案工作发展的需要，并参照8号令，制定出了《规定》。

在《规定》制定的依据方面则是高于国家档案局令的《中华人民共和国档案法》《中华人民共和国档案法实施办法》，其他低于国家档案局令的规章制度、标准规范都不能作为制定的依据，但可以是其制定过程中的参考，其中就包括《企业档案工作规范》。

第二条　本规定所指的企业文件材料是指企业在研发、生产、服务、经营和管理等活动过程中形成的各种门类和载体的记录。

本条文对企业文件材料进行了定义。在这个定义中要注意其外延的广泛性。

一是企业活动过程外延。即企业文件来源于企业的所有活动过程，这个过程主要包括的是企业围绕产品或服务开展的研发、生产、服务、经营和管理等日常活动，但企业文件材料还形成于企业本身的演化过程活动，其中就包括企业自身的设立、分立、合并、解散等过程。

二是企业文件材料内容外延。包括文书、科技、生产、管理、专项业务，以及二维、三维、多媒体等各类内容的记录。

三是载体外延。即企业文件材料的载体形式包括所有的形式，文字、图表、声像、电子、实物等，不论何种载体，凡带有记录的性质均属文件材料的范畴。

第三条　各级档案行政管理部门依照企业资产关系分别负责对企业文件材料归档范围和档案保管期限表编制工作进行业务指导和监督。

本条款规定了企业文件材料归档范围和档案保管期限表编制工作中的业务指导和监督权限，权限划分的范围是资产关系。由于企业文件材料归档范围和档案保管期限表编制工作是一项与企业产品和业务高度相关的专业性很强的工作，所以业务指导和监督应按照资产关系和专业活动来进行。中央级企业（包括中央企业、中央金融企业、中央文化企业等）负责监督指导下属企业文件材料归档范围和档案保管期限表编制工作。地方国有企业同样应负责监督指导下属企业文件材料归档范围和档案保管期限表编制工作。

第四条　企业文件材料归档范围是：

（一）反映本企业在研发、生产、服务、经营、管理等各项活动和基本历史面貌的，对本企业各项活动、国家建设、社会发展和历史研究具有利用价值的文件材料；

（二）本企业在各项活动中形成的对维护国家、企业和职工权益具有凭证价值的文件材料；

（三）本企业需要贯彻执行的有关机关和上级单位的文件材料，非隶属关系单位发来的需要执行或查考的文件材料；社会中介机构出具的与本企业有关的文件材料；所属和控股企业报送的重要文件材料；

（四）有关法律法规规定应归档保存的文件材料和其他对本企业各项活动具有查考价值的文件材料。

本条是《规定》的重点内容之一。列出了企业文件材料的归档范围，各要点之间基本按照文件材料的来源和价值来安排的。第（一）、（二）点规定了本企业形成文件材料，第（三）点是指企业外部发来的文件材料，第（四）点是指其他来源的文件材料。

以上四款是原则规定，既是企业判断文件材料是否需要归档的价值标准，同时又赋予了企业编制本企业文件材料归档范围的自主性和灵活性，各企业应从实际出发，根据本企业的职能活动，合理界定文件材料的归档范围。

第五条　企业下列文件材料可不归档：

（一）有关机关和上级主管单位制发的普发性不需本企业办理的文件材料，任免、奖惩非本企业工作人员的文件材料，供工作参考的抄件等；

（二）本企业文件材料中的重份文件，无查考利用价值的事务性、临时性文件，未经会议讨论、未经领导审阅和签发的文件，一般性文件的历次修改稿、各次校对稿，无特殊保存价值的信封，不需办理的一般性来信、来电记录，企业内部互相抄送的文件材料，本企业负责人兼任外单位职务形成的与本企业无关的文件材料，有关工作参考的文件材料；

（三）非隶属关系单位发来的不需贯彻执行和无参考价值的文件材料；

（四）所属和控股企业报送的供参阅的一般性简报、情况反映，其他社会组织抄送不需本企业办理的文件材料；

（五）其他不需归档的文件材料。

本条规定了企业文件材料的不归档范围。本条款表述是可选意思，即上述文件材料只是可不归档，不是绝对的不能归档，如本企业认为上述文件材料有需归档的也可以列入归档范围，因此，只是将这些文件材料成分列出，供制定本企业的有关规定或界定归档范围时参考。

第六条　凡属企业归档范围的文件材料，必须按有关规定向本企业档案部门移交，实行集中统一管理，任何个人不得据为己有或拒绝归档。

本条对文件材料的管理方式做出规定，即文件材料必须向档案部门移交，实行集中统一归档，除有其他规定的情形外，文件材料不得由个人保管而拒绝归档。此条文依据《档案法》，强调集中统一管理。

第七条　企业档案的保管期限定为永久、定期两种，定期一般分为30年、10年。

本条对企业档案保管期限的设置进行重新规范。将原企业档案保管期限由永久、长期、短期三分法改为两分法即永久、定期，定期实行标时制，即30年、10年，这是企业档案价值鉴定的重大改革，同时与机关档案价值鉴定方法保持一致。标时制有利于优化企业档案资源结构，加快剔除无利用价值档案的频率，减少保管档案的压力。标时制在理念上不同于原来的三分法。

第八条　永久保管的企业管理类档案主要包括：

（一）本企业设立、合并、分立、改制、上市、解散、破产或其他变动过程中形成的文件材料，本企业董事会、监事会、股东会的构成、变更、召开会议、履行职责和维护权益的文件材料；

（二）本企业资产和产权登记、评估与证明文件材料，资产和产权转让、买卖、抵押、租赁、许可、变更、保护等凭证性文件材料，对外投资文件材料；本企业资本金核算、确认、划转、变更等文件材料，企业融资文件材料；

（三）本企业关于重要问题向有关机关和上级主管单位的请示、报告、报表及其复函、批复，有关机关和上级单位制发的需本企业办理的重要文件材料，行业协会、中介机构等对本企业做出的重要决定、出具的审计、公证、裁定等重要文件材料，本企业与其他组织和个人形成的重要合同、协议及补充协议等文件材料；

（四）本企业发展规划、战略决策、重大改革、年度计划和总结文件材料，内部管理制度、规定、办法等文件材料；

（五）本企业机构演变，人力资源管理的重要文件材料；本企业涉及职工权益的其他重要文件材料；企业文化建设文件材料；

（六）本企业经营管理工作的重要文件材料；

（七）本企业生产技术管理工作的重要文件材料；

（八）本企业行政管理工作的重要文件材料；

（九）本企业党群工作的重要文件材料；

（十）新闻媒体对本企业重要活动、重大事件、典型人物的宣传报道；

（十一）有关机关和上级主管单位领导、社会知名人士等重要来宾到本企业检查、视察、调研、参观时的讲话、题词、批示、录音、录像、照片及企业工作汇报等重要文件材料；本企业参与国家和社会重大活动的重要文件材料，本企业职工参加省级以上党、团、工会、人大、政协等代表大会形成的重要文件材料；

（十二）本企业直属单位、所属、控股、参股、境外企业和机构报送的关于重要问题的报告、请示和批复等文件材料。

本条界定了永久保管的管理类档案的文件材料归档范围，是《规定》的重点内容。在逻辑顺序上基本上以企业活动并结合来源顺序进行表述，其中对与人和与资产产权活动有关的文件材料作了重点和更细的规定，体现了《规定》以人为本和突出企业独立法人资格的思想。同时遵循将重要文件材料列入永久档案归档的思想与原则。

永久档案把握的重点，首先是以“我”为主，自己产生的独有的带有凭证、依据性的文件；其次是外来文件中需要执行和依据性的重要文件。

第九条　定期保管的企业管理类档案主要包括：

（一）本企业资本金管理、资产管理的一般性文件材料；本企业涉及职工权益的一般性文件材料；

（二）本企业部门工作或专项工作规划，半年、季度、月份计划与总结等文件材料；

（三）本企业召开会议、举办活动的一般性文件材料；发布的一般性公告；

（四）本企业经营管理工作的一般性文件材料；

（五）本企业生产技术管理工作的一般性文件材料；

（六）本企业行政管理工作的一般性文件材料；

（七）本企业党群工作的一般性文件材料；

（八）本企业关于一般性问题向有关机关和上级主管单位的请示、报告、报表及有关机关和上级主管单位的复函、批复；有关机关和上级主管单位、行业协会制发的需本企业贯彻执行的一般性文件材料和对本企业出具的一般性证明文件；本企业与其他单位和个人形成的一般性合同、协议文件材料；

（九）直属单位、所属和控股企业一般性问题的请示、报告、来函与本企业的批复、复函等文件材料；

（十）本企业参与国家和社会活动的一般性文件材料，本企业职工参加省以上党、团、工会、人大、政协等代表大会形成的一般性文件材料；本企业接待重要来宾的工作计划、方案等一般性文件材料。

本条界定了定期保管的管理类档案的文件材料范围，也是《规定》的重点内容。以企业活动并结合来源为逻辑顺序进行叙述，其中对与人和与资产产权活动有关的文件材料基本没列入定期保管，体现了本《规定》以人为本和突出企业独立法人资格的思想。列入定期保管期限的文件材料基本以企业活动中形成的一般性文件材料为主。

定期档案更多的是过程性、说明性的文件材料。

第十条　企业经营管理、生产技术管理、行政管理、党群工作等管理类档案保管期限见附件。

本条规定了管理类档案保管期限的划分方案，引出了附表。本条首次使用“管理类档案”一词。关于“管理类档案”的含义，可参照问题解答。

第十一条 本规定的管理类档案保管期限为最低期限，各企业在具体划分时可选择高于本规定的期限。

本条对档案保管期限的灵活处置原则进行了规定，是对第六条的补充。即企业在划分档案保管期限时可不限于永久、30 年、10 年三个时间期限，可设置 40 年、20 年、25 年等时间期限，但都不得低于《规定》确定的期限，如应划为永久的档案不得定为 50 年，应划入 30 年的档案不得划为低于 30 年保管期限，但可以划为 35 年或 40 年。

第十二条 企业产品生产和服务业务、科研开发、基本建设、设备仪器、会计、干部与职工人事等文件材料的归档范围和档案保管期限，按国家有关规定、标准，结合企业实际执行。

本条规定了除管理类档案外的企业其他各类档案的文件材料归档范围和档案保管期限表编制要求。尽管《规定》管理的范围是企业所有文件材料归档范围和档案保管期限，但由于企业产品和服务千差万别，文件材料的归档范围也是千差万别，因此，无法制定出比较统一的参考表。各企业在制定产品生产和服务业务的文件材料归档范围和档案保管期限表时要按国家有关规定、标准，结合企业实际情况执行。

科研开发、基本建设、设备仪器、会计、干部与职工人事等文件材料的归档范围和档案保管期限表，国家已有办法、标准和规范，各企业可直接引用和参照，参考依据分别为：基本建设、设备仪器依据《企业档案工作规范》和《建设项目档案管理规范》（DA/T 28—2018），会计档案依据《会计档案管理办法》（财政部、国家档案局令第 79 号），职工人事档案依据《企业职工档案管理工作规定》（劳力字〔1992〕33 号）。

本条款也更加明示了《规定》条款的覆盖范围不仅是管理类档案，而是企业的各类档案。各企业既要关注管理类档案的管理，更应该管理与业务并举，各类档案业务同步发展。

第十三条　企业应归档纸质文件材料中，有重要修改意见和批示的修改稿及有发文稿纸或文件处理单的，应与文件正本、定稿一并归档。

企业对于无相应纸质或确实无法输出成纸质的电子文件应纳入归档范围并划分保管期限。

企业对归档的电子文件的元数据要进行相应归档。

本条规定了文件不同稿本和电子文件归档的要求，是对第三条、第四条、第七条和第八条的补充说明。

一是将有重要修改意见和批示的修改稿纳入归档范围，这是对第四条中“未经领导审阅和签发的文件，一般性文件的历次修改稿、各次校对稿”的补充。

二是强调将电子文件纳入归档范围和要求，尤其是对无法输出纸质文件的电子文件特别作了强调。这是因为现有的有关电子文件的管理制度、标准、规范在电子文件的归档范围上均表述为参照纸质文件的归档范围，但在企业活动中实际产生大量无对应纸质文件的电子文件，如无法输出纸质的三维图形，这些电子文件往往成为归档的死角，因此本条特别做出说明。有条件的企业最好能在电子文件的归档范围和电子档案的保管期限上下功夫，将电子文件的归档范围和电子档案保管期限进行细化，列出需归档的电子文件的名称或内容，增强操作性，促进企业电子文件的归档。

三是强调了电子文件元数据的归档原则，即要与电子文件同时归档。电子文件元数据的管理可参照《文书类电子文件元数据方案》（DA/T 46—2009）。

第十四条　多个企业联合召开的会议、联合研制的产品、联合建设或研究的项目、联合行文所形成的文件材料，原件由主办企业归档，其他企业将相应的复制件或其他形式的副本归档。

本条规定了多个单位共同完成的项目、联合行文产生的文件材料归档的原则，即以主办单位为主归档原则。而且也只有在只有一份正本的情况下才适用本条款，如原件有多份，可分别归档原件。本条所涉及的联合研制的产品、联合建设或研究的项目要与实际工作中产品部件分包、配套区分开来。

第十五条 企业应依据本规定和国家及专业相关规定，结合本企业生产组织方式、产品和服务特点，编制本企业的各类文件材料归档范围和档案保管期限表。企业应按资产归属关系，指导所属企业根据有关规定规范各类文件材料归档范围和档案保管期限表的编制并审批所属企业的文件材料归档范围和档案保管期限表。

本条对企业文件材料归档范围和档案保管期限表的编制工作做出了规定，其中包括两层意思。一是要求各企业在编制文件材料归档范围和档案保管期限表时除依据本规定、国家及专业其他相关规定外，要结合本企业的生产组织方式、产品及服务特点，而不是照抄照搬范本和有关规定。二是要求凡是有下属单位的企业除按要求编制公司本部文件材料归档范围和档案保管期限表外，还必须指导下属单位编制各类文件材料归档范围和档案保管期限表，并进行审批。在这方面企业所起的作用与档案行政管理部门相同。但需要注意的是企业对下属单位的业务指导和档案保管期限表的审查是包括所有的档案类别，而不仅仅是管理类档案。但是各级档案行政管理部门在审查企业集团或总部时则可以进行取舍，可只对管理类文件材料归档范围和档案保管期限表进行审查。

第十六条 中央管理的企业（包括国务院国有资产监督管理委员会监管中央企业、金融企业、中央所属文化企业等）总部的文件材料归档范围和管理类档案保管期限表，报国家档案局同意后执行。

地方国有企业总部编制的文件材料归档范围和管理类档案保管期限表，报同级档案行政管理部门同意后执行。

本条对国有企业文件材料归档范围和管理类档案保管期限表的审查分工进行规范，是各级档案行政管理部门开展工作的依据。

审核把关是保证企业文件材料归档范围和档案保管期限表质量的重要措施，是档案行政管理部门履行监督指导职责的一种方式。本《规定》规定的对国有企业文件材料归档范围和档案保管期限表的审核是为了加强对国有企业档案工作的监督和管理。提高档案质量，是国家档案资源建设的基础。

第十七条　企业资本结构或主营业务发生较大变化时，应及时修订和完善文件材料归档范围和档案保管期限表。

本条仍旧是对企业文件材料归档范围和档案保管期限表的编制方法作出规定，即设定了修订和完善文件材料归档范围和档案保管期限表的条件。这个条件是定性的，具体实施过程中需要各企业根据实际情况掌握，其目的是改变有些企业一份文件材料归档范围和档案保管期限表一管十几年的状况。我国的企业处于快速发展中，在这个过程中，企业在经营范围、规模、资本结构、治理结构、经营管理工作重点等方面都在发生着变化，这些变化有可能会产生新的文件材料，或改变原有文件材料的名称，此时如文件材料归档范围和档案保管期限表不及时修订，有可能使原修订文件材料归档范围和档案保管期限表的适应性和规范性降低，在实际归档工作中遗漏重要文件材料。一般来说，文件材料归档范围和档案保管期限表满五年应再次修订。

第十八条　企业在编制文件材料归档范围和档案保管期限表时，应全面分析和鉴别本企业形成文件材料的现实作用和历史价值，统筹考虑纸质文件材料与其他载体文件材料的管理要求，准确界定文件材料的归档范围和划分档案保管期限。

本条要求是保管期限划定过程中要统筹考虑纸质文件材料与其他载体文件材料的管理要求，如电子档案由于其存储密度大、管理成本较低，可适当延长保管期限。

第十九条　本规定适用于在中华人民共和国境内注册设立的企业，在境外经营的企业，由企业总部参照本规定提出实施要求；科技事业单位可参照执行。

关于《规定》适用的企业范围是所有在中华人民共和国境内注册设立的企业，包括不同所有制、不同规模、不同产品的企业，但对非国有企业不强制要求审查。国内机构在境外经营的企业由国内机构参照《规定》提出实施要求。鉴于目前尚未制定针对事业单位的文件材料归档范围和档案保管期限规定，科技事业单位可参照本《规定》执行，这也是考虑到科技事业单位活动在本质上与企业基本相同的实际。

第二十条 本规定由国家档案局负责解释。

本条规定了《规定》的解释权，即由国家档案局负责解释。国家档案局负责法规解释事务的一般是政策法规司，具体到企业档案业务工作也可咨询经济科技档案业务指导司。

第二十一条 本规定自2013年2月1日起施行。

根据《立法法》，一份规章施行前必须提前一个月公布，即施行必须在公布后的至少一个月，因此，本规定生效时间为2013年2月1日。

企业在具体实施过程中不必拘泥于生效日期，而是在充分做好准备、将本企业的文件材料归档范围和档案保管期限表编制完成并经上级部门同意执行后开始在本企业实施。由于在保管期限设置上改革较大，实施过程中一定要做好有关衔接和准备工作，不要在同一年度中同一类型的档案保管期限既有三分法又有标时制。

## 二、《规定》正文条款特色

《规定》与以往下发的类似规定相比有许多创新和特色，主要体现如下：

1.《规定》明确了归档范围的划分标准

主要体现在第四和第五条。以前，刚到档案部门工作的员工一定会问的一句话就是，“什么是档案，什么样的文件要归档，是不是所有的文件都要归档？”更有初到档案室工作的同志在归档时把当年收到的文件全部按收到的先后顺序装订，并称之为归档。第四、五条的内容就是为了解决这个问题而设置的。在《规定》中非常清楚地说明了哪些需要归档，哪些不需要归档。

2. 明确了管理类档案保管期限界定标准

主要内容体现在第七、八条。分别清楚地划出了管理类的永久保管档案的划分原则和定期保管档案的划分原则，后面的附表完全是按照此原则来设定的，这也是以前有关规定所没有的。

3. 将保管期限三分法改为标时制

将企业档案保管期限由永、长、短三分法改革为永久、定期，定期再分为30年和10年。现在大多数企业使用的是三分法，也有些企业参照8号令对管理类档案采用标时制，但其他各类档案仍旧沿用三分法。《企业档案工作规范》提出了企业档案的标时制，但由于该规范并非强制执行，所以很多企业也并未全部采用标时制。《规定》将企业档案保管期限由三分法改为标时制，这就意味着，不仅管理类档案，其他各类档案也要求采用标时制，主要是考虑档案管理的一致性。

4. 对国有企业文件材料归档范围和档案保管期限表设置了审查机制

内容见第十五条。这也是第一次针对企业制定的国有企业文件材料归档范围和档案保管期限表设置了审查机制，目的是为了提高文件编制的质量。审查分工划分如下：

（1）国家档案局负责管理中央企业总部文件材料归档范围和档案保管期限表的审查；

（2）省级以下档案行政管理部门负责本区域内地方国有企业制定的文件材料归档范围和档案保管期限表的审查；

（3）中央企业的下属企业，其文件材料归档范围和档案保管期限表由其上级企业，即中央企业总部或中央企业总部授权的机构审查。

## 第三节 《规定》附表内容及特色

### 一、《企业管理类档案保管期限表》内容组织与排序

《企业管理类档案保管期限表》是一个多功能表，属一表两用，既是归档范围表，同时又是保管期限表。表内按职能结合来源列出了企业管理类文件材料的归档范围和管理类档案的保管期限，共18条。条目的排列顺序是：

1. 依文件材料产生的先后顺序，把企业设立过程形成的文件材料

排在最前面。

2. 依据文件材料的重要程度排列，把有关企业资产、资本、治理等重要文件材料置于前，其他置于后，把与企业领导活动有关的文件材料置于前，把其他活动文件材料续后。

3. 多种逻辑关系综合运行，其中包括来源原则结合档案分类、企业活动分类原则进行，在按来源原则划分后，对企业内部产生的文件材料基本按档案分类、企业活动分类原则进行排列。

在事由原则下，对外部来文不再进行过分的细化，而把重点放在本企业产生文件上。

在同一事由下，改变以前全部按事由叙述的方法，采用文种与事由相结合的方法，先叙述通用文种，再叙述每一事由下的其他文件。

## 二、《企业管理类档案保管期限表》的创新与特色

《企业管理类档案保管期限表》参照从事具体有形产品生产经营企业归档范围和保管期限表编制，与现有的企业文件材料归档范围和档案保管期限表相比，除在体例上有较大改革，在内容上也有较大的创新，体现了与时俱进、以人为本的理念与原则。

1. 遵循现代企业制度，依据《公司法》，进一步细化并突出股东大会、董事、监事会等企业治理过程形成文件材料的管理。

2. 对资本经营业务产生的文件材料重新做了梳理，其条目设置按照资本经营工作的内容进行。把资本经营分为融资和资产管理，其中融资包括国家资产划拨、股权融资、债权融资。资产经营包括转让、买卖、抵押、租赁、许可、对外直接投资等。

3. 突出了合同、协议等契约文件材料的归档。

4. 考虑到当前中国企业的发展特点，如突出了审计、风险控制、社会责任等过去较弱但现在较强的职能工作形成文件的归档。

5. 突出企业经营管理变化趋势，突出资本经营、证券业务文件的归档。

6. “产品销售”改为“市场营销”。

7. 增加了“企业管理”“项目管理”管理类文件，将能力建设、项目建设、条件保障建设等的管理文件统一命名为“项目管理工作文件材料”纳入经营管理中。

8. 对信息化工作单列条目。

9. 将职工培训文件纳入人力资源管理文件。

10. 突出了“外事工作”方面工作文件的管理。

11. 在“党务工作”中增加了“三重一大”文件归档的内容。

12. 对无批复的请示分为两种保管期限，一是重要的无批复请示为30年，一般的无批复请示为10年。

13. 关于生产过程文件的处理。

生产过程文件在原《国有企业文件材料归档办法》和《企业档案工作规范》中是单独的一个大类，《规定》将产品生产技术管理的管理性文件在生产组织管理中体现。

这些要在生产组织管理条目中体现的文件包括：

（1）产品计划决策阶段形成的文件；

（2）产品生产的调研、考察、分析、预测、报告等文件；

（3）产品生产的建议、计划、方案、专题报告、纪要、协议书、委托书、合同等文件。

14. 项目建设、设备仪器管理工作中所形成的管理类文件处理。

《规定》将项目建设、设备仪器管理工作中形成的文件材料纳入管理类文件，在经营管理大项中增加了建设项目管理业务。

# 第三章　档案鉴定与档案保管期限表

## 第一节　档案鉴定概述

### 一、档案鉴定工作与档案保管期限表的产生与发展

档案是人类进入文明社会的产物和象征。早在五千多年前，人类就开始用文字符号在载体上记录自然现象和自身活动状况，这些记录物在当时作为记载事物和传递信息的工具被使用，以后一部分记录物被选留保存下来就成为档案。人类社会发展的过程中源源不断地产生各种内容和不同载体的记录材料，当政者或当事人往往根据自身需要和取舍标准对其进行选留收藏或者丢弃的处置，这种选择和处置体现了人们的鉴定意识，决定着各种记录材料能否成为档案，以及留存之后是否会淘汰，因此可以说，档案鉴定行为与人类社会产生档案的历史一样悠久。

古代的档案鉴定工作还不是一种明确的工作，它蕴含和依附在文书处理及档案管理的过程之中，现代档案室、档案馆出现之后，才对鉴定工作提出了明确要求。

新中国的档案鉴定工作是随着新中国的文件与档案管理工作的进程和档案事业的发展逐步开展的。1956 年 4 月，国务院发布《关于加强国家档案工作的决定》，提出了要迅速拟订“关于归档范围的规定和档案保管期限标准表，建立鉴定和销毁档案的制度”，从此档案鉴定走上

了制度化和统一标准之路。

国家档案局于1956年、1957年、1964年、1983年、1987年五次在档案工作文件和业务规范中附发了文书档案保管期限表，在20世纪80年代后又颁发或转发了科技档案及其他各种门类的文件材料归档范围与档案保管期限表，各中央机关档案管理部门根据国家档案局的规定拟定下发本系统的归档范围与保管期限表，各企事业单位又结合实际情况在本单位的档案工作制度中制定了各种档案的归档范围和保管期限表，这样就逐步形成了全国自上而下的档案价值鉴定标准体系，使档案的存毁有了标准和依据，归档工作也因此有了正常的工作秩序而稳步发展。2006年，8号令的发布，更是将文件材料归档范围和档案保管期限表提升到了优化国家档案资源体系的高度。

## 二、档案鉴定的作用

第一，鉴定在档案形成中起着关键的作用。档案是具有保存价值的文件材料，社会活动中形成的文件是否能保留转化为档案是人们对它鉴定选择的结果，文件进入档案领域要经过鉴定这一关的资格审查，保管期满的档案也会通过鉴定这样的手段决定存毁，鉴定掌握着档案的生存大权，决定着文件的生命期。

人类活动产生的全部文件没有可能也没有必要全部保存，只能选择其中的一部分，分别给予不同保管期限的保存。选留文件和划分保管期限是鉴定工作的职能，通过科学的鉴定才能把有价值的文件转为不同保管期限的档案，使人类活动的知识信息精华得到有效保存。如果没有鉴定工作，所有文件都不能成为档案，因此，鉴定是形成档案的关键。

第二，档案鉴定工作直接决定各种档案的数量与质量，是优化档案、提高档案管理效益的杠杆。

通过鉴定将有价值的文件转化为档案，是国家档案财富积累的基本手段，因此，档案鉴定工作与各种档案的数量和质量有直接关系。工作中，由于鉴定标准不明确、人员水平不高造成馆室藏档案资源结构单一，档案永久、长期保存档案比例过高，低价值文件和失效文件长期得不到清理，都是鉴定工作存在的问题。

鉴定对档案优化的作用不仅表现在对无用文件的清除方面，更体现在对档案结构的调整和有用文件的增补方面，发挥着存精去朽的双向作用。

第三，鉴定是档案管理的起点和终点，并贯穿在档案管理其他业务环节中。

美国档案学家莫斯 1992 年在中国人民大学演讲时说：“鉴定是档案工作整个系列决定中第一个关键性决定，是所有决定得以产生的基础，因而是档案工作的首要职能，鉴定的重要性位居第一。”从实际工作中来看，文件能否成为档案先要通过鉴定，档案保管期满之后是续存还是剔除销毁也要通过鉴定，所以说鉴定是档案管理的起点和终点。对收集而言，鉴定工作是收集工作的先导和关卡。在档案整理中，需要按照鉴定标准区分不同价值的文件、划分不同保管期限。档案保管、编研、档案利用等都与鉴定工作有着或大或小的关系。

### 三、档案鉴定的对照法

档案鉴定根据不同的鉴定目的会采用不同的鉴定方法，这些方法有鉴辨法、对照法、分析—综合法、比较法。在档案的收集归档鉴定和销毁鉴定中，普遍采用的是对照法。对照法就是将需要鉴定的文件材料对照相应的标准、规定、清单等进行鉴别的一种方法。采用对照法必不可少的标准便是归档范围和档案保管期限表。正是因为对照法使用的普遍性，文件材料归档范围和档案保管期限表才成为档案管理规章制度中非常重要的部分，在档案规章制度中起着基础与引领的作用。

## 第二节　档案保管期限表

### 一、档案保管期限表的性质和作用

档案保管期限表是以条款或表格形式列举档案的来源、内容和形式，并指明其保管期限的一种指导性文件，它是鉴定档案保存价值和确定档案保管期限的依据和标准。

档案保管期限表的作用如下：

第一，档案保管期限表将构成档案价值的来源、内容和形式等因素以及不同角度的衡量标准熔汇成统一的保存价值标准，用简明的表格或条款表述了档案鉴定中的基本问题：哪些文件可以成为档案？归入档案的文件保存多长时间？从而为档案鉴定工作提供了可以参照操作的依据。它对档案的收集和鉴定直接起规范和制约作用，对档案整理和保管也有指导作用，是对文件和档案进行控制管理的工作手段。

第二，档案保管期限表是人们长期实践经验的总结和概括，表述了人们关于档案价值规律的认识，它用一目了然的条款形式提供档案鉴定的统一标准，防止因个人认识片面性和局限性造成的鉴定偏差，对鉴定质量起保障作用。同时也可以使工作人员有章可循，统一认识，避免因看法不一致，导致争论和犹豫不决，提高工作效率。

第三，档案保管期限表为文件归档和销毁不归档文件提供执法的具体实施依据。《档案法》第十条规定："对国家规定的应当立卷归档的材料，必须依照规定，定期向本单位档案机构或者档案工作人员移交，集中管理，任何个人不得据为己有。国家规定不得归档的材料，禁止擅自归档。"第十五条规定："鉴定档案保存价值的原则、保管期限的标准以及销毁档案的程序和办法，由国家档案行政管理部门制定。禁止擅自销毁档案。"上述法规需要有具体的实施范围，有了明确的文件归档范围，所有工作人员和各部门收发的文件材料凡列入归档范围的就不得据为己有和部门所有，当档案保管期限表以正式规章公布时，挑选归档文件就成了一种执法行为，这样有利于档案的齐全完整。同样，在明确了各种档案的保管期限后，也可防止销毁应当保存的文件，从而维护档案的完整和安全。由于明确了档案与非档案的界限以及档案的保管期限后，剔除不归档文件以及定期进行档案的鉴定销毁工作也是一种具体的执法行为，这就有利于鉴定销毁工作的正常进行，有利于档案的优化和档案管理的效益，有利于档案工作的可持续发展。

第四，档案保管期限表为文件生命运动过程中所有的部门和工作人员提供鉴定的统一衡量标尺，对文件前期管理和初始鉴定、归档鉴定可以起业务指导作用，可以使各部门在选留档案方面协调一致，配合工作。尤其是在电子文件大量产生的时代，有了统一的文件材料归档范围和档案保管期限划分规定有利于计算机的自动识别归档，为电子文件科学管理和归档完整性提供保障。

总之，从企业来说，档案保管期限表是进行各类档案鉴定和文件与档案管理必不可少的依据和标准。从国家来说，正是由于我国从上到下都建立了各种档案保管期限的标准体系，从而保障了档案鉴定工作统一有序地进行，也对国家档案的积累和档案事业发展发挥了重要的作用。

## 二、企业档案保管期限表的类型

### （一）通用档案保管期限表

通用档案保管期限表是由国家档案行政管理部门编制并发布的，供全国通用的档案保管期限表。比如：1956 年由中共中央办公厅批准颁布的《党的机关档案材料保管期限的一般标准》；1957 年由国务院批准颁发的《国家机关一般档案材料保管期限参考表》；1964 年，国家档案局将上述两个保管期限表修订为党政机关统一使用的《机关文书档案保管期限参考表》（试行草案）；1987 年国家档案局修订发布了《关于机关档案保管期限的规定》并附《文书档案保管期限表》及《机关文件材料归档和不归档的范围》；2006 年国家档案局发布 8 号令《机关文件材料归档范围和档案保管期限规定》；2012 年国家档案局发布 10 号令《企业文件材料归档范围和档案保管期限规定》是第一次颁布的企业通用档案保管期限表。

以上历次颁发的档案保管期限表具有通用性，在表中列举的各级机关和企业遇到的共有的文件种类，各机构可以依据全国通用的档案保管期限表结合工作实际制定本单位的档案保管期限表，因此通用性保管期限表不仅有普遍性指导和标准作用，还有“母本”作用。

（二）专门档案保管期限表

专门档案保管期限表是由国家档案行政管理部门会同各有关主管部门编制以供各机关、企事业单位鉴定专门档案时通用的档案保管期限表。如 1984 年和 1998 年财政部和国家档案局先后两次联合颁发的《会计档案保管期限表》就属于这种类型。该表供国家财政税务机关和各种机关、团体、企业、事业单位鉴定会计档案时使用。

（三）同系统某类档案保管期限表

它是由主管机关编制或由主管机关与档案行政管理部门联合编制的，供同一系统内各企业进行档案鉴定时使用。

（四）同类型企业档案保管期限表

它是由档案行政管理部门或者主管机关颁布的供同一类企业鉴定档案时用的共性档案保管期限表。

（五）基层企业档案保管期限表

各企业编制供本企业使用的档案保管期限表，它是根据档案行政管理部门或专业主管机关颁布的档案保管期限表结合本单位的档案形成情况而制定的档案鉴定执行标准。企业档案保管期限表格式有条款式和表格式，由于企业一般有多种类型档案，因此通常分门别类编制档案保管期限表。档案较少的企业或档案种类单一的企业，可不分类，编制综合性的档案保管期限一表。

## 三、档案保管期限表的结构和内容

档案保管期限表通常由说明和条款内容两部分构成。

（一）说明

说明是关于档案保管期限表的编制与使用问题的说明。一般包括下述内容：保管期限表编制的原因、目的和编制依据；保管期限表的适用范围；划分档案保管期限的标准及保管期限种类；保管期限表的批准时间和开始使用日期；需要注意的有关问题。

（二）条款的项目和内容

是档案保管期限表的主体，是具体划分各种文件材料保管期限的规定。项目如下：

1. 条款编号

档案保管期限表的条款要分类系统排列，每个条款按次序编号，编号的目的是固定条款的位置，同时也可以作为鉴定工作人员在使用保管期限表进行档案鉴定时引用条款的代号。编号方法使用层垒编号法较宜，如 1. 1、2、2. 1、…，这样既可以反映条款内容的相互关系，又可以表示顺序。

2. 条款内容

概括列出同类型文件材料的名称。如“本企业职工、党员名册”“本企业财产、物资等交接凭证”，其中“本企业”是指来源，“名册、凭证”是指文件种类，条款简明扼要地表示了一类文件的内容名称。同类文件中保存价值不同要分别列出，具体实施单位尽可能不用“重要的”“一般的”表述，而是用具有量化或具体含义的关键词列出，如“本企业工作计划”，要用“年度的”和“季度的”“月份的”分开，因为它们的价值不同，保管期限也应不同。

3. 保管期限

是在每一条款之后，根据该条款文件材料的保存价值和效用指明其保存时间，这个时间是反映这些文件保存价值的标示。

4. 备注

即对条款及保管期限进行注释和说明的栏目。但非必须栏目。

由编号——条款内容——保管期限对应组成完整的条款，它们分类排列起来构成档案保管期限表。不同门类的档案，其条款内容和保管期限各不相同，但结构基本相同。

保管期限表形式有条款式和表格式两种，可两种中任选一种，8 号令选用的是条款式，10 号令选用的是表格式。

## 四、档案保管期限

档案的保管期限是衡量和表示档案价值的一种标识。所有的档案保管期限表都要对列出的文件材料标明其保管期限，提供保存价值标准清单，便于对照使用。各种档案在保管期限划分方面不完全相同，我国关于管理类档案的划分，20 世纪 50 年代至今已变动多次。档案保管期限的划分方法有以下几种。

### （一）标时法

即具体标明档案保管期的“时限”（年、月）。

1. 直接标时法。如规定档案文件材料的保管时限为 6 个月、1 年、2 年、3 年、5 年、10 年、15 年、20 年、25 年、30 年、40 年、50 年、60 年、永久等，或者标出档案文件保管的起止时间。

2. 间接标时法。如保管期限定为“文件失效后 2 年”“业务办结后 5 年”。

### （二）标期法

即标明档案保管的“期限”。

1. “二分法”。将档案保管期限分为永久、定期两种。如我国 20 世纪 50 年代的党、政档案保管期限分为永久和定期两种，又规定了定期保存的期限，可以定为 1 年、3 年、5 年、15 年、20 年、25 年等，但由于具体划分比较难，所以这个时期的定期档案大多没有标明具体的保管期限。

我国档案界所讲的“二分法”的另一种含义是指机关文件划分为“进馆”与“不进馆”。

2. “三分法”。将档案保管期限分为三种期限。1964 年颁布的《机关文书档案保管期限参考表》中，把档案保管期限分为永久、长期、短期三种。1983 年 4 月，国家档案局颁布的《文书档案保管期限表》，明确档案保管期限分为永久、长期和短期三种，其中长期为16~50年，短期为15年以下（含15年）。此后全国各级各系统的文书档案与科技档案及部分专门档案划分保管期限一般是“永久、长期、短期”三种。有些门类的档案保管期限在时间上另有规定，如土地管理档案长期保管时间为60年，短期为30年。

（三）标期结合标时法

即规定永久保管和非永久保管档案的保管时限（50年、30年、15年、5年等）。

（四）其他标定法

如国家教委发布的《高等学校档案工作规范》中“仪器设备类档案归档范围和保管期限表”将文件材料保管期限分为“长期”和“与设备共存”两种。

以上关于划分档案保管期限主要有标期法和标时法两大类，这两种方法各有特点，标时法直观、明确、界限清楚，有利于定期开展到期鉴定，但是细分年代在具体划分上缺乏弹性，有些难度。标期法有一定时间幅度，容纳范围大，划分难度小，但是到期鉴定时间会拖延，不利于失效文件的及时处置。

## 五、档案保管期限的标注形式

（一）标注保管时间

如永久、长期、短期，或者5年、20年、…，这样可以从档案保管起始年代推算保管期终止的时间。

（二）标注保管起止年代

如标注“1985—1999年”（表示1985年开始，保存至1999年，保管时间实为15年），标注起止年代能比较直观地显示档案开始保管的

（或归档）年代和保管期终止的年代，便于统计和管理，利于有计划地安排鉴定工作。

（三）其他标注形式

如“合同失效后二年”，可根据合同期推算文件保管期终合同。

## 第三节　档案鉴定标准

标准是衡量事物的准则，《规定》编制中从文件材料排序到文件材料的细化，乃至保管期限的确定都遵循了相应的档案鉴定标准。为方便各业务指导部门和各企业全面掌握《规定》中有关标准，并在工作过程中灵活运用，本节对《规定》中运用到的一些标准进行阐述。

### 一、时间标准

以时间为界限或主要因素来确定文件材料或档案的价值。如总结类文件材料中，“年度工作总结”比“半年工作总结”和“季度工作总结”价值高。如规划类文件材料，“中长期规划”比“短期规划”价值高。

### 二、来源标准

以档案的形成者或形成领域来确定档案的价值。

（1）以档案形成者的地位、级别、重要性确定档案的价值。

（2）以档案是否本单位产生来确定文件材料价值。

（3）在本单位制成文件中，具体的撰制者、制发机构对文件价值也有影响，领导人、决策机构、综合性办公机构、主要业务职能机构、人事机构、外事机构等制发的文件大多比较直接地反映本企业的基本情况，比较重要，价值高，因而选留的文件材料和保管期限长的文件材料比例高，而一般行政后勤及辅助性机构文件大多保存期较短。

## 三、内容标准

### （一）内容的时效性

运用时效性标准时要掌握两点：一看文件材料内容所针对的事项和领域，检查文件现行效用的覆盖时间；二看文件材料失去现行效用后是否还有其他效用。

### （二）内容的重要性

文件材料所记载的内容的重要性直接影响其价值，在自制文件中反映本单位主要职能活动、中心工作和基本历史面貌的比反映一般工作活动的重要，上级文件中针对本单位的批复重要，需要贯彻执行的方针、政策、规定比较重要，不需办理的来文就不重要。

### （三）内容的典型性、代表性和独特性

如记述本企业重大事件、名优产品、代表人物、重大成果和开创意义的新人、新事、新政策、新做法的文件材料要特别予以关注。

### （四）证据性

凡是对维护国家、集体和个人权益等方面具有证据价值的文件材料都应当永久保管。

## 四、形式特征标准

文件材料的形式特征是指文件的种类、文本、形态、记录方式等。从文种来看，每一种文件都有特定的性质和用途，在一定程度上包含了文件的价值。如决定、决议、命令、指示、条例、纪要、报告等往往用于反映方针政策、重大事件和主要业务活动，具有权威性和重要性，价值较高，而通知、函等往往用来处理一般事务，价值较低。不过鉴定时

还需结合具体内容。

文件材料在制作过程中还会形成多种稿本，如文件中的正本与副本，草稿、修改稿与定稿，不同稿本在价值方面是有区别的，因此价值会不相同。正本具有标准格式，有单位的印章或负责人的签署，是工作的正式依据，具有法定效力的凭证作用，可靠性高，副本、草稿、修改稿的可靠性差一些。文件的制成材料、记录方式、笔迹、图形等外形特点也影响其价值。

## 五、职能标准

（1）职能决定文件取舍的范围。

（2）职能决定档案的归宿。

（3）各机构的级别、职能不同，形成文件材料的价值也不同，从级别上来说，中央企业总部机关的文件比基层单位的文件价值大。在同级机构中，重要机构产生的文件材料价值大，非重要机构产生文件材料价值相对较小。

## 六、合规性标准

有些文件材料尽管无法直接确定其保管期限，但由于其他法律法规规定要求保存并有明确的保管期限，应根据这些法律法规划分文件材料归档后的保管期限。如《商业银行法》就规定了银行业监督管理部门在进行监管时需提供的一定时期的文件材料，这些文件材料必须依照该法归档保存，保存的目的是合乎相关法律法规的要求。类似的还有美国的《萨班斯法》对上市公司财务管理记录提出了保存要求。

## 七、精全标准

即永久保存的档案一定要精练，不能庞杂；所谓全，就是永久保存的档案要能够反映企业的主要活动的基本历史面貌。

## 八、共存标准

有一些文件材料的使用对象单一，当使用对象作废或消亡后，档案也就失去保存价值，其生命周期也就可以中止。例如设备的随机文件，当设备报废后这些随机文件也就失去了利用价值。

## 九、相关性标准

就是要全面地分析文件材料之间的联系，依据文件的“关系链”来进行鉴定决策，凡是密不可分的文件材料应同等选择，有同样的保管期限（如请示与批复，成套性产品图纸等）；互有联系的文件材料可按照相关性程度进行区别对待。

## 十、相对性标准

相对性标准是通过比较来衡量档案保存价值的一种标准。主要有以下几种情况。

（1）根据文件材料的完整程度来确定其价值。

（2）档案内容的可替代程度。年度总结与统计材料中包括季度总结与统计，后者可以不存，如果没有年度的材料，则季度、月度的小结和报表就有保存价值了。一般来说，各种汇总性和综合性文件材料的信息含金量高，但是没有综合性文件材料的情况下，局部性文件材料的价值就上升了。

（3）文件材料内容的重复性。

即根据是否有重复来确定文件材料的保存价值，对于不必要重复文件材料要降低其保存期限。

## 十一、社会需求标准

是指行业、地区、社会各方面对档案的需要，既有当前需要，也包括长远利用需要。在制定文件材料归档范围和档案保管期限表中不仅要立足本单位、本企业和当前，更要放眼社会，根据社会发展对档案利用的需求来确定文件材料的价值。

## 十二、历史标准

历史标准主要反映在以下两个方面。

第一，文件材料与形成年代的历史背景相联系，重要历史时期产生的文件材料往往具有重要价值，有些文件材料因其记载了那些永不复返年代的过程而颇具历史价值。

第二，对于反映历史基本面貌的文件材料，综合性信息的文件，反映重大变革的文件，具有典型性、代表性内容的文件等保存期要长一些。

# 第四章　企业文件材料归档范围与档案保管期限表编制准备

统一在全国大范围地组织开展企业文件材料归档范围和档案保管期限表的编制工作在企业档案工作的历史上还属首次，体现了档案工作的与时俱进和科学发展。各企业要抓住这次机会，对本企业的文件材料归档范围和档案保管期限做一次全面的审视，对各个门类文件材料的归档范围和档案保管期限进行一次系统地梳理，而不仅仅局限于某一个门类，更不应只对管理类文件材料归档范围和档案保管期限表进行编制修订。

企业在编制文件材料归档范围和档案保管期限表的过程中必须精心组织，多方调研，特别是要广泛听取企业一线职工和工程技术人员的意见。编制过程中要充分结合本企业生产组织方式、产品和服务特点，全面分析和鉴别本企业形成文件材料的现实作用和历史价值，统筹考虑纸质文件材料与其他载体文件材料的管理要求，明确界定文件材料的归档范围和准确划分档案保管期限，切忌照抄照搬。

## 第一节　前期准备

企业文件材料归档范围和档案保管期限表的编制工作是一项系统性工作，应做好充分的准备工作，包括组织准备、文件学习、情况调研和制订工作计划。

## 一、组织准备

为做好文件材料归档范围和档案保管期限表的编制，企业有必要成立编制工作领导小组（或委员会），领导小组由分管档案工作的企业负责人任组长，档案部门负责人任副组长，职能部门负责人、业务部门负责人任成员。

文件材料归档范围和档案保管期限表编制领导小组职责是：

（1）批准文件材料归档范围和档案保管期限表编制工作计划；

（2）审定文件材料归档范围和档案保管期限表；

（3）协调编制工作中的重大事项。

设立文件材料归档范围和档案保管期限表编制领导小组办公室，成员由档案部门、职能部门、业务部门人员组成。职责是：

（1）制订文件材料归档范围和档案保管期限表编制工作计划；

（2）具体组织文件材料归档范围和档案保管期限表编制工作；

（3）组织工作中的情况调研；

（4）起草文件材料归档范围和档案保管期限表；

（5）负责文件材料归档范围和档案保管期限表的宣贯。

## 二、文件学习

《规定》是国家档案局在深入调查和研究的基础上出台的规章，与以往制定的企业档案管理规章相比，在许多方面都有创新，是科学发展观和以人为本的执政理念在档案工作上的体现，《规定》具有深刻的内涵。因此各企业在准备阶段首先要狠抓《规定》的学习。

一是要积极参加国家档案行政管理部门举办的培训班。

为做好《规定》的宣贯工作，国家档案局、各省市以及各级档案局将分期分批举办培训班。各企业要积极参加，每个企业至少有一名档案业务人员接受系统培训。各企业档案部门领导有条件也要接受系统的培训。

二是开展档案部门员工的培训。

企业档案部门是负责档案规章制度制定的责任部门，本企业的文件材料归档范围和档案保管期限表的制定工作主要由档案部门承担，并承担文件材料归档范围和档案保管期限表的制定和执行过程中的业务指导。档案部门人员是否准确地把握《规定》的精神实质与要求，对企业开展档案工作至关重要，并决定着本企业的文件材料归档范围和档案保管期限表的编制质量。因此，各企业必须为档案部门人员提供《规定》培训学习的机会，让档案部门的每一位员工能较好地掌握其精神实质，准确地把握条款要求。培训方法可通过请进来的方式，聘请所在地档案行政管理部门的业务指导干部或业内专业人员进行讲解和培训。也可以让员工走出去，参加外部培训班，再通过骨干的传授讲解，达到培训的目的。

三是对编制人员进行系统的培训。

编制人员具体负责本企业文件材料归档范围和档案保管期限表的编制工作，尤其要对《规定》的文件精神有较好的把握。

四是做好对有关职能部门、业务部门的培训，尤其是职能部门和业务部门兼职档案员。

## 三、情况调研

企业文件材料归档范围和档案保管期限表是一份规范企业主要活动记录保存的文件，它应以企业活动范围为依据，结合企业的组织结构、产品和业务特点、企业发展时期来制定。这就要求档案部门在制定前和制定过程中要开展大量的调查研究，摸清本企业的活动特点、组织机构设置和其职责，摸清产品和业务组成，梳理出产品和业务从设计研发、生产、销售和售后服务等的流程，并在此基础上梳理出各业务环节产生的文件材料。既不应照抄示范企业的文件，也不应照搬原规定。

## 四、制订工作计划或方案

文件材料归档范围和档案保管期限表的编制是一项系统性工作，工作周期较长，参与人也较多，其间还要多次召开会议和进行培训，没有一个科学合理的计划安排是很难完成这项工作的。档案部门要制订科学的工作计划，合理地安排文件起草、修改、下发、宣贯等阶段的各项工作；要将每一项工作落实到人，并有明确的时间节点和工作成果形式。制订工作计划时同步制订预算，使文件材料归档范围和档案保管期限表的编制工作有相应的资金作保障。

## 第二节　职能分析与调研

10 号令在文件材料归档范围和档案保管期限表的编制方面明确提出要全面分析企业文件材料的价值，科学界定归档范围，准确划分保管期限。在以前，企业在编制文件材料归档范围和档案保管期限表的过程中更多的是照抄照搬国家规定，或是照搬照抄示范企业的模板，其结果是许多非通用的文件材料没有纳入归档范围。有的企业制定的文件材料归档范围和档案保管期限表几十年不修改，企业业务发生了翻天覆地的变化，企业产生文件材料的成分也随之发生了变化，但是文件材料归档范围和档案保管期限表一直不变，这样就使依据文件形同虚设。有的企业文件材料归档范围和档案保管期限表以红头文件为重点，非红头文件较少纳入归档范围，如内部的规章制度、总结规划、调研报告、数据汇总等。用这样的指导思想去指导档案的收集和保管期限的划分，其结果是可想而知的。因此，在本轮文件材料归档范围和档案保管期限表的制定中，我们希望各企业在编制时要对企业职能进行一次全面分析，对每一项职能下所产生的文件材料成分进行一次系统的摸底和排查，在摸底的基础上进行一次系统的梳理，争取不漏掉一份文件，尽可能地做到齐全完整。

### 一、职能分析

企业在生产经营活动中，需开展相关的一系列活动，称为企业活动，企业活动一般是按职能来进行划分，并根据一定的原则设置成部门，企业的任何一个部门都承载着一定的职能。每一项职能下都会产生一系列文件材料，因此，职能分析非常重要。

企业是从事经营活动的社会组织，它的活动是围绕着产品或服务的研发、生产、销售和售后服务进行的。在任何一家企业其机构一般分为常设机构和临时机构。常设机构又有职能部门和业务部门，职能部门是履行一定管理职能的部门，如计划、人事、财务等部门，而业务部门是直接负责产品或服务的研发、生产、销售的部门。临时机构包括各种委员会、小组及其下设的办公室。在实行矩阵制的企业常常还设置横向的协调机构，如产品、项目管理部门，这类机构有的属常设机构，有的属临时机构。这些情况在制定文件材料归档范围和档案保管期限表时均要考虑到。

由于企业的经营管理活动基本相同，职能也基本相同，但随着经营管理理念的创新和企业产品、高级管理人员和治理结构的不同，职能也发生着变化，有的职能在强化，有的职能在弱化，有的职能在增加，有的职能在减少。

### （一）经营管理职能

其职能主要有规划、计划工作，资产经营管理，财务工作，物资管理，产品、服务或产业发展管理，营销管理、统计工作。近年，规划计划中的建设项目管理工作明显增加，资产经营管理正成为独立的职能，产品、服务、产业发展职能得到强化。得到强化的职能往往设置出独立的机构，要归档的文件材料也相应增多。

### （二）生产技术管理职能

即实现产品过程的管理职能，它包括生产调度，质量管理，能源管理，设备仪器管理，安全、环境保护，计量、理化试验管理，科技、标准化管理，信息化管理，图书、情报管理。其变化发展趋势是：科技管理往往与产品研发放在一起；信息化管理工作内容明显增加，职能得到强化，并有把档案工作纳入其中的趋势。

（三）行政管理职能

包括人力资源管理，文秘工作，机要工作，档案工作，保密工作，安全、保卫、防灾减灾工作，民兵、预备役工作，综合治理，信访，法律，国际事务，风险与内部控制管理，审计工作，监察工作，社会责任，编辑出版工作，基本建设管理，机关事务。行政管理职能正在赋予更多的内容，其变化发展特点有：人事管理逐渐由人力资源管理代替，保密、信访、法律、国际事务、风险与内部控制、审计、计会责任等职能明显强化。这些强化的职能往往出现新的文件材料，在编制保管期限表时应注意。

（四）党群工作职能

党群工作职能一般包括党务综合、组织、宣传、纪检、统战、工会、共青团、民间团体管理等职能。党群工作职能中，不少职能常与非党群机构合署办公，如纪检与监察、审计，组织与人力资源，宣传与企业文化等，这类文件材料在处理时要与非党群职能分开列举。

（五）公司治理职能

股东会、董事会、监事会等机构是体现现代企业制度的主要特征，此类机构产生的文件很容易被忽视。一般来说，有股东会、董事会、监事会的企业会设置相应的办公室，文件材料产生由其办公室负责。但股东会、董事会、监事会产生文件材料要与公司股票上市过程产生文件材料相区分。

（六）产业管理或项目管理职能

现代企业为了产业或项目管理，有时设置产业发展或项目管理职能，特别是有子公司、分公司的企业和产业较多的集团型企业，此类部门常产生产业发展规划、指导意见、产业发展项目申请及上级批复等文件材料。

采用职能制部门设置的企业中，还往往设有分公司。分公司一般不具有人事、财务等权利，但分公司具有比较独立的经营权，产生较多的生产技术管理、销售等文件材料。也有独立性较强的分公司除没有外部独立账号外，具有人事管理、财务等职能，此类分公司是作为一个独立的公司还是一个部门来进行文件材料的处理要视具体情况而定。如果其内设机构较多，文件材料也较多，可视为下属单位，不作为内设机构。

（七）事业部制的机构设置

事业部制是企业经常采用的机构设置方法，即在职能机构外设置负责某一产品研发、生产、销售的事业部，事业部有时与分公司相同，其文件材料处置参考分公司文件材料的处置方法。

（八）派出机构的管理

企业在注册地有生产经营活动以外，还常常在注册地外设置派出机构，包括国内机构和国外机构。此类机构如果不具有独立法人资格（金融机构除外），其文件材料一般应按企业内部机构的方式进行，纳入本层企业文件材料归档范围。但对驻外机构产生文件材料的管理，除遵守国内有关法规外，可能还需考虑所在国或经济体的有关法律要求。

## 二、集团型企业总部在不同管控模式下的职能设置特点

集团型企业一般是指具有下属单位的企业，此类企业由于对下属单位的管控方式不同而在职能设置上也有所不同。

（一）财务管控型

是指集团对下属子公司的管理控制主要通过财务手段来实现，集团对下属子公司的具体经营运作管理基本不加干涉，也不会对下属公司的战略发展方向进行限定，集团主要关注财务目标的实现，并根据业务发展状况增持股份或适时退出。

财务管控型集团的企业总部机构突出财务部门职能，一般不设置生产部门、质量部门、安全部门、销售部门。在文件材料的形成上的突出特点是，与资产管理有关的文件材料较多，但产品研发、生产、销售、质量、安全等职能的文件材料不会出现在归档范围中，这方面要特别注意。

### （二）战略管控型

是指集团的核心功能为资产管理和战略协调。集团与下属子公司间的关系主要通过战略协调、控制和服务而建立，集团总部很少干预子公司具体日常经营活动。集团根据外部环境和现有的资源，制定集团整体发展战略，通过控制子公司的核心经营层，使子公司的业务活动服从于集团整体战略活动。一般地，这种情况比较适用于相关产业企业集团的发展。

战略管控型企业的机构设置表现为规划、计划、人力资源部门职能突出，一般不设置生产调度、销售部门。

### （三）运营管控型

是指通过母公司的业务管理部门对控股子公司的日常经营运作进行直接管理，特别强调公司经营行为的统一、公司整体协调成长和对行业成功因素的集中控制与管理。大部分房地产开发公司都属于这种情况，比如房地产公司对下属项目子公司的管控就是这种，大型房地产集团的区域中心和下属项目公司之间也属于这种情况。

上述不同的职能设置往往决定着所形成的文件材料。

## 三、文件材料范围调研摸底

在企业职能分析的基础上，接下来是对文件材料范围进行调研收集，即摸清各项职能、各部门将产生哪些文件材料。在这个过程中要特别关注非红头文件、非常规文件材料的收集。

具体的做法是：

第一步：设计文件材料成分收集表

表格式如下：

## 文件材料调查收集表

部门：　　　　填表人：　　　　职务：　　　　联系方式：

| 序号 | 业务流程或职能 | 文件材料名称 | 用途 | 发放范围 | 文档格式 | 载体 | 签署过程 | 传递方式 | 保管期限建议 | 内容提要 |
|---|---|---|---|---|---|---|---|---|---|---|
| 例1 | 人员录用 | 劳动合同 | 员工与企业要约 | 人事部门、员工各一份 | 文字、表格混排 | 纸质 | 员工签字、部门负责人签字、法人签字 | 手工 | 永久 | 对员工的薪酬等事项进行约定 |
| | | | | | | | | | | |
| | | | | | | | | | | |
| | | | | | | | | | | |
| | | | | | | | | | | |
| | | | | | | | | | | |

第二步：下发文件材料成分收集表

将《文件材料调查收集表》下发到企业内的每一个部门，为了保证表格填写的质量，最好能对有关人员就表格的填写进行简单培训，如各部门兼职档案员。在各部门填写过程中加强与各部门沟通与协调，加强过程中的业务指导。

第三步：汇总梳理

将各部门填写好的《文件材料调查收集表》收集上来，进行系统整理和汇总，主要工作包括去除重复文件，补充有关内容，按部门或流程进行汇总，必要时与有关人员面对面沟通。特别是在新出现的文件材料保管期限的确定上，要与业务部门人员进行深入的沟通，多听取他们的意见。

# 第五章　企业文件材料归档范围和档案保管期限表编制

## 第一节　文件起草

### 一、明确范围与分工

#### （一）确定范围

文件材料归档范围与档案保管期限表的编制范围是企业的所有文件材料和所有档案，不仅是管理类档案（文书档案）。对企业来说产品生产、科研、建设项目等其他各类文件材料归档范围和档案保管期限表都要重新编制。但具体在编制时可根据实际情况确定，如果某一类文件材料归档范围和档案保管期限表刚编制不久且要求比较符合《规定》，那么可以暂时不纳入本次编制范围。

#### （二）明确分工

文件材料归档范围和档案保管期限表编制是一项专业性很强的工作，建议在档案部门的主导下，职能部门人员、工程技术人员、业务人员等参加。切忌由档案部门单打独斗，一定要吸收非档案部门人员参与。在确定人员后将起草任务分配到人员。

## 二、文件结构安排

文件材料归档范围和档案保管期限表可以规定、办法或标准的形式成文件，既可以形成包括本企业所有文件材料归档范围和档案保管期限表的综合文件，也可以以某一类、某几类为主，将未纳入的类别通过参见的方式纳入文件中。

文件一般包括条款和档案保管期限表两个部分，条款主要是对文件材料归档范围和档案保管期限表的编制、保管期限的设置、实施要求、归档范围界定原则、保管期限划分原则等做出规定。保管期限表一般是一表多用，既明确详细的归档范围，同时也确定档案的保管期限，以附表的形式附在条款的后面。如有多个门类可用多个表。

## 三、保管期限的设定

《规定》将企业档案保管期限由永久、长期、短期三分法和标时制混用统一为标时制，是《规定》对企业档案保管期限设置的重大改革。保管期限的改革是贯彻 10 号令过程中的一项重要内容，在文件起草阶段必须提前规划好。

标时制在理念上不同于三分法，有利于优化企业档案资源结构，加快剔除无利用价值档案的频率，释放档案库存。《规定》在保管期限设置上既坚持原则性，又体现一定的灵活性。即在保证最低保管期限要求的情况下，企业可自主设置保管期限的年限，而不仅限于 30 年和 10 年。如 30 年的可设置为 35 年、40 年等，10 年的可设置为 15 年、20 年或 25 年，但不得低于 10 年。

《规定》还要求保管期限划定过程中要统筹考虑纸质文件材料与其他载体文件材料的管理要求，如电子档案由于其存储密度大、管理成本较低可适当延长其保管期限。

## 第二节 管理类档案保管期限表的编制

由于不同的企业在产品和服务方面千差万别，国家无法对所有企业所有文件材料的归档范围和所有档案的保管期限表提供范本，更无法列出所有档案的保管期限，《规定》只能对在内容上大致相同的管理类档案提出相对具体的要求。因此下面就管理类文件材料归档范围和管理类档案的保管期限表做更进一步的说明。

### 一、管理类保管期限表的结构

#### （一）保管期限表的表头结构

表头严格按照 10 号令提供的附表进行设计，如下表，包括序号、归档范围、保管期限三栏，上报审查的表只限这三栏。审查完后用于本企业下发实施时的表格内容可进行适当的增和删。

| 序号 | 归 档 范 围 | 保管期限 |
|---|---|---|
| | | |
| | | |

#### （二）文件材料排列方法与编号

按照机构序列或职能序列来安排文件材料的排序；机构排序列举文件条目最好到二级部门。

最低一层条目尽可能细化到具体文件，如《科研项目立项请示与批复》，请示正文后还会附若干附件，包括编制依据、可行性论证方案、研究计划等，如有可能，尽量将附件内容在归档范围表上列出。

文件材料归档范围和档案保管期限表左侧第一栏是编号。编号必须反映出文件材料的分类层级，采用分层编号法（层垒制），即第一层用

“1”，第二层用“1.1”“1.2”，第三层用“1.1.1”“1.1.2”“1.1.3”，第四层用“1.1.3.1” “1.1.3.2”，编号最好不要超过四级。如超过四级，第五级可用“（一）、（二）、（三）…”。具体可参见本书附录三、附录四、附录五。

## 二、职能或部门下归档范围的排列

文件材料归档范围与档案保管期限表中的文件材料组织有两种体例，一是按职能或问题组织，二是按部门组织，但不论按哪种体例，都涉及一级标题下各文件材料的排列方法问题。

### （一）文件材料两种组织方式的特点对比

| 组织方式 | 利 | 弊 | 适用性 |
| --- | --- | --- | --- |
| 按部门 | (1)制定时可通过分析各部门的业务活动，将许多需归档的非红头文件纳入归档范围。<br>(2)将文件材料归档范围与部门对应，方便执行，有利于文件材料的收集归档。 | (1)可借鉴参考的样表较少，制定时需分析各部门业务，对编制人员要求较高，工作量大，编制周期长；内容表述上会重复。<br>(2)部门设置变化频繁，档案保管期限表会因部门频繁变动而频繁修订。 | 适用于部门或职能调整不频繁，有业务能力较强的档案人员承担编制工作的企业。 |
| 按职能 | (1)可参考的样表较多，编制工作量小，对保管期限表编制人员要求相对较低。<br>(2)编制好的保管期限表可应对机构频繁变化。 | (1)文件材料形成、归档责任不清，不利于保管期限表贯彻实施。<br>(2)易遗漏非红头文件。 | 适用于制定指导行业、下属单位文件材料与档案保管期限表时用；适用于机构变化频繁企业或第一次编制保管期限表企业。 |

## （二）按职能体例组织文件材料

在按职能顺序排列文件材料时，每一项职能下的文件材料一般包括如下内容：

- 该职能工作的规章、制度；
- 该职能工作的中长期规划、计划、总结；
- 该职能召开的大型会议（如财务管理职能每年召开的财务工作会议或预算工作会议）；
- 该职能工作中处理具体事务的文件材料，如人力资源管理职能中形成的机构设置的通知，人员奖励与处分通知等；比较难处理的就是该职能工作中处理具体事务的文件材料，要一项一项列出，如人力资源管理就包括机构设置、人员管理（包括录用、转正、聘任、调资、定级等全过程）、考核、职称评定等具体事务。处理具体事务的文件材料内容排列可按业务流程先后顺序、文件材料重要程度、先内后外或先我后他的来源顺序；
- 其他，如该职能统计报表等。

如外事活动职能，其归档范围可排列如下：

| 序号 | 归 档 范 围 | 保管期限 |
|---|---|---|
| 7.3 | 外事工作 | |
| 7.3.1 | 外事工作规章、制度、工作总结 | 永久 |
| 7.3.2 | 外事工作规划、计划 | 30 年 |
| 7.3.3 | 国际交往中发表公报，签订的协议、协定、备忘录，重要会谈记录、纪要等 | 永久 |
| 7.3.4 | 出访考察、参加国际会议、接待来访等外事活动、出访申请、审批文件材料 | 永久 |
| 7.3.5 | 出访日程、考察报告等 | 30 年 |
| 7.3.6 | 产品出口申请、审批手续 | 30 年 |

上述条目有的还可以细化，特别是有不同保管期限的，必须再细化下去，如“7.3.5 出访日程、考察报告等”又可细化为：

| 序号 | 归 档 范 围 | 保管期限 |
|---|---|---|
| 7.3.5 | 出访日程、考察报告等 | |
| 7.3.5.1 | 公司领导参加的重要出访活动形成的 | 永久 |
| 7.3.5.2 | 公司员工参加的一般出访活动形成的 | 30 年 |

做这样的细化处理是因为两类文件材料的保管期限不一样，一般来说 7. 3. 5. 1 可划为永久，7. 3. 5. 2 的保管期限可划为 30 年。

（三）按部门体例组织文件材料

按部门体例组织内容时，部门内文件材料一般包括如下内容：

- 本部门所履行职能工作的规章、制度；
- 本部门所履行职能工作的中长期规划、计划、总结；
- 本部门所履行职能召开的大型会议（如财务管理职能每年召开的财务工作会议或预算工作会议）；
- 本部门所履行职能工作中处理具体事务的文件材料；
- 本部门所履行该职能其他文件材料，如统计报表等。

在起草过程中，可将按部门体例组织的保管期限表按此方法排列部门内文件材料。如国际事务部，其归档范围可排列如下：

| 序号 | 归 档 范 围 | 保管期限 |
|---|---|---|
| 7.3 | 国际事务部 | |
| 7.3.1 | 外事工作规章、制度、工作总结 | 永久 |
| 7.3.2 | 外事工作规划、计划 | 30 年 |
| 7.3.3 | 国事交往中发表公报，签订的协议、协定、备忘录，重要会谈记录、纪要等 | 永久 |
| 7.3.4 | 出访考察、参加国际会议、接待来访等外事活动、出访申请、审批文件材料 | 永久 |
| 7.3.5 | 出访日程、考察报告等 | 30 年 |
| 7.3.6 | 产品出口申请、审批手续 | 30 年 |

要特别注意的是，不管按哪种体例组织文件材料，尽可能少用按来源组织文件材料的方法，如有的企业在职能或部门的归档范围列举为如下样式：

| 序号 | 归 档 范 围 | 保管期限 |
|---|---|---|
| 7.3 | 外事工作 | |
| 7.3.1 | 外事工作发文 | 永久 |
| 7.3.2 | 外事工作收文 | 永久 |
| 7.3.3 | 呈批件 | 永久 |
| 7.3.4 | 外事简报 | 30 年 |
| 7.3.5 | 对外合作与交流、国际展览相关文件及批复 | 永久 |
| 7.3.6 | 公司赴台请示及批复 | 永久 |

或是按部门作如下列举：

| 序号 | 归 档 范 围 | 保管期限 |
|---|---|---|
| 7.3 | 国际合作部 | |
| 7.3.1 | 发文 | |
| 7.3.1.1 | 部门文件、函 | 永久 |
| 7.3.1.2 | 公司领导出访及邀请外国部长级外宾来访请示与批复 | 永久 |
| | …… | |
| 7.3.1.9 | 部门呈批件 | |
| 7.3.2 | 收文 | |
| | …… | |
| 7.3.3 | 相关材料 | 永久 |
| 7.3.4 | 外事简报 | 30 年 |
| 7.3.5 | 对外合作与交流、国际展览相关文件及批复 | 永久 |
| 7.3.6 | 公司赴台请示及批复 | 永久 |

这两种列举方法，文件材料大量交叉，档案人员或各部门在进行收集归档时无从下手，可实施性不好。

可取的方法是将文件材料与职能关联，再将部门与职能关联，如下图所示。

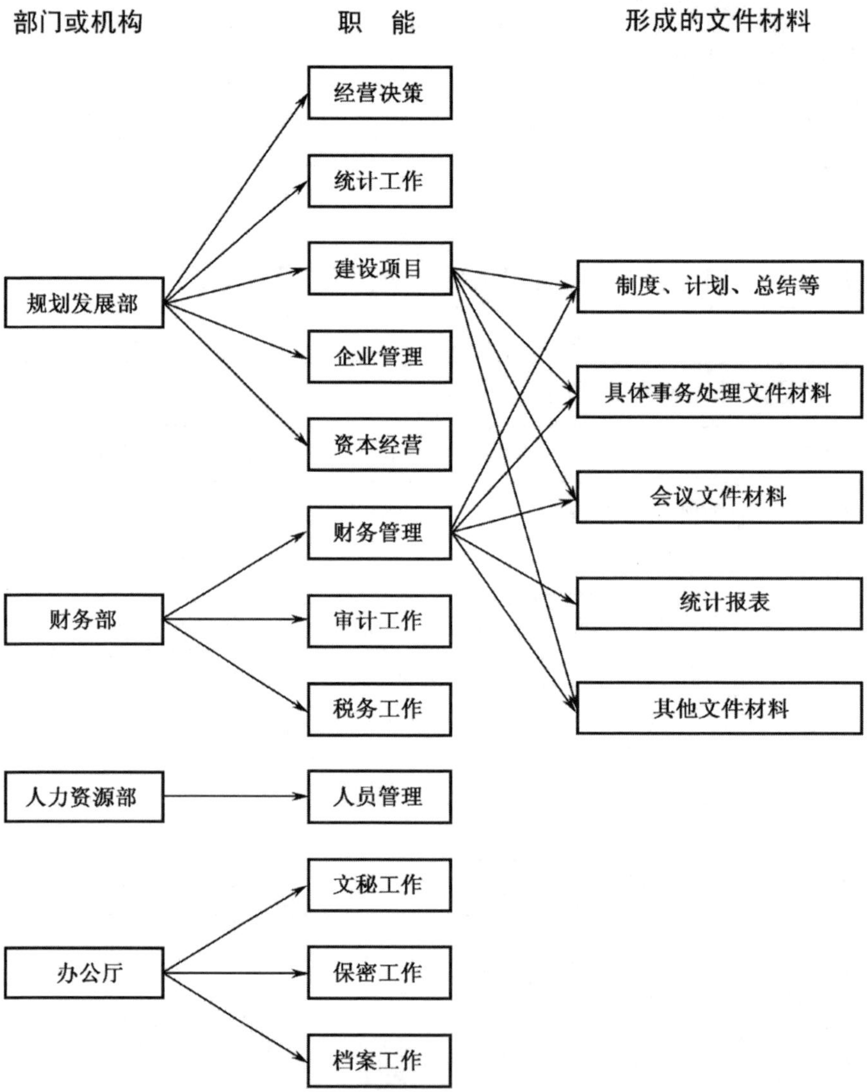

由于不同的企业机构设置会有很大的差异，有的企业在职能的分配上可能会如下图所示。

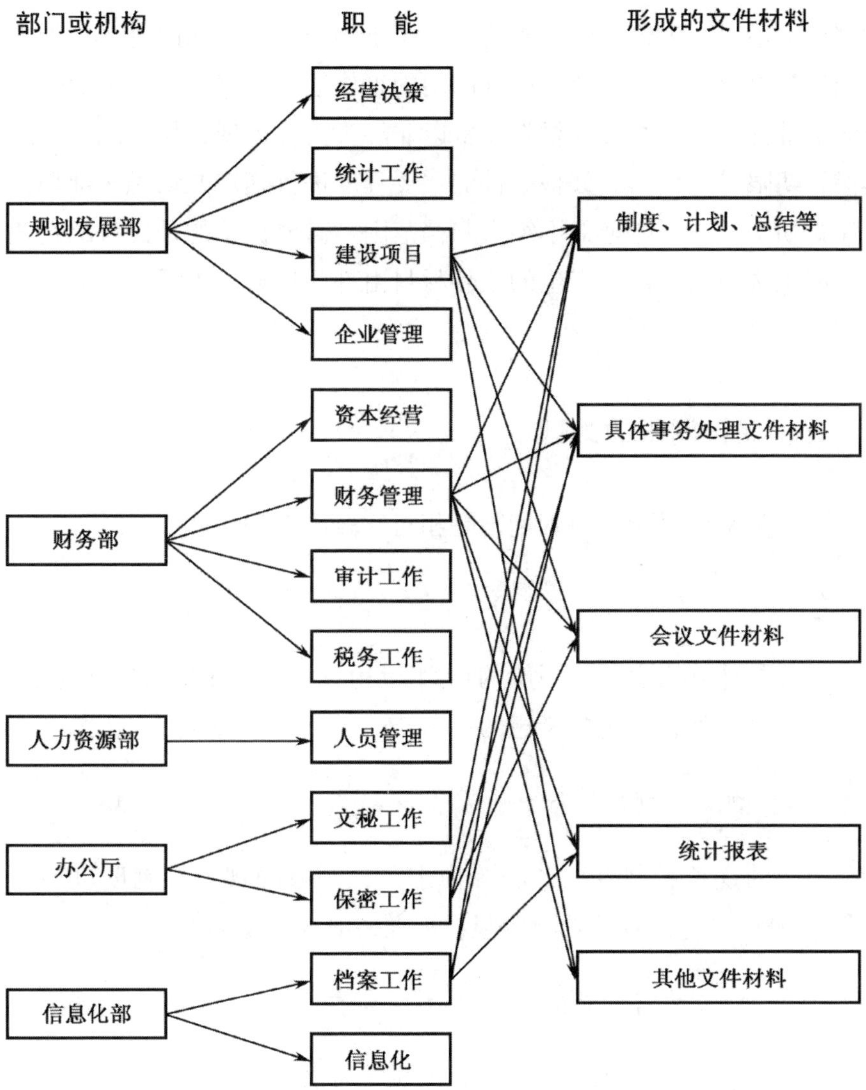


上图资本经营工作职能放在财务部，档案工作职能设置在信息化部，那么其产生的文件材料也相应地放入所在的部门。但不管职能设置在哪个部门，其形成文件材料的成分应该是相同的。

（四）企业内部机构间或上下级沟通产生的文件材料的处理

除红头文件、外单位发来和发往外单位的文件材料外，企业在其活动过程中还会产生较多内部机构之间用于沟通、协调和向企业负责人请示和报告事项的文件材料，如部门间的工作通知、就有关事项给公司领导的呈批件等。此类文件材料常常以非红头文件出现，易遗漏。在划分其保管期限时应根据其处理事件的重要程度进行确定，切忌全部划分一个保管期限，更不能全部不纳入归档范围。需要提醒的是，有的企业此类内部机构间沟通协调产生的文件材料由部门保管，不需向档案部门移交归档，这种做法不可取。

## 三、保管期限的处理

有几类文件材料的保管期限是相对比较固定的，它们是：

（一）计划与总结

重要的计划为永久，一般的计划为 30 年，但工作总结一般都划分为永久，这是从存史角度考虑的。

（二）规章、制度、标准

重要的规章、制度、办法等为永久，一般的规章、制度可划分为 30 年，但具体还得看其效力期限；标准一般划为定期。

（三）员工招聘方面的文件材料

员工招聘方面的文件材料一般都划分为永久。

（四）劳动合同等与人员有关的文件材料的保管期限界定

现在员工合同一般分为固定期和无固定期，这个要根据各地的规定来划分，但凡与人有关的文件材料基本都划分为永久保管。

## 四、文件材料内容的细化

《规定》就管理类文件材料归档范围和管理类档案保管期限表提供了一个样本，但这个样本仍旧是粗线条的，因此，以下这些地方需要进一步细化。

（1）3.3.5 股票首次发行过程中形成的其他文件材料

要将 3.3.1 至 3.3.4 中未包括的股票首次发行过程中形成的重要文件材料进行细化，具体可对照有关工作程序进行补充细化。

（2）3.3.6 股票增发、配股文件材料

按股票增发、配股工作业务过程进行细化补充。

（3）3.3.7 增资扩股文件材料

按照增资扩股工作业务过程或文件材料的成分进行细化。

（4）3.3.8 股权转让文件材料

按照股权转让工作业务过程或文件材料的成分进行细化。

（5）3.3.9 债权融资文件材料

按照债权融资工作业务过程或文件材料的成分进行细化。

（6）3.4 本企业股东、股权登记文件材料

按照股东、股权登记工作业务过程或文件材料的成分进行细化。

（7）3.5 本企业融资工作中形成的其他文件材料

按照企业融资工作业务过程或文件材料的成分进行细化。

（8）4.1.5 本企业境外资产与产权权属文件材料

中央企业有较多境外企业，应对本条目下的文件材料进行细化，可以按文件材料形成先后顺序分阶段列出，也可以按文件材料成分划分为若干子条目列出，并划分相应的保管期限。但资产与权属登记文件一般都划为永久。

（9）6.1（会议）请示、批复、通知、名单、日程、报告、讲话、总结、决议、决定、纪要、媒体宣传报道、录音录像

本条目细化可按照会议的层次或是会议文件材料的性质来细化，一般来说涉及企业经营、管理等的全局、间隔周期超过一年才召开一次的

会议属重要会议，保管期限可划分为永久；每年都召开的公司级重要工作的专题性会议可划分为30年，一般会议划为10年。

（10）8 有关机关和上级主管部门领导、社会知名人士检查、视察、调研本企业工作时形成的文件、工作汇报、录音录像等文件材料

本条目可以按照人员的职务来细分，如可将省部级以上人员的划为永久，司局级以下县级以上为30年，县级以下定为10年。具体划分时还须结合企业规模或层级来确定。如地、市级领导对中央企业总部来说可能是非重要人员，而对地、市级管辖企业可能是重要人员。知名人士还包括文艺界演职人员、社会活动家、学者等。

同一级别领导来企业视察也要根据其活动或内容区分重要程度，如为了解决本企业实际问题的视察为重要活动，形成文件材料应划为永久，如果仅做一般性检查或视察，文件材料可划为30年或10年。

在执行本条款时，既要考虑上级领导级别，又要考虑上级领导视察、检查事由的重要程度，具体情况具体分析，再确定保管期限。

（11）9 本企业向有关机关、上级主管单位的请示、报告与有关机关、上级主管单位批复、批示

企业可根据历年向有关机关、上级主管单位经常请示的事项细化文件材料。如公司治理、资产处置、经营决策、改革改制、人事安排、薪酬待遇等属重要问题，应划分为永久保管。请示和批复事项影响时间，如批复事项对企业未来较长时期产生作用或影响，则划为永久；如在未来不长的时期内产生作用或影响，则划为30年。

无批复的请示按是否重要事项划分保管期限，一般划为10年，但如是重要事项应划分为30年。

（12）10 本企业收到的有关机关、上级主管单位等相关机构制发的文件材料

企业可参考并根据历年收到有关机关、上级主管单位的文件材料进行细化。划分原则如下：

上级有关机关、上级主管单位下发的有关本企业设立、变更等有关的文件材料、任免本企业负责人文件材料、资产处置决定文件材料、授予荣誉文件材料、针对本企业生产经营事项的文件材料应划分为永久。

上级有关机关、上级主管单位下发的与本单位产品、业务有关的而且需要办理的可划分为 30 年。

上级有关机关、上级主管单位普发性文件，本单位只作一般性传阅，不需具体办理的可划分为 10 年。

（13）11.1 本企业非资本经营业务中与银行、保险、证券、基金管理等金融机构业务往来的文件材料

可参考并根据历年收到银行、保险、证券、基金管理等金融机构的文件材料进行细化。

（14）11.2 本企业非资本经营业务中与会计、审计、法律事务所等机构往来文件材料

可参考并根据过去历年收到会计、审计、法律事务所等机构的文件材料进行细化。

（15）11.4.2 本企业签署的长期合同或协议及其补充件

可按合同金额来细化长期合同或协议。如可将 50 万元以上的合同、协议定为重要事项，划分为永久，50 万元以下的合同、协议定为一般事项，划分为 30 年。具体金额应根据本企业实际情况确定。

（16）11.4.3 本企业签署的短期合同或协议及其补充件

可按合同金额来细化短期合同或协议。

（17）11.5 本企业对其他单位或个人的资信调查、客户管理等文件材料

可按客户性质细化本条目文件材料。

（18）11.6 本企业对外发布的公告、公示等文件材料

可按公告、公示内容涉及的事项进行细化。

（19）12 直属单位、所属和控股企业的请示、报告、函与本企业的批复、复函等文件材料

可按涉及的问题进行细化，如可作如下细化：

直属单位、所属和控股企业的请示、报告、函与本企业的批复、复函等文件材料

- 关于资产处置问题的；
- 关于干部任免问题的；

• 关于生产经营问题的。

（20）13.6.4 物资采购审批手续、招投标文件材料、合同、协议、来往函件，物资保管台账、出入库记录等

可按物资种类进行细化，同一类物资可按金额进一步细化。

（21）13.10 客户信息及资信调查文件材料

可按客户重要程度细化。

（22）15.2.10 企业职工培训工作文件材料

可按职工层级或培训期的长短来细化。

（23）15.5 综合治理工作文件材料

可按业务流程细化。

（24）15.6 信访工作文件材料

可按问题的重要程度细化，如细化成“有领导批示的”和“无领导批示的”，文件材料较多的可按信访问题细化。

（25）16.4.6 党员学习教育等活动形成的文件材料

可按活动规模进行细化。

（26）16.5 企业宣传统战工作报告、会议纪要、调研、计划、总结文件材料，民主党派人员名单登记、活动记录、精神文明建设方面文件材料

可按内容进行细化。

（27）16.6.3 违纪案件立案报告、调查依据、审查结论、处理意见等文件材料

可按案件重要程度进行细化。

（28）16.9 女工工作、劳动竞赛、文体活动、计划生育等方面文件材料

可按文件材料类别进行细化。

（29）16.10 共青团组织发展、劳动竞赛、表彰先进、团费管理、文体活动等文件材料

可按文件材料类别或工作内容进行细化。

（30）16.11.2 民间团体活动过程形成文件材料

可按民间团体种类进行细化。

（31）17.1 企业接待工作计划、方案，重要来宾有关的照片、录音、录像、题词、讲话、批示等

可按来宾规格或级别进行细化。

（32）17.6 企业纪念、庆典活动文件材料

可按纪念、庆典活动的重要程度和规模进行细化。

（33）18 各种非纸质载体、介质及实物形式的文件材料

可按来源、内容进行细化。

要特别注意“重要的”“一般的”条目保管期限划分，为达到精细化要求，最好不要使用“重要的”“一般的”表述方式，尽可能采用量化词来表述，如将“重要的”“一般的”转化为金额标准，如“重要的”是指500万以上，“一般的”是指500万以下。如有可能“一般的”分别有“30年”和“10年”保管期限的，还应再细化。金额只是量化的一种方式，量化方式还有时间标准、行政级别标准、地理范围标准等。

## 五、文件材料归档范围和档案保管期限表编制中常见问题举例

### （一）遗漏重要文件材料

| 序号 | 归档范围 | 保管期限 |
|---|---|---|
| 7.3 | **保密办公室** | |
| 7.3.1 | 集团公司保密委员会、保密委员会办公室印发的文件（函） | 永久 |
| 7.3.2 | 集团公司密码工作领导小组、密码工作领导小组办公室印发的文件（函）、会议纪要 | 永久 |
| 7.3.3 | 集团保密工作会议、保密委员会（扩大）会议、保密专项会议等有关文件 | 永久 |

上表中，保密办公室形成文件材料中，明显缺少“保密专项检查记录”“保密资格认证过程文件材料”，由于上述两方面文件材料有许

多是非红头文件，因此不一定包括在 7.3.1 和 7.3.3 中。正确的做法是增加这两方面文件材料。

易遗漏的还包括如下文件材料：

（1）资本经营工作文件材料

（2）客户管理工作文件材料

（3）信息化工作文件材料

（4）人力资源工作中劳动合同、招聘、培训等文件材料

（5）人员处分方面文件材料

（6）保密管理文件材料

（7）风险与内控管理工作文件材料

（8）社会责任工作文件材料

（9）“三重一大”工作文件材料

（10）企业文化建设工作文件材料

由于上述文件材料是近几年我国企业发展中新出现，或是以往工作容易忽视的部分，特别予以提醒。

### （二）文件材料保管期限划分不合理

| 序号 | 归档范围 | 保管期限 |
|---|---|---|
| 7.3 | **审计部** | |
| | …… | |
| 7.3.7 | 审计报告意见及决定书 | 30 年 |
| 7.3.8 | 经济责任审计报告 | 30 年 |
| 7.3.9 | 审计报告工作底稿 | 30 年 |
| 7.3.10 | 重要请示、呈批件 | 30 年 |

上表中审计部形成文件材料中的“审计报告意见及决定书”“经济责任审计报告”“重要请示呈批件”，根据 10 号令确定的保管期限划分原则，划分为 30 年明显偏短，应划为永久保管。

（三）条目表述太笼统

| 序号 | 归 档 范 围 | 保管期限 |
| --- | --- | --- |
| 7.3 | **办公厅** | |
| | …… | |
| 7.3.7 | 赠予集团公司的各种奖牌、证书、礼品、纪念品等 | 永久 |
| 7.3.8 | 党组发文（函） | 永久 |
| 7.3.9 | 中央、国务院发文 | 永久 |

上表中，“赠予集团公司的各种奖牌、证书、礼品、纪念品等”“党组发文（函）”“中央、国务院发文”明显表述太笼统，其结果是保管期限划分不准确。如“赠予集团公司的各种奖牌、证书、礼品、纪念品等”最好是具体列出，如按层级列出。因为不同层级的奖牌、证书、礼品、纪念品保管期限是不一样的，如县政府赠予中央企业的“奖牌、证书、礼品、纪念品”就不一定要划为永久保管。7.3.9 中也存在同样问题，“中央、国务院发文”有普发性的，也有针对本企业的，普发性的文件不一定列入永久。

（四）条目表述不准确

| 序号 | 归 档 范 围 | 保管期限 |
| --- | --- | --- |
| 7.3 | **××××处** | |
| 7.3.1 | 企业社会责任报告 | |
| 7.3.2 | 大型展览会、博览会等重大活动中形成的文件材料 | |
| | …… | |
| 7.3.6 | 实体档案 | |

上表中的“7.3.6 实体档案”属于表述不准确。本意指“实物档案”，表述成“实体档案”易使人理解为与“电子档案”相对应的有形

实体档案。因此，在保管期限表的编制中应避免使用不准确的语言，避免使用有歧义的词语。

## 第三节　业务档案保管期限表的编制

### 一、产品生产类档案保管期限表的编制

全国尚无统一的规定，但可参照《企业档案工作规范》附表 A. 5（附录六）制定。

金融企业可参照本书附录六、七提供的样本编制业务文件材料归档范围和档案保管期限表。

### 二、科研开发类档案保管期限表的编制

参照《科学技术研究档案管理暂行规定》（国档发〔1987〕6 号，1987 年国家科委、国家档案局联合下发）和《企业档案工作规范》附表 A. 6（附录七）制定。

### 三、重大建设项目类档案保管期限表的编制

参照《建设项目档案管理规范》（DA/T 28—2018）和《企业档案工作规范》附表 A. 7（附录八）制定。

### 四、设备仪器类档案保管期限表的编制

参照《企业档案工作规范》附表 A. 8（附录九）制定。

## 五、会计和干部职工类档案保管期限表的编制

参照《会计档案管理办法》（财政部、国家档案局令第 79 号）、《企业职工档案管理工作规定》（劳力字〔1992〕33 号）和《企业档案工作规范》附表 A. 9（附录十）、附表 A. 10（附录十一）制定。

## 六、电子文件材料归档范围和档案保管期限表的编制

企业在制定电子文件归档范围和电子档案保管期限表方面尚无现成的参考表，是制定中的一个难点，建议处理方法如下：

（1）有相应纸质载体的电子文件的归档范围和档案保管期限参照纸质文件确定，由于电子档案的存储高密度，在保管期限上可适当延长。

（2）形成时没有相应纸质载体但可输出纸质载体的电子文件，需要根据其价值界定归档范围和划分保管期限，其保管期限可参照同类纸质档案基础上适当放宽和延长，有条件时可输出纸质文件保管，但电子档案仍旧需要纳入归档范围。

（3）形成时没有相应纸质档案而且也无法输出纸质载体的电子文件和电子档案，应将其纳入归档范围，并全面鉴别其价值，保管期限可适当从长。

（4）要特别注意不能输出纸质载体的如三维电子文件的归档范围和保管期限表的编制。在这个过程中一定要按照一定的规则详细列举出电子文件的具体内容，并划定保管期限。

例如，ERP 系统（企业资源规划管理系统）中的电子文件归档可作如下表列举和划定：

| 序号 | 归 档 范 围 | 保管期限 |
|---|---|---|
| 7.3 | **计划报表** | |
| 7.3.1 | 年度生产计划报表(DBF 或 XML 格式) | 永久 |
| 7.3.2 | 月份生产计划报表(DBF 或 XML 格式) | 30 年 |
| 7.3.3 | 周生产计划报表(DBF 或 XML 格式) | 10 年 |
| | …… | |
| 7.4 | 物料管理文件 | |
| 7.4.1 | 物料需求表 | 30 年 |
| 7.4.2 | 入库记录 | 30 年 |
| 7.4.3 | 出库记录 | 30 年 |
| | …… | |

切忌使用“参照纸质”进行表述。

企业 PDM（产品数据管理系统）产生的电子文件的归档范围和档案保管期限表可作如下表列举：

| 序号 | 归 档 范 围 | 保管期限 |
|---|---|---|
| 7.3 | **产品设计三维数模** | |
| 7.3.1 | 整机装配数模 | 产品寿命加 5 年 |
| 7.3.2 | 全机零件数模 | 产品寿命加 5 年 |
| 7.3.3 | 导线缚设数模 | 产品寿命加 5 年 |
| | …… | |
| 7.4 | **工装设计三维数模** | |
| 7.4.1 | 工具设计数模 | 30 年 |
| 7.4.2 | 夹具设计数模 | 30 年 |
| 7.4.3 | 模具设计数模 | 30 年 |
| | …… | |

切忌使用诸如“所有三维数模”进行表述。

## 第四节　征求意见、签发和报审

### 一、讨论

企业在编制文件材料归档范围和档案保管期限表时，首先形成的是表的初稿。在形成初稿后应召开会议，召集有关人员进行面对面讨论。参加会议的人员应选择业务骨干或部门负责人，特别是要选择工作经验丰富的员工参与讨论。在讨论中往往会提出许多没考虑到的文件材料，档案部门应及时补充进文件初稿中。

### 二、征求意见

在以会议形式听取修改意见的基础上，还应将文件以征求意见稿的形式征求企业内各方面的意见。对反馈的意见应逐条梳理，提出处理意见。

### 三、内部审批

经过讨论与征求意见的文件材料归档范围和档案保管期限表应首先提交企业负责人审批。

### 四、文件报审

#### （一）送预审

为提高文件质量，档案行政管理部门在对企业文件材料归档范围与档案保管期限表审查时一般会采用两阶段法，即正式同意前进行预审，预审合格后方由企业以正式文件上报。

1. 送预审条件

经过企业内部讨论修改完善，并广泛征求职能部门、业务部门、生产部门等的意见后，格式规范，文稿校对无误。预审上报不要求以正式红头文件形式。

2. 上报方式

机要、信函、面呈、传真、电子邮件均可，方式应根据文件的密级情况确定。

3. 审查单位预审

在收到企业上报的预审上报稿之后，审查单位将进行系统审查。审查后，如修改较少，审查单位将修改意见连同文稿返回企业修改。如修改意见较多将以电话、约见等方式传递修改意见。

4. 修改

企业在收到返回的修改意见后应及时修改。

上述与审查单位意见交互过程有时要经过多轮。

### （二）正式上报及修改

1. 文件上报

以正式文件（一般以请示）的形式正式报审查单位。

文件审查单位在收到企业的送审稿后会走正式文件阅办程序，这个过程中有可能还会提出修改意见，这些修改意见将以正式复文（批复）返回企业。

2. 修改意见落实

企业在收到审查单位正式回复意见后应及时修改，形成可正式下发实施的文件材料归档范围和档案保管期限表。

### （三）抄送正式实施稿

经审查单位同意并按所提意见修改后形成的用于本企业下发实施的文件材料归档范围和档案保管期限表为正式实施稿。在正式审查中提出较多修改意见的，内部下发时应抄送审查单位一份。

（四）主送单位与方式

上述上报的主送单位应是相应的档案行政管理部门或上级企业、上级单位。

（五）上报内容

（1）国有企业总部将管理类文件材料归档范围和档案保管期限表上报档案行政管理部门审查时，应附上企业机构设置、主营业务范围等说明材料。具体报送内容应根据档案行政管理部门的实施意见为准。

（2）集团型企业的子、控股公司将所有类型档案的归档范围和保管期限表报上一级企业审查。是否需要附上企业机构设置、主营业务范围等材料由其上级企业决定。

## 第五节　贯彻与动态管理

### 一、文件下发

经档案行政管理部门或上级企业档案业务部门审查同意的文件材料归档范围和档案保管期限表，企业应以红头文件的形式下发到各部门或下属单位实施。

### 二、文件的贯彻

（一）召开宣贯会

一项规章制度的实施是否落实，宣贯非常重要。企业应将下发后的文件材料归档范围和档案保管期限表进行相应的宣贯培训。特别要召集各部门兼职档案员进行培训宣贯，讲解文件的精神实质，传递文字所无法表达的内容。

（二）制定实施细则

为使文件材料归档范围和档案保管期限表贯彻到位，应通过文件材料归档范围的具体细化来提高归档率，因此企业还必须制定相应的实施细则。实施细则最好能以部门为单位，将该部门或职能的归档范围再进一步细化，同时落实每一项文件材料的归档责任人或责任岗位，可细化成如下表所示的表格。

| 序号 | 归 档 范 围 | 保管期限 | 归档岗位 |
| --- | --- | --- | --- |
| 7.3 | **国务事务部** | | |
| 7.3.1 | 外事工作规章、制度、工作总结 | 永久 | 公司办公室 |
| 7.3.2 | 外事工作规划、计划 | 30 年 | 部门秘书 |
| 7.3.3 | 国事交往中发表公报，签订的协议、协定、备忘录，重要会谈记录、纪要等 | 永久 | 部门秘书 |
| 7.3.4 | 出访考察、参加国际会议、接待来访等外事活动、出访审请、审批文件材料 | 永久 | 部门秘书 |
| 7.3.5 | 出访日程、考察报告等 | 30 年 | 外事业务经理 |
| 7.3.6 | 产品出口申请、审批手续 | 30 年 | 进出口业务经理 |

通过上述细化和落实归档责任岗位，对于提高文件材料的归档率有非常重要的作用。

## 三、文件实施过程中的修订

企业存续期间，股权结构、经营管理活动常常发生变化，这种变化体现在产品线加深加宽，产业链向上下游延伸，多角化经营等，这些变化往往会在机构的设置中反映出来，如新机构出现，原有机构的合并等等。这些变化最终也都要反映在文件材料的变化上，如新业务文件材料出现，新机构新职能产生新的文件材料。因此，随着企业经营管理活动的变化，文件材料归档范围和档案保管期限表也应随之作出相应的调整。

《规定》第十七条明确要求“企业资本结构或主营业务发生较大变化时，应及时修订和完善文件材料归档范围和档案保管期限表”。

企业应在有如下变化时对文件材料归档范围和档案保管期限表进行修改：

（1）资本结构或生产经营规模发生重大变化时；

（2）主营业务范围发生重大变化时；

（3）距上一次修订文件材料归档范围和档案保管期限表满 5 年。

修订方法可以是局部的，也可以是文件的重新颁布，但不论以何种方式都应按 10 号令的规定报审。

## 四、文件材料归档范围和档案保管期限表的成文形式

文件材料归档范围和档案保管期限表必须以文件形式下发，成为档案规章制度的一部分进行贯彻实施。但一直以来，在企业档案规章制度中，文件材料归档范围与档案保管期限表一般不单独成文件，为此企业可做一些处理。

处理方法一：文件材料归档范围和档案保管期限表不单独成规章制度，管理类档案保管期限表在上级档案主管部门批复同意后同其他各类档案的保管期限表一起作为档案管理办法的附件。

处理方法二：文件材料归档范围和档案保管期限表单独成文，企业其他档案规章制度不再设置文件材料归档范围和档案保管期限表，而是通过参见方式引出。

# 第六章　业务指导与审查

根据《规定》第十五条、第十六条的规定，国家档案局、各省级以下档案局对区域内企业编制的文件材料归档范围和档案保管期限表具有审查和业务指导的责任，这是为了使企业编制的文件材料归档范围和档案保管期限表更具科学性。

## 第一节　档案行政管理部门业务指导和审查工作

### 一、业务指导

（一）深入调查研究，摸清区域内企业档案工作状况

通过调研把握企业文件材料形成规律和特点，掌握企业对档案利用的需求，充分摸清本区域企业档案工作实际，真正把需要归档的文件材料纳入归档范围。

（二）文件转发，制订工作方案

《规定》作为国家档案行政管理部门的规章，许多方面还仅是原则性和指导性的，具体到各省、市、县，还必须根据本区域内企业产品和专业的特点，制订针对本区域内企业文件材料归档范围和档案保管期限

表的编制方案，就该项工作提出贯彻实施指导意见。所制订的工作方案要贯彻分类指导的原则，合理安排好工作进度。

### （三）举办培训班，对辖区内企业进行培训

《规定》许多方面是创新性的，企业要编制出高质量文件材料归档范围和档案保管期限表有相当大的难度。为此，可通过举办《规定》宣贯培训班，对《规定》的精神、主要特点、文件材料归档范围和档案保管期限表编制的方法与技巧等进行讲授，为企业开展文件材料归档范围和档案保管期限表编制工作奠定基础。

### （四）抓示范，制定文件材料归档范围和档案保管期限表范本

过去的经验一再证明，抓示范是档案业务指导工作的有效手段。企业文件材料归档范围和档案保管期限表的编制工作也一样，各级档案行政管理部门在对企业所属行业性质进行分类的基础上，选择若干档案工作基础较好、不同类型的企业先行一步，制定出若干有示范作用的文件材料归档范围和档案保管期限表，作为范本和样板，推荐给有关企业借鉴和参考。

### （五）其他业务指导方式

1. 及时解答企业在编制工作中的问题。

2. 定期召开会议，对企业编制文件材料归档范围和档案保管期限表工作进行指导。

3. 发挥骨干企业的作用和专家的作用。

要善于发挥骨干企业和专家的作用。一是发挥骨干企业示范作用，让他们先行一步，编制出文件材料归档范围和档案保管期限表样本。二是在培训、业务指导中可请示范企业现场讲授文件材料归档范围和档案保管期限表编制的做法、经验和体会。三是发挥专家的作用，特别是在审查中，任务重的地区可组成专家小组开展文件材料归档范围和档案保管期限表的审查。

## 二、审查

### （一）成立审查委员会和办公室，明确分工

（1）成立审查委员会，由局领导、业务指导部门负责人、其他相关部门负责人（如馆室业务指导部门负责人）组成，负责指导和监督工作。

（2）成立审查委员会办公室，由业务指导部门人员、其他相关部门人员组成，具体负责文件材料归档范围和档案保管期限表的审查。

### （二）对审查人员开展培训

由接受过国家档案局培训的人员对审查人员进行培训，就审查工作流程和注意的问题进行讲解。

### （三）拟订审查流程

审查流程如下：

办公室收文→业务指导部门初审，提出具体意见，形成复文草稿→业务指导部门负责人复核→档案局主管领导复查并批准→办公室制发批文。为保证质量，正式审查前可进行预审，即在企业正式报审前进行一次非正式的审查。

### （四）确定审查内容

根据10号令的规定，企业报档案行政管理部门的内容应为文件材料归档范围和管理类档案保管期限表。但由于各地区情况存在差异，在审查内容上可进行取舍，但管理类文件材料归档范围和管理类档案保管期限表必须列入审查内容。有条件的档案行政管理部门可增加对其他类档案保管期限表进行审查。

### （五）设计有关表格

设计用于记录审查过程的表格，如《〈文件材料归档范围和档案保

管期限表〉审查表》，样式可参考下表。

**《文件材料归档范围和档案保管期限表》审查表**

<table>
<tr><td colspan="2">企业名称</td><td colspan="3"></td></tr>
<tr><td colspan="5">文件整体质量审查意见</td></tr>
<tr><td rowspan="4">文件外观</td><td>文头</td><td></td><td>行文关系</td><td></td></tr>
<tr><td>文件</td><td></td><td>标题</td><td></td></tr>
<tr><td>签署</td><td></td><td>盖章</td><td></td></tr>
<tr><td>日期</td><td></td><td>附件</td><td></td></tr>
<tr><td rowspan="2">内在质量</td><td>术语规范性</td><td colspan="3"></td></tr>
<tr><td>条目表述准确性</td><td colspan="3"></td></tr>
<tr><td colspan="5">条款或条目审查意见</td></tr>
<tr><td>序号</td><td>条款或条目编号</td><td>内容</td><td>存在的问题</td><td>修改建议</td></tr>
<tr><td></td><td></td><td></td><td></td><td></td></tr>
<tr><td></td><td></td><td></td><td></td><td></td></tr>
<tr><td></td><td></td><td></td><td></td><td></td></tr>
<tr><td></td><td></td><td></td><td></td><td></td></tr>
</table>

审查人：　　　　年　　月　　日　　　　　　复核人：　　　　年　月　日

# 第二节　集团型企业总部对下属企业的业务指导与审查

## 一、有下属单位的集团型企业的职责

《规定》对有下属单位的企业在文件材料归档范围和档案保管期限表的编制方面赋予了比较多的职责，主要有：

### （一）业务指导职责

这是企业档案工作一贯强调的做法和原则，是谁的资产，其档案工作的业务指导就由谁负责。

业务指导还包括组织编制用于指导本集团下属企业的各类文件材料归档范围和档案保管期限规定，特别是产品生产和服务业务等的文件材料归档范围和档案保管期限规定。

### （二）编制工作组织职责

企业因产品和业务的差别，档案的成分与内容也千差万别，国家在产品生产档案方面无法出台一个适用于所有企业的可参照的文件。因此组织下属单位开展文件材料归档范围和档案保管期限表的编制的职责赋予有关企业集团，这是为了发挥集团型企业在涉及本集团产品和服务业务档案管理方面的专业优势。

### （三）审查职责

对下属企业制订的文件材料归档范围和档案保管期限表的审查职责。

## 二、业务指导的内容与方式

### （一）培训

对下属单位开展培训，宣讲《规定》和文件材料归档范围和档案保管期限表编制的一些方法和技巧。

### （二）组织编制工作

1. 成立编制领导小组和工作小组或编制办公室。

领导小组组长由集团公司分管档案工作的副总经理担任，各部门负责人任成员。主要职责是：

（1）批准文件材料归档范围和档案保管期限表编制工作计划；

（2）协调编制工作中的重大事项；

（3）审定本层级编制的文件材料归档范围和档案保管期限表，审查下属单位上报的文件材料归档范围和档案保管期限表。

工作小组组长或编制办公室主任由档案部门负责人担任，有关部门具体参与或承担编制工作的人员任成员。主要职责是：

（1）制订文件材料归档范围和档案保管期限表编制工作计划；

（2）具体组织文件材料归档范围和档案保管期限表编制工作；

（3）编制本企业指导下属单位通用的文件材料归档范围和档案保管期限表；

（4）负责文件材料归档范围和档案保管期限表的宣贯；

（5）负责下属单位上报的文件材料归档范围和档案保管期限表的初审工作，提出初查结论。

2. 制订计划。

有下属单位的企业还应明确下属单位编制文件材料归档范围和档案保管期限表的计划进度。

### （三）编制全公司各类通用文件材料归档范围和档案保管期限表

产品生产类和科研开发类等与具体产品和业务有关的文件材料归档范围和档案保管期限表，最好能在集团层面或总部层面出台一份不与具体某个下属企业相关的能够对下属企业起示范和指导作用的示范表。具体的制订方法可以基础较好企业的现有的文件材料归档范围和档案保管期限表为基础，适当修改后形成。

### （四）抓示范

在业务指导过程中必须抓示范单位，通过抓几家基础较好的示范单位，提供经验和样本，将起到事半功倍的效果。

## 三、加强对全公司的调研

集团型企业要对下属单位情况进行调研，通过调研摸清情况，估计出工作量。

## 四、对下属企业档案保管期限表的审查

在收到各下属企业报送的文件后将及时组织审查，审查合格的以批复的形式回复，有修改意见将以非文件的形式反馈。审查要点参见第三节内容。

## 五、对境外企业文件材料归档范围和档案保管期限表编制的业务指导

根据《规定》的要求，各企业如在境外设有分支机构、全资或控股企业，应对这些境外企业的文件材料归档范围和档案保管期限表的编制工作开展业务指导，并督促所属境外企业贯彻实施。但在制定过程中，应遵循所在地有关的法律法规。

境外企业档案工作的业务指导与监督一直是弱项，各企业应抓住10号令贯彻实施的机会，从文件材料归档范围和档案保管期限表的制定开始，加强境外企业档案工作的业务指导与监督，为企业在国际化发展过程中维护企业各项权益提供保障。

# 第三节　审 查 要 点

## 一、行文方式及文件外观形式审查

企业报送文件材料归档范围与档案保管期限表应根据隶属关系和管辖范围以正式文件并用请示文种向档案行政管理部门上报，审查工作首先要审查企业上报文件的行文方式和外观质量。

1. 审查上报企业是否属于本部门管辖。

（1）省、直辖市、自治区档案局审查范围：省属国有企业。

（2）省、直辖市、自治区辖市档案局审查范围：市属国有企业。

（3）县档案局审查范围：县属国有企业。

（4）中央企业总部文件材料归档范围和档案保管期限表报国家档案局审查，中央企业所属的二级、三级及以下企业文件材料归档范围和档案保管期限表审查由各中央企业组织。

审查过程中特别注意是否有越级行文情况。省、直辖市、自治区辖市属国有企业行文至省档案局，县属国有企业行文至省辖市档案局均为越级行文，收到后应退回。

2. 审查文种是否规范。重点审查文件是否以请示形式上报，主送单位应为负责审查部门，是否存在多头上报和多个主送单位的情况。

3. 审查文头、字号、标题、签署、盖章、日期等是否正确，附件是否齐全。有重大瑕疵的文件应退回企业重新行文。

## 二、准确性审查

### （一）术语规范性审查

企业文件材料归档范围和档案保管期限表中会涉及一些专业术语，审查中必须要对其是否规范和统一进行审查。一是审查术语的规范，对国家规定有确切含义的术语必须使用规范名称；二是审查术语是否统一，指代同一含义的应使用同一术语。

### （二）条目表述准确性审查

表述的准确性审查主要是审查文件中有关条款和保管期限表中条目表述的准确性，不存在模棱两可和歧义的定义、概念和词汇。

## 三、归档范围的审查

归档范围是粗线条地提出划分归档文件材料和不归档文件材料的原则，因此应包括归档文件材料和不归档文件材料。审查时应注意其内容不应有缺项、重复和矛盾。

## 四、保管期限表审查

保管期限表是审查的重点，应着重审查如下方面：

### （一）表结构的审查

即审查表格是否包括编号、归档范围和保管期限等内容。有多层的条目上下位逻辑关系是否清晰、合理。

### （二）审查文件归档范围是否全面

审查各小类、子类下文件材料明细是否全面。具体的审查方法是，对照10号令附表中列出的文件材料内容找对应项。高质量的保管期限表应该反映10号令附表中的所有内容，并更加细化。管理类以外的产品、科研、项目建设、设备仪器等类的保管期限表在审查时应对照相关规定进行。

### （三）审查文件材料内容的分类是否合理

保管期限表中的文件材料一般以上下位类的形式呈现。由于文件材料成分复杂，类间极易出现交叉现象。为了尽可能不遗漏文件材料，有些交叉是必要的，但类间交叉应尽可能少。

### （四）审查归档范围内容的详略程度

《规定》作为部门规章，总体上讲是原则性，但各企业在制定文件材料归档范围和档案保管期限表时必须对一些条目进行细化，特别是保管期限表中标为“重要的”“一般的”文件材料，必须根据实际工作进行细化，没有细化的应在审查意见中提出修改。

### （五）审查文件是否明确不同稿本、电子文件及其元数据等的要求

根据《规定》，归档范围需明确文件不同稿本、电子文件及其元数

据等的归档要求，审查中应注意此类特殊材料归档范围的划分。

（六）审查文件材料的保管期限划定是否合理

保管期限的划分是审查的重要内容，在审查过程中必须重点关注。即对照 10 号令附表，并根据有关原则逐项审核，应划为永久而划为定期的必须要提出修改，对于应划为定期而划为永久的可不提出修改，但明显应该划为 10 年保存的而划为永久保存也应该提出修改建议。

还应特别注意没有细化的文件材料的保管期限的划分。有的企业为图省事，在编制保管期限表时文件材料条目划分得不够细，如按来源或文种叙述的条目所包含的文件材料既有划为永久又有划为定期的，或是三种保管期限都有，如不进行细化，实施起来比较困难。

审查过程中凡出现“重要的”“一般的”表述方式应要求企业修改成能量化或更加具有可操作性的表述。

## 五、填写审查结论表

审查结论表用于审查人员之间共享有关信息，记录审查过程。审查人员对审查意见负责，填写意见要具体，不含糊其词。忌用“‘××××’需要修改”的表述方法，而采用“‘××××’保管期限改为‘永久’”“‘××××’按金额进行细化”“缺××××方面文件材料”等表述方法。

## 六、对不同类型企业审查要点

不同类型企业的文件材料归档范围和档案保管期限表有很大的差异，10 号令附表列出的文件材料归档范围包含了各种类型企业的文件材料内容，具体到相应的企业应该是有所取舍的。

企业分类有各种标准，在文件材料归档范围和档案保管期限表方面区别较明显的企业有两种分类方式，一种按是否有下属单位来分，另一种是按对下属单位的管控方式分。

按企业是否有下属单位分为有下属单位企业（集团型企业）、无下属单位企业（非集团型企业），而集团型企业（注：是否属于集团型企业不一定反映在企业的名称）又可分为战略管控型、财务管控型、经营管控型三种。

这里的下属单位不是指内设机构，而是指独立法人地位的企业、事业单位或分支机构。由于不同类型企业的管控方式不同，企业机构设置也不同，文件材料归档范围和档案保管期限表的内容也差别较大，审查时应注意。

### （一）集团型企业机构设置及文件材料形成特点与审查要点

集团型企业由于对下属单位的管控方式不同而在机构设置上有所不同，从而在文件材料的形式上也有较大的差别。

1. 财务管控型

财务管控型企业总部机构突出财务部门职能，一般不设置生产部门、质量部门、销售部门。在文件材料形成上的突出特点是与资产管理有关的文件材料较多，但产品研发、生产、销售、质量等职能的文件材料一般不会出现在归档范围中。

2. 战略管控型

战略管控型企业总部的机构设置表现为规划、计划、人力资源部门职能突出，一般不设置生产调度、销售部门。

3. 运营管控型

运营管控型企业总部机构比较全，基本会包括所有职能，形成的文件材料也较多，应对照 10 号令逐项检查。

### （二）无下属单位企业机构设置及文件材料形成特点与审查要点

无下属单位企业一般是承担具体产品的生产和经营工作的企业，此类企业一般实行直线职能制机构设置，其特点是承担产品研发、生产、销售机构数量较多，具体产品生产、销售部门产生文件材料较多。审查时要将重点放在经营管理、生产管理、行政管理等职能上，其归档范围条目一般不设下属单位报送文件材料。

（三）既有下属单位又承担具体产品生产、经营企业的机构设置及文件材料形成特点与审查要点

此类企业不仅有下属单位，而且还承担具体产品的生产和经营，机构设置一般也实行直线职能制，机构数量较多，经营管理、生产管理、行政管理职能、党群工作职能都比较全。此类企业要特别注意其具体产品经营、管理职能文件材料的审查，易忽视产品研发、生产管理等文件材料的列出。

# 第七章　应用案例

## ◇案例 1

## 某金融资产管理公司开展总部文件材料归档范围与档案保管期限表编制工作案例

我司作为国有四大金融资产管理公司之一，严格按照国家档案局贯彻实施《企业文件材料归档范围和档案保管期限规定》（国家档案局令第 10 号，以下简称 10 号令）文件精神及相关工作安排，于 2013 年 6 月开始着手部署总部文件材料归档范围和档案保管期限表编制任务，通过学习研讨、培训指导、汇总审查、修改完善等一系列工作，最终于 2015 年 1 月收到国家档案局予以批准的文件。此后，在公司总部各部门归档工作中，严格执行文件材料归档范围和档案保管期限表对各类文件材料进行收集归档，有效提高了档案资源的完整性与准确性，为推进总部档案管理工作向着科学化、规范化的方向发展起到了积极作用。现将我司在编制文件材料归档范围和档案保管期限表的过程中相关做法和经验总结如下。

### 一、扎实理论学习，提早做好规划

2013 年我司收到 10 号令及《国家档案局关于贯彻落实〈企业文件材料归档范围和档案保管期限规定〉的通知》后，档案部门通过认真学习文件基本内容和要求，吃透精神实质，深刻领会编制企业文件材料归档范围和档案保管期限表的重要意义。为准确掌握编制方法和流程，我司组织档案人员参加了国家档案局召开的宣贯培训会，深入学习10号令正文条款具体内容，了解编制过程中的各项基本要求。会后在档案部门内部进一步学习了《企业文件材料归档范围与档案保管期限规定》的解读材料，订购《企业文件材料归档范围和档案保管期限规定实施指南》辅导材料，为实施文件材料归档范围和档案保管期限的编制工作打下坚实的基础。

在对10号令进行深入学习的过程中，反思往年归档工作中遇到的种种问题，例如文件收集不齐、保管期限划分不准等，多数是因为没有标准、统一的归档范围和保管期限导致的。因此我司深刻意识到，尽快完成总部保管期限表的编制工作，将会在以后的年度文件材料归档工作中，为档案人员合理界定文件材料归档范围、准确划定档案保管期限提供科学规范的参考依据。同年7月，档案部门牵头组织开展编制工作，成立了编制工作领导小组，制定了编制工作方案，并经有关领导审核同意后，将其作为2014年度我司档案的重点工作。

## 二、精心组织培训，细化编制流程

2014年上半年，我司在组织总部各部门开展年度文件材料收集归档常规工作的同时，深入各部门一线进行走访调研，及时了解掌握部门职责及所涉及文件材料。按照《企业文件材料归档范围和档案保管期限规定实施指南》第四章节“前期准备”相关流程，我司在完成年度归档工作后，对照10号令相关要求认真总结经验，反思当前归档工作中存在的问题和不足，为贯彻落实10号令各项编制任务做好前期准备工作。为确保编制工作在总部落实到位，各部门综合管理处负责人作为编制工作领导小组成员全程参与编制工作，主要负责本部门各处室的职能分析和调研工作、制定本部门编制工作计划及负责起草、审查本部门编制内容。

我司档案部门通过学习领会10号令文件精神，充分认识到总部各部门参与编制的成员只有准确把握编制工作的实质和要求，才能保证文件材料归档范围和档案保管期限表的编制质量。为此，档案部门认真梳理10号令文件及相关辅导材料重要内容和关键环节，参照国家档案局宣贯培训会上的讲授内容，制作了《编制工作教程》演示材料。内容主要包括解读10号令文件精神和讲解编制工作具体方法，其中在编制工作方法中具体划分为8个流程，分别是梳理部门内工作职能、摸清工作产生的文件材料、填写文件材料调查收集表、确定表格大体框架和结构、逐项细化编制内容、汇总梳理各部门反馈材料、文件材料送预审修改、正式上报及审批。(见图1)

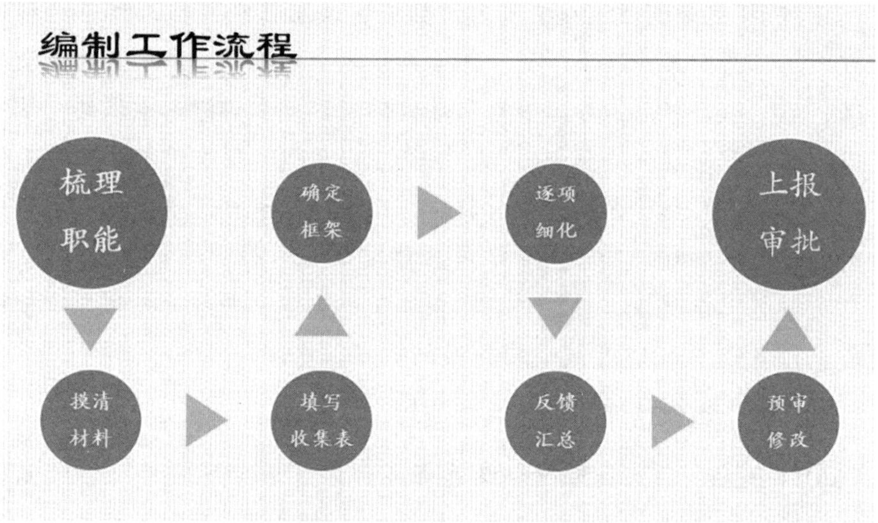


图1　培训材料中的编制工作流程

在档案部门组织召开的编制工作培训会议上，由编制工作领导小组副组长主持并做动员讲话，从强化组织领导、树立示范样板、合理规划任务等几方面对编制工作提出总体要求。档案部门为各位小组成员演示了《编制工作教程》，针对部门实际情况介绍编制工作具体流程，细致讲解编制方法，确定体例和结构，对需要注意的细节问题进行详细说明。会上强调，由于编制工作任务量大，周期较长，不仅需要档案部门及编制工作领导小组成员全力投入到其中，还需要每个部门每个处室一起努力，对工作中所产生的文件材料进行一次系统的摸底、排查和梳理汇总，争取不漏掉一份归档文件材料，确保公司文件材料归档范围齐全完整。

会后档案部门为各位成员发放了《企业文件材料归档范围和档案保管期限规定实施指南》辅导材料，印发了《编制工作教程》和《时间安排及工作任务分解表》，进一步细化了不同时间节点的具体工作任务。主要分为三部分核心流程：首先是安排在各部门内部学习10号令及附表内容，参照ISO文件各部门的“工作手册”梳理工作职能形成本部门的职能分析表（见图2）；之后对照公司原有的文书档案归档范围对工作中所产生的所有文件材料进行价值分析，确定哪些文件材料属于应收集归档的范围，合理界定保管期限，特别是在本次10号令中需要重点关注的文件材料，以及非红头公文和未在OA办公系统登记流转的文件，都应纳入本次编制范围内；接下来以总部各部门为单位，按《编制工作教程》要求的表头结构及排列编码起草归档范围和保管期限表初稿，先通过邮件方式与档案部门进行沟通，对细节内容及疑难问题研究讨论，确认无误后由部门领导签发形成终稿反馈档案部门。

2.4.2 负责办理归属区域内诉讼法律事务：

1）审查归属区域报送/有关的诉讼项目，监督和检查对批复的落实情况；

2）负责指导或办理归属区域重大、疑难、复杂的诉讼和仲裁事项。

2.4.3 负责办理归属区域内非诉讼法律事务：

1）为归属区域事项提供日常法律咨询服务，对审核的项目方案中涉及的具体法律问题出具法律意见；

2）审核归属区域有关业务对应的对外签署的法律文本及各类法律性文件。

2.4.4 负责全辖诉讼事务管理和指导

1）负责全辖诉讼项目的汇总、数据统计和分析工作；

2）针对诉讼事务中的重大法律问题以及与诉讼事务管理相关的其他事项，制定指南；

3）就诉讼事务中的问题向有关国家立法司法和监管部门制作报告，争取有关部门的支持；

4）协调、指导或组织办理全辖重大、疑难、复杂案件的诉讼、仲裁事项。

图2　《工作手册》中法律部门的部分工作职能

在对各部门编制工作进行沟通与指导的过程中，档案部门特别提出一些需要关注的细节问题：一是确定文件材料收集范围时尽可能将10号令附表内容研究透彻，将与本部门实际经营管理活动有关的材料加以细化列举，但并不涉及相关职能的文件材料不需写入。例如当时我司还未进行股份制改革，未设立董事会、监事会和股东会，因此董事会、监事会、股东会构成及变更等方面的文件材料不需在保管期限表中体现，但公司设立、变更过程中的文件材料要明确列出；二是在界定文件材料的保管期限时，不能低于10号令附表中相对应文件的保管期限。有些部门在界定保管期限时弄不清楚哪些文件材料应该永久保存，哪些是应该定期保存，根据10号令第十一条要求“本规定的档案保管期限为最低期限”，每个部门在确定文件材料的保管期限时，可以与10号令附表中相对于的文件材料所要求的保管期限保持一致，也可以根据文件材料的实际作用和价值适当增加保管期限，但不能将10号令附表要求永久保存的文件材料，擅自确定为定期保存；三是文件材料各个条目下应合理分类，尽量清晰完整展示，同时在表述方面注意术语的规范性和统一性，特别是汇总各部门反馈的文字材料时，容易出现前后文同一事物表述不一致的情况，例如“我司”和“我公司”“文件材料”和“文件资料”“规章制度”和“制度办法”等，需要对词句进行斟酌进行调整以保持全文的统一性。此外，对于10号令附表中“重要的”“一般的”此类表述需加以细化明确，不能笼统概述。例如10号令附表中关于企业纪念、庆典活动文件材料，我司在实际编制中以年度来进行重要性的区分，每两年（含）以上举办一次的为重要活动，将其产生的文件材料保管期限定义为永久，每一年（含）以下举办一次的为一般活动，其产生的文件材料保管期限则定于为30年。

## 三、严格落实意见，不断完善内容

我司档案部门对各部门报送材料进行审核汇总后，形成总部文件材料归档范围和档案保管期限表初稿，先后三轮报送国家档案局进行审核。根据第一轮反馈意见，主要针对语言表述规范、层次结构明晰、具体内容细化等方面加以修改完善，对10号令附表中部分未写入我司的文件材料进行解释说明。例如我司当时为国有独资企业，正处于陆续推进改制、引战等相关工作准备的过程中，因此不涉及股票发行、增资扩股、股权变更等文件材料；我公司作为金融企业，不涉及制造业中研发、生产、销售、推广过程中产品设计、研发、销售等文件材料，如涉及到金融服务、提供金融产品的文件材料，已在资产经营部、资金运营部等部门详细列出。根据第二轮及第三轮的审核，主要针对较为笼统的表述进行了细化，“重要的”“一般的”此类表述进行了详细解释，对初稿中删除的条款及调整结构的内容进行了原因说明。最终于2014年12月16日将《总部文件材料归档范围和保管期限表》《公司简要情况介绍》《组织机构设置及职责说明》呈送国家档案局经科司审核，并于2015年1月23日收到国家档案局核准文件。

完成总部文件材料归档范围和保管期限表的编制工作仅仅是贯彻10号令文件精神的一个开始，此后每年公司总部归档工作都参考保管期限表执行，很大程度上提升了总部管理类文件材料归档的质效。此外，公司在2016年完成改制后，针对组织机构变动及职能调整情况，档案部门组织各部门再次对保管期限表进行修订，例如新增加的董事会办公室、监事会办公室按要求制定本部门的保管期限表，拆分的部门重新梳理核对归档范围是否需要增删改查，并将本部门的归档范围和保管期限表报档案部门进行审批。2017年底着手规划系统内分公司的文件材料归档范围保管期限表编制工作，先后分两批核准了26家分公司的管理类文件材料归档范围和档案保管期限表，为各分公司年度管理类档案的归档工作奠定了坚实的基础。

在保管期限表编制过程中，我司主要有以下几点心得体会：

**一是要深入理解10号令文件精神。**

首先，档案部门要做到将10号令文件及相关辅导材料研究透彻，准确把握精神实质和要求，熟悉编制流程和具体方法，这对保管期限表的整体质量起到关键性作用；其次，各部门编制小组成员要做到全面分析部门职能，对各项经营管理活动产生的文件材料范围摸底调研，认真梳理是否属于需要归档保存的范围，这对文件材料的完整性起到关键性作用；此外，要参照10号令附表的体例、编排、表述进一步斟酌完善，参照各个部门实际工作将笼统的内容尽量细化成易于理解的内容，这对保管期限表的规范性和可操作性起到关键性作用。

**二是统筹规划编制工作方案。**

文件材料归档范围和保管期限表的编制工作是一项系统性的工作，需要在前期做好科学的编制方案及重要环节的时间规划，明确各项工作的时间节点，合理安排学习培训、撰写初稿、指导审查、上报修改等各环节任务，可以有效避免出现时间紧张导致的生搬硬套、敷衍了事等现象。此外在与各部门进行沟通审核的过程中，有时会因为个别细节问题花费较长时间来研究探讨，不可避免地将会延长编制周期。因此统筹规划、提早安排各项工作，也能预留出足够的时间对保管期限表进行补充完善。

**三是认真落实国家档案局指导意见。**

在认真做好上述工作的基础上，编制内容依旧可能在细节上存在规范性和严谨性等方面的不足，是否能将国家档案局的审查意见落实到位是保证保管期限表质量的重要因素。特别是针对某类具体文件名称的规范表述、平日较少涉及的文件材料是否纳入归档范围、同类文件之间的层次结构是否清晰合理，都可以在国家档案局的指导下得到修订完善。因此，在编制工作中要本着谦虚严谨的态度，就重点环节和疑难问题及时向国家档案局沟通请教，结合本单位实际将指导意见贯彻落实到位。如遇到特殊情况可以提前准备好说明材料，详细描述当前需要解决的问题，可以有效提高沟通的效率，推进保管期限表的编制工作能够保质保量按要求完成。

## ◆案例 2

# 某国有商业银行总部开展下属机构文件材料归档范围和档案保管期限表编制工作案例

银行业务文件内容广泛，成分复杂，归档范围和保管期限的确定需考虑的因素众多，是银行档案工作的难点之一。自 2013 年 2 月 1 日起实施的《企业文件材料归档范围和档案保管期限规定》（国家档案局令第 10 号，以下简称 10 号令）对企业文件材料归档范围和档案保管期限表的编制工作提出了规范性要求。根据 10 号令要求，结合银行产品和服务特点，从业务经营和档案分类的管理实际出发，某国有商业银行总部于 2014 年初启动“文件材料归档范围和档案保管期限表”编制项目。经统一部署和规划，该项目首先开展管理类文件材料归档范围和档案保管期限表（以下简称“管理类档案保管期限表”）编制子项目，进而开展业务类、专门类等文件材料归档范围和档案保管期限表编制子项目。目前，已完成对银行境内所有一级分行管理类档案保管期限制度的审批工作。本文以管理类档案保管期限表编制子项目为重点，从制度、流程和系统等多层面分析研究了银行管理类文件档案全程管理，总结了实践方案，为进一步开展银行业务类、专门类等文件档案全程管理提供了理论范式和实践依据。

### 一、银行总部管理类档案业务指导工作职责与内容分析

（一）主要工作职责

1. 明确管理类档案保管期限表编制工作的牵头管理部门；
2. 编制总部管理类档案保管期限表或规定；
3. 组织一级分行开展管理类档案保管期限表的编制工作；
4. 审查一级分行制定的管理类档案保管期限表等。

（二）主要工作方式与内容

1. 成立编制领导小组和工作小组，明确职责，制订计划，有序组织开展编制工作。

领导小组组长由总部分管档案工作的办公室总经理或副总经理担任，各部门负责人任成员。领导小组主要负责批准管理类档案保管期限表编制工作计划；协调编制工作中的重大事项；审批总部编制的管理类档案保管期限表和一级分行上报的管理类档案保管期限表。

工作小组组长由总部档案部门负责人担任，各部门具体参与或承担编制工作的人员任成员。工作小组主要负责制定全行管理类档案保管期限表编制工作计划并组织全行管理类档案保管期限表编制工作；编制总部管理类档案保管期限表；开展管理类档案保管期限表编制要求的宣贯；负责一级分行上报的管理类档案保管期限表的审查工作，提出审核意见与结论。

2. 调研

总部对各一级分行情况进行调研，通过调研摸清情况，细化一级分行管理类档案保管期限表编制工作的工作计划、流程等，设计具体实施方案，并跟踪实施进度等。

3. 抓示范

总部在业务指导基础上，科学运用调研分析方法，完成了对其境内一级分行管理类档案保管期限表的审核、审批工作，同时发掘出基础较好的示范单位，提供经验和样本，为推动后续工作开展起到事半功倍的效果。

4. 培训

总部对一级分行开展培训，宣讲10号令和管理类档案保管期限表编制的方式方法与技巧。

## 二、管理类档案保管期限表编制与审批流程解析

（一）一级分行管理类档案保管期限表的编制流程——“五步法”

一级分行管理类档案保管期限表编制工作实施主体主要是某国有商业银行一级分行档案部门和管理类文件形成部门（以下简称“编制部

门”）。一级分行管理类档案保管期限表一般采用按部门排列方式编制，主要分为以下五个步骤。

第一步：通过部门职责分析，档案部门可根据本行组织架构和岗位职责，设计并确定管理类档案保管期限样表（部门分表）的结构与样式。以某国有商业银行××省分行办公室为例，其管理类档案保管期限样表（办公室）主要包括以下12个分表单，分别为：部门岗位职责、部门业务信息系统管理情况、综合科、秘书一科、秘书二科、机要保密科、档案科、行政科、房管科、机关保障科、车辆管理科、医务室等。以办公室综合科为例，管理类档案保管期限样表（办公室综合科）详见表1。

**表1　××银行××分行本级(管理类)文件材料归档范围和档案保管期限表办公室综合科样表**

<table>
<tr><td colspan="8">××银行××分行本级(管理类)文件材料归档范围和档案保管期限表</td></tr>
<tr><td colspan="2">部门科室名称</td><td colspan="6">办公室综合科</td></tr>
<tr><td colspan="2">岗位职责</td><td colspan="6"></td></tr>
<tr><td colspan="3">制表联系人姓名：</td><td colspan="3">电话：</td><td colspan="2">邮箱：</td></tr>
<tr><td>序号</td><td>归档文件材料名称</td><td>保管期限</td><td>编制类型（修订/新增/删除）</td><td>编制说明</td><td>档案部门修改意见</td><td>编制部门反馈意见</td><td>备注</td></tr>
<tr><td>1</td><td></td><td></td><td></td><td></td><td></td><td></td><td></td></tr>
<tr><td>1.1</td><td></td><td></td><td></td><td></td><td></td><td></td><td></td></tr>
</table>

续表

| 序号 | 归档文件材料名称 | 保管期限 | 编制类型（修订/新增/删除） | 编制说明 | 档案部门修改意见 | 编制部门反馈意见 | 备注 |
|---|---|---|---|---|---|---|---|
| 1.1.1 | | | | | | | |
| 1.1.2 | | | | | | | |
| …… | | | | | | | |
| 1.2 | | | | | | | |
| …… | | | | | | | |

第二步：档案部门将管理类档案保管期限样表（部门分表）和说明发各部门填表。

一是各编制部门成立管理类档案保管期限表（部门分表）编制工作小组，明确各科室职责分工、联系人与联系方式。

二是各编制部门参照 10 号令附表和总部管理类档案保管期限表，根据岗位职责梳理应归档文件种类，细化文件条目内容，列出归档文件材料名称，初步确定归档范围。

三是各编制部门按照业务监管制度要求，梳理业务流程，提出归档文件材料保存要求及依据，主要从业务价值等角度鉴定归档文件的保管期限。其中，“编制说明”栏中应填写修订、新增、删除条目的原因；详细说明归档范围和保管限期监管制度依据，包括监管机构发文名称、文号及文件档案保存要求相关条款等。

四是各编制部门工作小组汇总各科室意见，形成管理类档案保管期限表（部门分表），并将其提交部门负责人审核批准。

第三步：档案部门汇总各编制部门管理类档案保管期限表（部门分表），形成本机构管理类档案保管期限表（初稿）。一级分行管理类档案保管期限表（初稿）的设计一般采用四栏式，分别为序号、归档范围、保管期限、备注。序号采用层垒制编号，表中编号不得重复，以方便进行档案鉴定时引用。此阶段档案部门应对各编制部门提交的部门分表提出修改意见，一是对照各编制部门的部门职责审查归档范围，查漏补缺、量化细化，做到应归尽归；二是按照监管要求，从历史价值和业务价值等多角度审查保管期限，结合“宜长不宜短”的原则，确定档案保管期限。

第四步：档案部门将管理类档案保管期限表（初稿）发各编制部门征求意见，各编制部门可互相借鉴，修改补充有关内容。此阶段编制部门应及时对档案部门提出的修改意见进行反馈，填写反馈意见。

第五步：档案部门逐一与各编制部门讨论，形成管理类档案保管期限表（定稿）。一级分行管理类档案保管期限表的设计一般采用三栏式，分别为序号、归档范围、保管期限，详见表2。序号采用层垒制编号，表中编号不得重复，以方便进行档案鉴定时引用。

“五步法”提升了编制部门的档案意识和归档技能，确保一级分行管理类档案保管期限表的编制质量和实用性。

**表2　××银行××分行本级(管理类)文件材料归档范围和档案保管期限样表(按部门)**

| ××银行××分行本级(管理类)文件材料归档范围和档案保管期限表 | | |
|---|---|---|
| 序号 | 归档范围 | 保管期限 |
| 1 | 办公室 | |
| 1.1 | 综合科 | |
| 1.1.1 | | |
| 1.1.2 | | |
| …… | | |
| 1.2 | | |
| …… | | |

（二）管理类档案保管期限表的审批流程——“四下三上”

“四下三上”的管理类档案保管期限表审批流程实施主体主要是某国有商业银行总部档案部门和一级分行档案部门，具体审批流程详见图1。

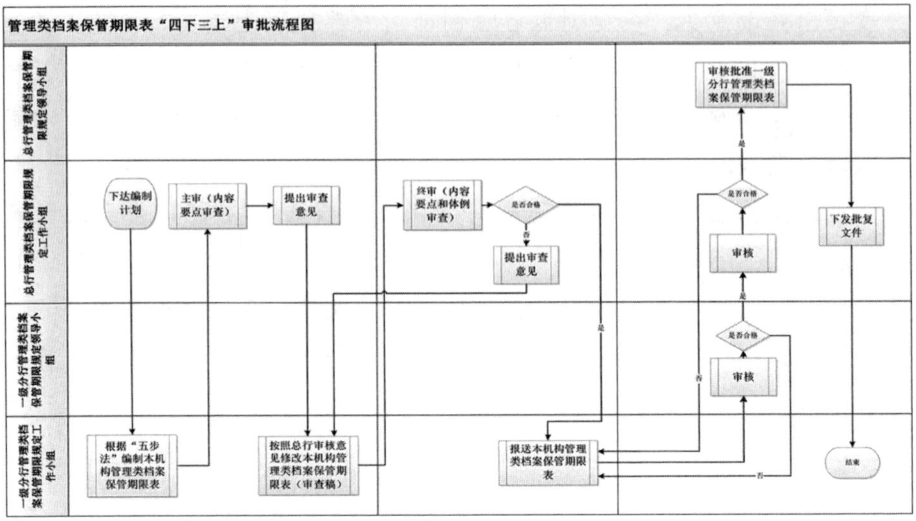


图 1　管理类档案保管期限表“四下三上”审批流程图

其中，“一下”“三上”和“四下”这三个环节主要以正式发文形式完成审批流程；“一上”“二下”“二上”“三下”这四个环节主要以邮件形式完成审查流程。

“一下”是指总部档案部门下达管理类档案保管期限表编制计划。具体为，将经国家档案局批准的某国有商业银行总部管理类档案保管期限表转发各一级分行。同时，下达一级分行管理类档案保管期限表编制计划，包括编制要求、计划进度安排、审核与修订规则等方面内容。

“一上”是指一级分行档案部门参照总部管理类档案保管期限表，根据“五步法”编制本机构管理类档案保管期限表，并将经一级分行档案部门负责人审批过的管理类档案保管期限表报送总部审查。

“二下”是指总部档案部门审查一级分行管理类档案保管期限表，并将审查意见表（主审）下发一级分行档案部门。该环节主要审查管理类档案保管期限表内容要点的合规性。其中，审查意见样表（主审）详见表 3。

“二上”是指一级分行档案部门按照总部档案部门审查意见表（主审）中的意见，对本机构的管理类档案保管期限表（审查稿）进行认真修改完善，做到分类合理，应列尽列，归档文件保管期限鉴定准确，修改完毕后再次报送总部审查。

“三下”是指总部档案部门对一级分行再次上报的机构管理类档案保管期限表（审查稿）进行审查修改，并将审查意见表（终审）下发一行分行档案部门。该环节主要审查管理类档案保管期限表内容要点和体例的合规性，从整体上予以调整、归类、排列，最终形成某国有商业银行××分行本级管理类档案保管期限表。其间可进行多次复核直至最终确定。其中，审查意见样表（终审）详见表3。

“三上”是指在总部档案部门和一级分行档案部门以邮件形式完成管理类档案保管期限表审查流程以后，一级分行将经一级分行负责人审批过的本机构管理类档案保管期限表以正式发文的形式报送总部审批。

“四下”是指总部向一级分行下发正式批复文件，批准该分行管理类档案保管期限表通过审查，形成正式制度文件。

**表3 ××银行××分行本级（管理类）文件材料归档范围和档案保管期限表审查意见样表（主审/终审）**

<table>
<tr><td colspan="2">银行机构名称</td><td colspan="6"></td></tr>
<tr><td colspan="2">整体印象</td><td colspan="6"></td></tr>
<tr><td colspan="2">内容完整性</td><td colspan="6"></td></tr>
<tr><td colspan="2">保管期限准确性</td><td colspan="6"></td></tr>
<tr><td colspan="2">条目规范性</td><td colspan="6"></td></tr>
<tr><td rowspan="9">条款或条目意见</td><td>原则性要求</td><td colspan="6"></td></tr>
<tr><td rowspan="2">条目编号</td><td rowspan="2">归档范围</td><td rowspan="2">保管期限</td><td rowspan="2">问题</td><td colspan="2">修改建议</td><td rowspan="2">备注</td></tr>
<tr><td>总部审核意见</td><td>一级分行意见采纳情况及说明</td></tr>
<tr><td></td><td></td><td></td><td></td><td></td><td></td><td></td></tr>
<tr><td></td><td></td><td></td><td></td><td></td><td></td><td></td></tr>
<tr><td></td><td></td><td></td><td></td><td></td><td></td><td></td></tr>
<tr><td></td><td></td><td></td><td></td><td></td><td></td><td></td></tr>
<tr><td></td><td></td><td></td><td></td><td></td><td></td><td></td></tr>
<tr><td></td><td></td><td></td><td></td><td></td><td></td><td></td></tr>
</table>

审查人：　　　　年　月　日　　　　复核人：　　　　年　月　日

### (三) 管理类档案保管期限表的审查要点

1. 行文方式及文件外观形式审查

一级分行管理类档案保管期限表应以正式文件向总部上报。

(1) 审查上报分行是否有越级行文情况。如二级分行行文至总部，收到后应退回。

(2) 审查文种是否规范。重点审查一级分行公文是否以请示文种上报，主送单位应为某国有商业银行总部；是否存在多头上报和多个主送单位的情况。

(3) 审查代字/红头、发文字号、正文标题、附件标题、签署、日期等是否齐全。有瑕疵的公文应退回分行重新行文。

2. 归档范围审查

(1) 审查文件归档范围是否全面

一是通过职责分析，确定并细化管理类文件材料归档范围的条目内容，确保部门职责与归档范围的一致性；二是对照10号令附表中列出的文件材料内容找对应项；三是参照10号令，对归档范围中条目内容的术语规范性和条目表述准确性进行审查。

(2) 审查文件材料内容的分类是否合理

管理类档案保管期限表中的文件材料应以上下位类的形式呈现。由于文件材料成分复杂，类间极易出现交叉现象。为了尽可能不遗漏文件材料，有些交叉是必要的，但类间交叉应尽可能少。

(3) 审查归档范围内容的详略程度

对照10号令，根据实际工作，细化管理类档案保管期限表中标为“重要的”“一般的”文件材料，尽可能采用量化词来表述。

3. 保管期限审查

保管期限的划分与确定，要对照10号令附表，遵循相应的档案鉴定标准逐项审核。档案鉴定标准主要有时间标准、来源标准、内容标准、形式特征标准、职能标准、业务合规性标准、精全标准、共存标准、相关性标准、相对性标准、社会需求标准、历史标准等。如从业务合规性标准的角度考虑，涉及分行利润分配、客户资金和账务等文件材料宜永久保存；从历史标准的角度考虑，分行部门起草的涉及本行方针、政策、法律规章和指导要求的文件，分行行领导批示、批复宜永久保存。

4. 可操作性审查

由于个别分行出现照搬总部管理类档案保管期限表的情况，因此应重点审查一级分行是否按照本机构工作实际编制管理类档案保管期限表。

5. 表结构审查

审查表格是否包括编号、归档范围和保管期限等内容，复合型（多层）条目的上下位逻辑关系是否清晰、合理等。按照便于利用的原则，部门科（室）内条目排序主要有以下方法，一是按照重要程度排列（按保管期限长短排列）；二是从共性到个性排列；三是分业务种类或产品种类排列；四是从单一型（单层）条目到复合型（多层）条目排列等。同时，也可以将上述多种排序方法结合使用。

6. 填写审查意见

管理类档案保管期限表审查意见样表（见表3）中设置修改建议栏，主要包括总部审核意见和一级分行意见采纳情况及说明，用于审查人员之间共享有关信息，记录审查过程。

## 三、系统应用——管理类电子文件档案全程管理实践

以办公自动化系统（以下简称OA系统）和综合档案管理系统（以下简称ARMS系统）为例，分析某国有商业银行管理类档案保管期限表在其文件和档案系统中的应用。

在制度层面，横向上通过“五步法”（编制一级分行管理类档案保管期限表）；纵向上通过“四下三上”方式审批一级分行管理类档案保管期限表，最终完成境内各一级分行管理类档案保管期限表编制工作，形成管理规定，规范管理类文件材料归档管理工作。

在系统应用层面，通过总部顶层设计，自上而下实现企业级管理类文件档案全程管理。一是将保管期限、利用范围等管理类文件实体元数据元素嵌入文件形成系统（如OA系统）当中，实现管理类电子文件形成阶段便开始档案化管理，详见图2；二是依托企业级ARMS系统的文

件系统功能和档案管理功能，实现管理类电子文件档案全程管理。

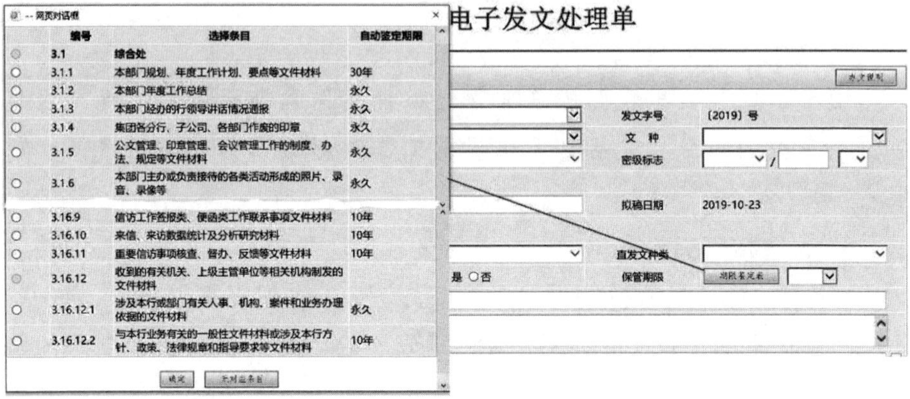


(a)

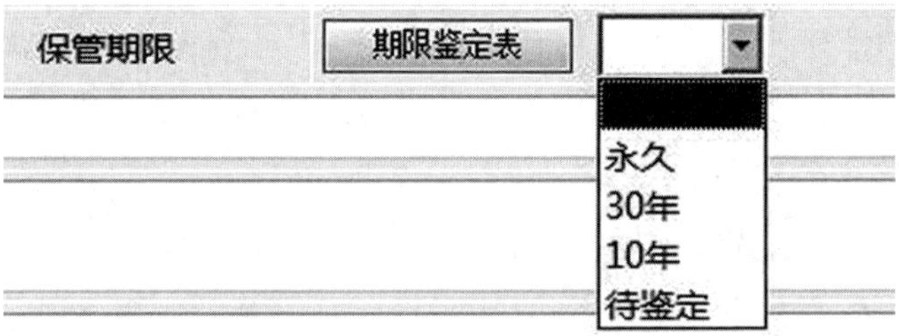


(b)

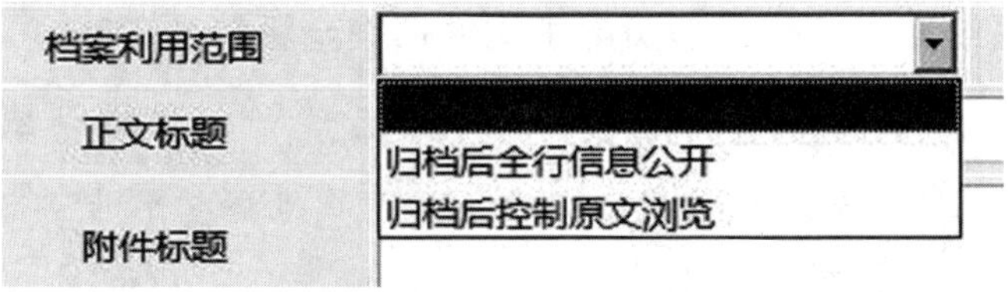


(c)

图 2　管理类电子文件档案化管理功能设计图

## 四、重点难点分析

1. 科学界定管理类、业务类、专门类档案的定义与范围，确保各类档案做到应归尽归，收集完整准确。由于商业银行管理类档案与业务档案（信贷、信用卡、资产托管、同业业务等）和专门档案（财务会计、审计、法律事务、信息技术等）在内容上有交叉，因此，商业银行内部通过顶层规划，统一明确各门类档案的定义（内涵与外延），细化归档范围，能够有效保障各门类档案在收集、整理等环节的可操作性。

2. 合理安排部署管理类档案保管期限表的修订计划，确保各一级分行管理类档案保管期限表的实用性。一方面，由于管理类档案保管期限表采用按部门排列方式编制，编制工作涉及机构内各部门科室，存在工作量大、编制周期长，且对档案人员业务能力要求高的特点。另一方面，机构职能调整或撤并是影响管理类档案保管期限表实用性的一个重大因素。若机构职能调整或撤并频繁，会导致制度频繁修订无法落地。因此，某国有商业银行总部主要采用了常规性修订和特殊性修订相结合的方式来解决这一问题，具体措施为：一是组织各下属机构每5年以正式发文形式对本机构的管理类档案保管期限表进行一次常规性修订；二是若因组织架构调整，归档范围需调整或补充的，业务部门可通过系统提交“事务审批”方式申请，同档案部门一起完成本部门管理类档案保管期限表的特殊性修订。例如，对于OA系统中保管期限鉴定结果为“待鉴定”的文件，档案部门应从文件系统中将其批量导出，并会同文件形成部门一起重新核定需归档文件的保管期限，并补入本机构管理类档案保管期限表。

## ◆案例3

# 某集团公司总部管理类文件材料归档范围和档案保管期限表编制工作案例

### 一、编制情况

#### （一）嵌入制度，明确路径

2016年公司制定总部档案管理办法，将制定完善保管期限表职责纳入管理机制，明确办公厅、档案鉴定小组及各部门兼职档案员职责。

2018年协调企划部将归档责任纳入各部门职责和年度工作目标；制定档案管理手册，以流程图形式量化保管期限表编制职责、步骤、要点及具体要求，详见图1。

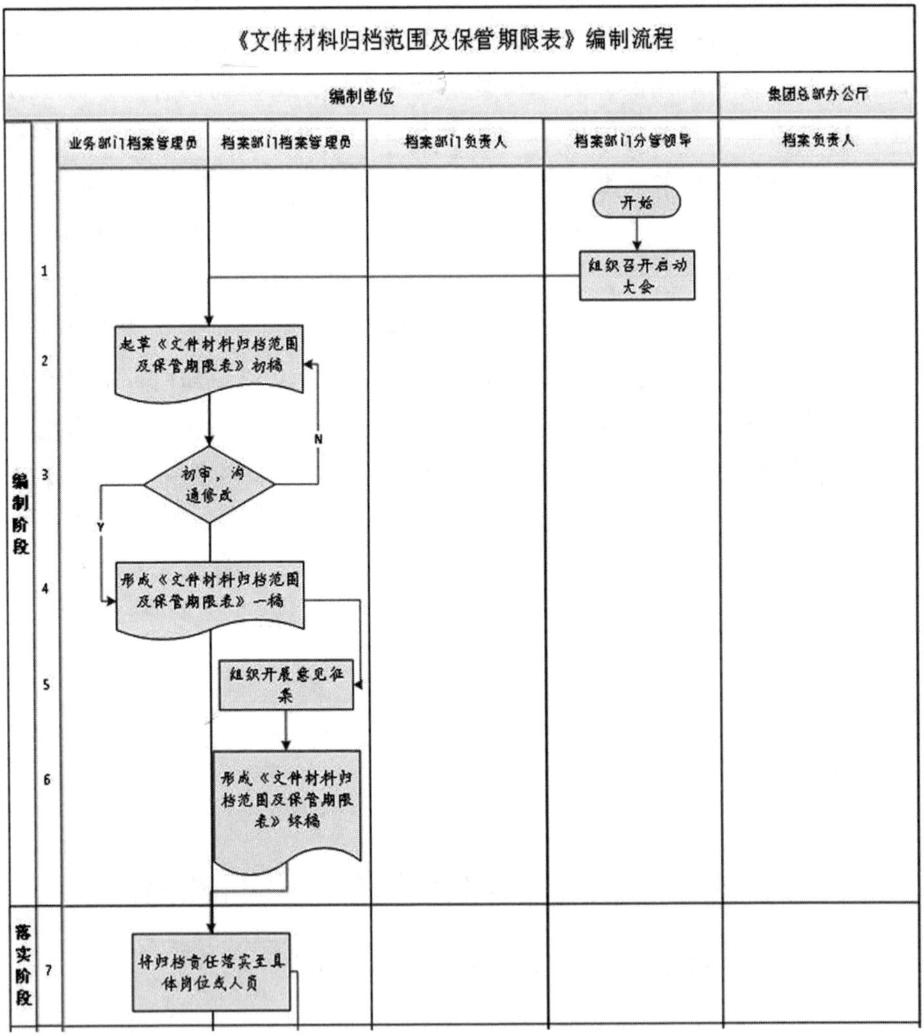


图1　归档范围表编制流程及具体要求

1. 编制要点

归档范围表编制要点及具体说明，详见表1。

**表 1　归档范围表编制流程及其说明**

| | 序号 | 步骤 | 说明 | 责任单位 |
|---|---|---|---|---|
| 编制阶段 | 1 | 组织召开启动大会 | 由档案部门分管领导牵头，组织各业务部门负责人召开编制《文件材料归档范围及保管期限表》启动大会 | 档案部门分管领导 |
| | 2 | 起草《文件材料归档范围及保管期限表》初稿 | 方案一：由业务部门档案管理员根据本部门业务职能起草本部门《文件材料归档范围及保管期限表》初稿，报至档案部门汇总 | 业务部门档案管理员 |
| | | | 方案二：档案部门档案管理员根据公司各部门业务职能编制《文件材料归档范围及保管期限表》初稿 | 档案部门档案管理员 |
| | 3 | 初审、沟通修改 | 档案部门档案管理员与各业务部门沟通、调整，反复修改直至确认无误 | 业务部门档案管理员、档案部门档案管理员 |
| | 4 | 形成《文件材料归档范围及保管期限表》一稿 | 形成《文件材料归档范围及保管期限表》一稿 | 档案部门档案管理员 |
| | 5 | 组织开展意见征集 | 发布征集意见函，开展《文件材料归档范围及保管期限表》意见征集工作 | 档案部门档案管理员 |
| | 6 | 形成《文件材料归档范围及保管期限表》终稿 | 根据各单位意见，修订《文件材料归档范围及保管期限表》，形成终稿 | 档案部门档案管理员 |
| 落实阶段 | 7 | 将归档责任落实至具体岗位或人员 | 根据《文件材料归档范围及保管期限表》内容，各部门结合岗位职责逐项将责任落实到具体岗位或人员，确认无误后报至档案部门汇总 | 业务部门档案管理员、档案部门档案管理员 |

2. 编制要求

（1）组织高度重视。编制过程中，总部各部门应由各部门领导牵头，牵头领导负责资源配置、协调等相关工作，总部兼职档案管理员或档案工作部门负责具体实施，其他单位和个人应积极配合。

（2）严把修编质量。总部各部门完成本部门文件归档范围和档案保管期限初稿修订工作后，将电子版发送办公厅审核确认后执行。

（3）坚持持续改进。各部门应根据归档范围和保管期限表每年执行情况、职责变化情况及时完善、修订归档范围和保管期限表。

（二）细化责任，强调服务

制定归档范围表时，办公厅注重落实全员全过程档案基础管理机制，强调责任落实到位与高效服务到位并重。

1. 强化责任落实到位。制定归档范围表时，办公厅注重落实全员全过程档案基础管理机制，将归档责任量化至具体人员，并结合上级单位要求及总部设计情况，制定专项工作方案，包含编制原则、目标、范围、编制审查要求、职责分工和编制示例等。不仅印发总部保管期限表编制通知及征求意见通知，而且针对重点部门一对一沟通、召开专题会沟通确定。其中，归档范围表内部执行版要求将归档责任、归档要求量化至具体岗位、具体人员。表格示例见表 2。2019 年办公厅同时将涉密档案纳入归档范围表制定范围，历时数月完成上级单位来文及内部涉密文件形成规律、归档范围的梳理和总结。

**表 2 管理类文件材料归档范围和档案保管期限表编制格式**

**（以董事会办公室为例）**

| 序号 | 归档范围（职能） | 保管期限 | 归档责任部门（岗位及人员） |
|---|---|---|---|
| 1 | 董事会办公室（按部门） | | |
| 1.1 | 董事会事务（按职能） | | |
| 1.1.1 | 董事会、股东会构成及变更文件材料 | 永久 | 董事会事务 张三（具体到具体岗位、具体人员） |
| … | … | … | … |

2. 注重高效服务到位。归档范围表执行阶段，如各部门发生兼职档案员更换，办公厅将在开通数字档案馆系统权限的同时对新入职兼职档案员进行专项培训，以便尽量熟知所属部门各业务线职能工作及其产生的主要文件类型；并在日常工作中实时解答归档范围表中归档范围的具体指代内容，必要情况下档案管理员、档案负责人介入并协助新入职兼职档案员与业务人员完成归档责任确认、签字。

（三）注重业务培训与流程前置，保证质量

1. 注重培训，建立专题培训与常态培训机制。

一是开展专题培训。2016 年 8 月，公司举办 10 号令归档范围表专题培训，邀请国家档案局相关业务专家授课，对 10 号令具体内容、要求及编制方法予以明确，解决“为何要编制”及“如何编制”归档范围表问题，提高了各部门主动编制、审核归档范围表的意识。

二是建立常态优化机制。每年一季度开展总部归档范围表优化及其文件归档培训（图 2），根据上年度归档过程中发现的问题，细化、落实归档范围表具体归档责任，根据部门职能调整、业务变化完善归档内容、明确责任部门。通过工作联系函会商所有总部部门通过后正式印发。

2. 前置工作流程，从源头上保证质量。

为保证年度归档文件尽量齐全、完整，建立归档范围表执行版和档案管理员优化跟踪版，其中执行版为当年度文件归档范围表执行标准，优化跟踪版供档案管理员在日常工作中实时跟踪、记录各部门当年度线下业务开展情况及应归档文件具体内容，所积累的业务知识及其归档内容既有利于档案管理员进一步理解本年度应归档内容范围，提高归档文件审核的准确性；更有利于根据实际情况持续细化归档范围表、优化归档方式。例如，本文提及将归档文件提炼为通用性、业务类文件，细化文件产生渠道等均来自于日常工作与业务实际的研究探索。

## 关于组织开展企业文件材料归档范围和档案保管期限规定培训的通知

各子企业、总部部门、事业部：

为加快落实《企业文件材料归档范围和档案保管期限规定》（国家档案局第10号令，以下简称《规定》）要求，全面启动[redacted]所属企业文件材料归档范围和档案保管期限表编制工作，公司拟召开《规定》培训会，现将有关事宜通知如下。

**一、培训时间**

8月4日（周四）9:00-12:00。

图2　总部归档范围表优化及其文件归档培训

（四）突出服务，持续改进

归档范围表编制完善工作作为公司档案基础管理的一个组成部分，遵循企业管理PDCA（Plan-Do-Check-Act）闭环管理原则。办公厅以服务企业为中心，根据归档过程及结果反馈问题，持续改进完善归档范围表。例如，2017年将归档范围表归档责任落实至具体岗位、责任者；2018年要求归档责任人在对应归档内容栏手写签字，并将签字页反馈办公厅，通报表扬提前完成归档工作单位。2019年办公厅进一步优化设计归档范围表，兼顾其“美观”“完整”。

1. 提炼通用性归档内容。针对按部门、职能设计归档范围表存在部分归档内容重复问题，本年度办公厅将各部门归档内容及专题会议、收文、发文等通用性归档内容提炼为“第一部分通用性归档文件”。

2. 归纳总结业务类归档内容。根据各部门职能特点设计“第二部分业务类归档文件”，主要包括各部门各业务线常规工作应归档文件材料、年度专题性及历史性应归档文件材料。其中，年度专题性归档文件确保年度专题活动资料齐全、实时归档；历史性归档文件系为有效防止存在历史遗留未归档文件的发生，确保归档范围表界面清晰、美观，归档内容完整、历史文件追溯归档到位。

3. 明确文件来源和归档方式。在责任落实方面，要求各部门明确各类文件“归档方式”“归档载体”（图3），并重点跟踪离线归档文件过程收集积累情况、详细审核其归档齐全性、真实性。

财务部

所有文件需提前明确归档方式、归档载体

| 序号 | 归档范围 | 保管期限 | 归档责任岗位（姓名） | 归档方式（完善系统名称，在对应位置“√”） | | | 归档载体 | | 备注 |
|---|---|---|---|---|---|---|---|---|---|
| | | | | 在线归档 | | 离线归档 | 电子版+纸质版 | 电子版 | |
| | | | | DA系统 | XX管理信息系统 | | | | |
| （一）常规工作 | | | | | | | | | |
| 1.1 | 财务管理 | | | | | | | | |
| 1.1.1 | 财务管理报告及工作方案，财务指标、关联交易预案 | 30年 | | √ | | √ | | √ | ★表示核心类永久保管文件 |
| 1.1.2 | 财务述职报告、考核结果等文件 | 30年 | | √ | | | | √ | |
| 1.1.3 | 会计人才队伍建设等文件 | 30年 | | √ | | | | √ | |
| 1.1.4 | 外部审计、资产评估机构选聘等结果性文件★ | 永久 | | √ | | | √ | | |
| 1.1.5 | 对事业部、子企业财务资金管理监督、检查记录及重大决策记录文件★ | 永久 | | √ | | √ | √ | | |

图3　“归档方式”“归档载体”责任落实

## 二、经验与体会

### （一）领导重视、机制支持是前提

保管期限表编制工作看似简单，但其实非常复杂，不仅涉及各个业务部门职能理解、10号令内容的理解消化与吸收，还涉及与各个业务部门、各个业务线、各个岗位人员的沟通协调，甚至博弈。因此，本项工作必须由部门领导牵头，否则必然出现由于组织协调不力、业务沟通不充分不深入，导致编制的保管期限表内容不够翔实、量化，不切合实际情况，进而导致未能很好地将归档责任落实至具体岗位（或人员）。集团办公厅以领导支持、主动协调为前提，将归档责任纳入部门职责、纳入部门考核指标为抓手，强化服务沟通、定期通报表扬为手段，有效推动各部门归档范围表从被动编制、执行向主动编制、执行转变。

### （二）严格执行、主动沟通是关键

根据上述保管期限表编制流程图，一方面，公司要求各部门完成归档范围和保管期限表编制后，需经档案部门主管领导审核通过后，报上级单位初审，一般需经至少5轮反复修改后，方可通过初审，走正式报审流程。如果仅要求以QQ在线等非正式流程报审，往往导致部门领导不重视、兼职档案人员仅能基于10号令要求和本部门职能进行大致调整了事、导致归档内容描述不准确、操作性差。由于各环节沟通不充分、不具体，进而导致归档内容不具体、“重要”“一般”界定不清晰等问题。另一方面，公司基于规范编制保管期限表要求，要求各部门将归档责任逐条落实至形成文件材料的具体岗位和人员，以从源头上确保“谁形成、谁积累”的原则要求落实到位。否则按照往年惯例，仅将归档压力落实至各部门兼职档案员，如该兼职档案员不够资深或不够专业，则可能导致文件收集工作不得力、不齐全。

### （三）队伍素质、人员能力是根本

无论采用上述流程所属任何一种初稿形成方式、业务沟通方式，都必须要求办公厅档案管理人员不仅具备较强的沟通能力、协调能力、组织能力，而且充分理解并在日常工作中关注各个业务部门的工作，否则，难免发生由于“不专业”，所带来的“沟通障碍”。此外，由于各部门在细化归档责任、落实归档方式、归档载体过程中涉及部门内部大量组织协调、专业答疑工作，因此，保管期限表的编制质量还在很大程度上依赖于公司管理机制的有效支撑及专兼职档案员的素质和能力。

## ◆案例 4

# 中国电建开展成员企业文件材料归档范围和档案保管期限表编制工作案例

中国电力建设集团有限公司（以下简称中国电建）按照国家档案局贯彻实施《企业文件材料归档范围和档案保管期限规定》（国家档案局令第 10 号，以下简称 10 号令）的工作要求，于 2017 年 1 月起，组织所属成员企业开展了文件材料归档范围和档案保管期限表的编制工作。经总体规划、优选试点、统一部署、培训指导、报送审查、批复执行、总结提高等多个环节，形成了一批质量好、水平高、操作性强、创新点多的企业文件材料归档范围和档案保管期限表，与集团总部管理类文件材料归档范围和档案保管期限表共同组成了覆盖整个集团档案资源体系的制度框架，为推动集团总部及各企业文件材料归档工作、提升归档率和提高档案鉴定工作的准确性等方面起到了明显的促进作用。

## 第一节　总体规划，试点先行

中国电建组织成员企业开展文件材料归档范围和档案保管期限表编制工作，在集团总部已完成此项工作并获得国家档案局审查批准的基础上，必须先总结经验并了解成员企业档案工作情况。由于 10 号令具有涉及范围广、参与部门多、制定标准高、专业技术强等特点，集团所属 7 个层级 400 余家成员企业还具有业务范围迥异、档案工作基础差距悬殊等实际情况，决定了总部组织开展编制工作是不可能一蹴而就的，也不可能喊“预备起”同时进行。

按照集团档案工作“统一领导，分级管理”的原则，总部对编制工作作出整体规划，统一部署任务，分级分批实施。“分级”即总部将直属71家子企业全部纳入总部业务指导和审查范围，其他成员企业根据资产与产权关系由上一级企业组织开展编制工作并负责业务指导和审查。“分批”即因子企业数量较多，总部按照一定时间间隔，将其划分为“提前批”“第一批”“第二批”“第三批”等多个批次，先后开展编制和报送工作。

之所以设置“提前批”，是为了让一些企业先做尝试，探索便捷可行的实施路径，不断总结各种经验，为后批企业提供参考借鉴。同时“提前批”最先形成制度文本，可能成为后续批次企业争相模仿的范本。范本质量高，可直接提高后续企业的文本质量，进而整体提高集团档案资源体系制度的质量，反之则整体降低。因此，“提前批”引领的好坏在整个编制工作中十分关键。

设置提前批，即采用“试点先行”的做法。在选择试点企业中，应充分遵从子企业的主观意愿，在子企业自行申报的基础上，总部根据掌握的实际情况进行评估和统筹。总部可设计《企业文件材料归档范围和档案保管期限表编制试点企业申报表》（如表1所示）供子企业自愿填写并申报。

**表1　企业文件材料归档范围和档案保管期限表编制试点企业申报表**

<table>
<tr><td>企业名称</td><td colspan="5">（加盖公章）</td></tr>
<tr><td>档案部门名称</td><td></td><td>档案部门负责人</td><td></td><td>电　话</td><td></td></tr>
<tr><td>编制工作联系人</td><td></td><td>电　话</td><td></td><td>手　机</td><td></td></tr>
<tr><td>申请原因</td><td colspan="5"></td></tr>
<tr><td>当前自行开展编制工作情况</td><td colspan="5"></td></tr>
<tr><td>备　注</td><td colspan="5"></td></tr>
</table>

总部经审查和汇总子企业申报材料，并平衡比较各业务板块申报数量后，可按照子企业总数10%~30%的比例进行确认。无申报试点企业的业务板块，总部宜与该板块档案工作基础较好的企业进行沟通，指定其为试点企业，以使该板块有邻近业务的企业之间有经验和范本可借鉴。

## 第二节　印发推进方案，统一部署

继试点企业确定后，集团总部印发《关于开展成员企业文件材料归档范围和档案保管期限表编制工作的通知》，作为组织成员企业开展文件材料归档范围和档案保管期限表编制工作的总体方案。方案中提出工作目标、原则、组织机构、进度计划、业务指导、报审和审查等工作要求，并根据业务板块指定内部专家对板块内子企业开展编制工作进行业务指导，划分子企业报审时间节点，尽量将同一板块不同企业的报送时间平均分布于各个节点上，计划两年内子企业全部完成文件材料归档范围和档案保管期限表的编制和审查工作。

### 一、工作目标

以10号令和国家及专业相关规定为依据，围绕企业中心工作，加强企业档案资源建设，科学界定企业文件材料归档范围，准确划分档案保管期限，使企业档案成为承载企业发展历程的真实记录，有效服务于企业各项活动，为企业内部控制、规范管理、依法经营奠定坚实基础。

### 二、工作原则和要求

#### （一）具有时代性和前瞻性

要充分考虑本企业发展现状和研发、生产、经营、管理活动的特点，适应国家政策调整和体制变化，使企业文件材料归档范围和档案保管期限表因时而变、因势而变；要立足企业发展前沿，将未来一段时期内可能发生的业务流程变化或业务创新活动形成的文件材料纳入归档范围。

#### （二）具有全面性和广泛性

要全面掌握各业务环节中产生的所有文件材料的内容与构成，统筹考虑纸质文件材料与其他载体文件材料的管理要求，兼顾国家及行业有关法律、规范对归档文件材料范围和档案保管期限的各项规定；广泛听取企业各级领导、职工，特别是一线职工的意见和建议，做到全员参与。

（三）具有实用性和可操作性

以本企业各项工作职能和业务流程为主线，梳理每一项下产生的各类文件材料，进行科学分类和鉴定，不照抄照搬10号令及国家相关规定；根据时间、数量、来源等不同标准，细化表格条目及保管期限，不出现“重要的”“一般的”等模糊词语，确保表格编制完成后，工作中形成的各类文件材料均可依表进行规范处置。

**三、组织机构**

成立成员企业文件材料归档范围和档案保管期限表编制指导与审查领导小组及其工作组。

（一）领导小组

领导小组组长由集团分管档案工作的副总经理担任，相关部门负责人任成员。主要负责批准成员企业文件材料归档范围和档案保管期限表编制工作方案，协调解决编制工作中的重大事项，终审子企业上报的文件材料归档范围和档案保管期限表等。

（二）工作组

工作组组长由档案部门负责人担任，有关部门具体参与或承担编制工作的人员，以及集团聘用的9名内部档案专家任成员。主要负责制订成员企业文件材料归档范围和档案保管期限表编制工作方案，具体组织成员企业文件材料归档范围和档案保管期限表编制工作，对成员企业开展编制工作进行业务指导，初审、主审子企业上报的文件材料归档范围和档案保管期限表等。

**四、进度计划**

成员企业文件材料归档范围和档案保管期限表编制审查工作自2017年1月开始，至2018年12月结束，历时两年。具体分为以下四个阶段：

（一）2017年1月至6月

试点企业（名单见表2）编制审查、其他企业准备阶段。综合考虑成员企业所属业务板块及档案工作基础情况，按照一定比例选定试点企业，先行一步开展有关编制工作，提前形成文本，选取较好的试点企业作为其他企业开展编制工作的示范和典型，进行推广。

（二）2017 年 7 月至 2018 年 3 月

试点以外的子企业编制审查阶段。借助综合办公业务对标、工作座谈等交流平台，向试点企业学习编制文件材料归档范围和档案保管期限表的工作经验，听取有关建议，开展本企业编制工作，按计划报送总部审查（报审计划见表 3）。

（三）2018 年 4 月至 6 月

子企业编制工作总结讲评阶段。对子企业编制工作情况进行系统梳理，全面总结编制过程中的成绩和不足，适时印发情况通报，为成员企业文件材料归档范围和档案保管期限表的持续改进积累经验。

（四）2017 年 7 月至 2018 年 12 月

三级及以下企业编制审查阶段。三级及以下企业文件材料归档范围和档案保管期限表编制工作由其上级企业负责组织实施（自 2017 年 7 月试点企业完成编制工作后同步开展）。

**表 2　成员企业文件材料归档范围和档案保管期限表编制工作试点名单**

| 序号 | 企业名称 | 业务板块 |
|---|---|---|
| 1 | 某水电工程局有限公司一 | 水电施工 |
| 2 | 某水电工程局有限公司二 | 水电施工 |
| 3 | 某火电工程局有限公司一 | 火电施工 |
| 4 | 某火电工程局有限公司二 | 火电施工 |
| 5 | 某投资有限公司 | 投资开发运营 |
| 6 | 某开发有限公司 | 投资开发运营 |
| 7 | 某水电设计研究院有限公司一 | 水电设计 |
| 8 | 某水电设计研究院有限公司二 | 水电设计 |
| 9 | 某火电设计研究院有限公司一 | 火电设计 |
| 10 | 某火电设计研究院有限公司二 | 火电设计 |
| 11 | 某电力装备有限公司 | 装备制造 |

**表 3　成员企业文件材料归档范围和档案保管期限表报审计划表**

| 序号 | 企业名称 | 报预审时间 |
|---|---|---|
| 1 | 水电施工企业一 | 2017 年 10 月 |
| 2 | 水电施工企业二 | 2017 年 10 月 |
| 3 | 火电施工企业一 | 2017 年 10 月 |
| 4 | 火电施工企业二 | 2017 年 10 月 |
| 5 | 投资开发运营企业一 | 2017 年 10 月 |
| 6 | 投资开发运营企业二 | 2017 年 10 月 |
| 7 | 水电设计企业一 | 2017 年 10 月 |
| 8 | 水电设计企业二 | 2017 年 10 月 |
| 9 | 火电设计企业一 | 2017 年 10 月 |
| 10 | 火电设计企业二 | 2017 年 10 月 |
| 11 | 装备制造企业一 | 2017 年 10 月 |
| 12 | 装备制造企业二 | 2017 年 10 月 |
| 13 | 水电施工企业三 | 2017 年 11 月 |
| 14 | 水电施工企业四 | 2017 年 11 月 |
| 15 | 火电施工企业三 | 2017 年 11 月 |
| 16 | 火电施工企业四 | 2017 年 11 月 |
| 17 | 投资开发运营企业三 | 2017 年 11 月 |
| 18 | 投资开发运营企业四 | 2017 年 11 月 |
| 19 | 水电设计企业三 | 2017 年 11 月 |
| 20 | 水电设计企业四 | 2017 年 11 月 |
| 21 | 火电设计企业三 | 2017 年 11 月 |
| 22 | 火电设计企业四 | 2017 年 11 月 |
| 23 | 装备制造企业三 | 2017 年 11 月 |

续表

| 序号 | 企业名称 | 报预审时间 |
|---|---|---|
| 24 | 装备制造企业四 | 2017 年 11 月 |
| 25 | 水电施工企业五 | 2017 年 12 月 |
| 26 | 水电施工企业六 | 2017 年 12 月 |
| 27 | 火电施工企业五 | 2017 年 12 月 |
| 28 | 火电施工企业六 | 2017 年 12 月 |
| 29 | 投资开发运营企业五 | 2017 年 12 月 |
| 30 | 投资开发运营企业六 | 2017 年 12 月 |
| 31 | 水电设计企业五 | 2017 年 12 月 |
| 32 | 火电设计企业五 | 2017 年 12 月 |
| 33 | 火电设计企业六 | 2017 年 12 月 |
| 34 | 装备制造企业五 | 2017 年 12 月 |
| 35 | 水电施工企业七 | 2018 年 1 月 |
| 36 | 水电施工企业八 | 2018 年 1 月 |
| 37 | 火电施工企业七 | 2018 年 1 月 |
| 38 | 火电施工企业八 | 2018 年 1 月 |
| 39 | 投资开发运营企业七 | 2018 年 1 月 |
| 40 | 投资开发运营企业八 | 2018 年 1 月 |
| 41 | 水电设计企业六 | 2018 年 1 月 |
| 42 | 火电设计企业七 | 2018 年 1 月 |
| 43 | 装备制造企业六 | 2018 年 1 月 |
| 44 | 水电施工企业九 | 2018 年 2 月 |
| 45 | 水电施工企业十 | 2018 年 2 月 |
| 46 | 火电施工企业九 | 2018 年 2 月 |

续表

| 序号 | 企业名称 | 报预审时间 |
|---|---|---|
| 47 | 投资开发运营企业九 | 2018 年 2 月 |
| 48 | 水电设计企业七 | 2018 年 2 月 |
| 49 | 火电设计企业八 | 2018 年 2 月 |
| 50 | 装备制造企业七 | 2018 年 2 月 |
| 51 | 水电施工企业十一 | 2018 年 3 月 |
| 52 | 水电施工企业十二 | 2018 年 3 月 |
| 53 | 火电施工企业十 | 2018 年 3 月 |
| 54 | 火电施工企业十一 | 2018 年 3 月 |
| 55 | 投资开发运营企业十 | 2018 年 3 月 |
| 56 | 水电设计企业八 | 2018 年 3 月 |
| 57 | 火电设计企业九 | 2018 年 3 月 |
| 58 | 装备制造企业八 | 2018 年 3 月 |

## 五、业务指导

指导与审查工作组成员按照负责的业务板块（对应表见表 4），对板块内成员企业文件材料归档范围和档案保管期限表编制工作进行业务指导，及时解答编制工作中的各类问题。

**表 4　指导与审查小组成员与负责业务板块对应表**

| 序号 | 姓　名 | 负责业务板块 | 办公电话 | 手　机 |
|---|---|---|---|---|
| 1 | 总部档案部门 | 全部 | 略 | 略 |
| 2 | 总部有关部门 | 相关业务板块 | 略 | 略 |
| 3 | 专家 1 | 水电施工 | 略 | 略 |
| 4 | 专家 2 | 投资开发运营 | 略 | 略 |

续表

| 序号 | 姓 名 | 负责业务板块 | 办公电话 | 手 机 |
|---|---|---|---|---|
| 5 | 专家3 | 水电设计 | 略 | 略 |
| 6 | 专家4 | 水电设计 | 略 | 略 |
| 7 | 专家5 | 火电设计 | 略 | 略 |
| 8 | 专家6 | 火电设计 | 略 | 略 |
| 9 | 专家7 | 火电施工 | 略 | 略 |
| 10 | 专家8 | 火电施工 | 略 | 略 |
| 11 | 专家9 | 装备制造 | 略 | 略 |

### 六、报审和审查

报审和审查分为预审查和正式审查两个环节。预审查是为保证质量，各企业在正式报审前，先进行规范性审查。通过电子邮件将文件材料归档范围和档案保管期限表报送总部，并附本企业组织机构设置及职责、业务流程、主营业务范围等编制依据和说明。正式审查是通过了预审查的企业向总部报送正式文件，经批复后印发执行。

## 第三节 业务指导，少走弯路

按照集团公司《关于开展成员企业文件材料归档范围和档案保管期限表编制工作的通知》要求，子企业积极开展编制工作，在各级领导的高度重视下，由企业档案部门牵头，组织业务培训、开展情况调研、制定工作方案等，各业务部门积极参与，协同配合。

### 一、指导方式

为使子企业准确把握编制要求，在工作中少走弯路，集团总部采取了集中培训、相对集中培训和个别指导相结合的方式。一是组织全集团、大规模的年度档案业务现场培训，重点对10号令进行宣贯，要求各子企业档案部门负责人和专兼职档案人员参加，使各子企业档案人员能够掌握编制工作的基本要领。二是组织业务类型或地理位置相近的企业进行集中联合培训。对于一家企业来说，由于开展编制工作不能档案部门“一家独揽”，需要企业各部门协同配合并全员参与，而前提是除档案部门外，各职能部门、业务部门、项目部等均需了解10号令的具体要求和规定，并具备编制本部门文件材料归档范围和档案保管期限表的基本操作技能。在多家企业共有培训需求下，可将几家业务类型相同或所处地理位置较近的企业联合起来，开展相对集中的业务指导或培训。例如以地处成都的某水电施工企业为牵头组织单位，邀请其他同在成都的成员企业共同参加培训。三是对于业务类型较为独特或地理位置较为分散的企业，需总部委派指导与审查工作组成员深入企业进行现场指导或培训，组织子企业各职能部门、业务部门、项目部有关人员参加。

在指导过程中，总部制作了“中国电建贯彻落实《企业文件材料归档范围和档案保管期限规定》（国家档案局令第10号）工作指南”PPT教材（以下简称PPT教材），专用于10号令培训授课，并随着编制工作的不断深入、常见问题的不断梳理和案例的不断更新，PPT教材也不断完善，最终成为了中国电建组织成员企业贯彻实施10号令工作的经典教材。此外，部分企业还通过自学此PPT教材和业务咨询的方式掌握此项工作要求，同样发挥了总部的业务指导作用。

## 二、指导内容

PPT教材主要分为“国家颁布10号令的意义”“10号令条款解读”“附表内容及特点”“编制步骤及方法”“上报与审查要求”“常见问题”六大部分，旨在使成员企业在正确理解10号令条款的前提下，编制出符合标准要求的、规范实用的企业文件材料归档范围和档案保管期限表。

（一）国家颁布10号令的意义，要求各部门参与或承担编制工作人员了解。(具体内容略)

（二）解读10号令条款是整个培训内容的重点，要求各部门参与或承担编制的人员一定要弄清楚每项条款规定的真正含义。(具体内容略)

（三）介绍10号令附表内容及特点，要求各部门参与或承担编制的人员了解附表条目排列的逻辑关系。

10号令附表是一个多功能表，既是归档范围表，也是保管期限表。表内按职能结合来源列出了企业管理类文件材料归档范围和档案保管期限，共18条。其逻辑关系体现在：一是依据文件材料产生的先后顺序，将企业设立过程形成的文件材料排在最前面；二是依据文件材料的重要程度排列，把有关企业资产、资本、治理等重要文件材料排在前面，其他排后，把与企业领导活动有关的文件材料排在前面，其他活动文件材料排后；三是多种逻辑关系并行，其中包括来源原则结合档案分类、企业活动分类原则进行，在按来源原则划分后，对企业内部产生的文件材料基本按照档案分类、企业活动分类原则进行排列。具体见图1。

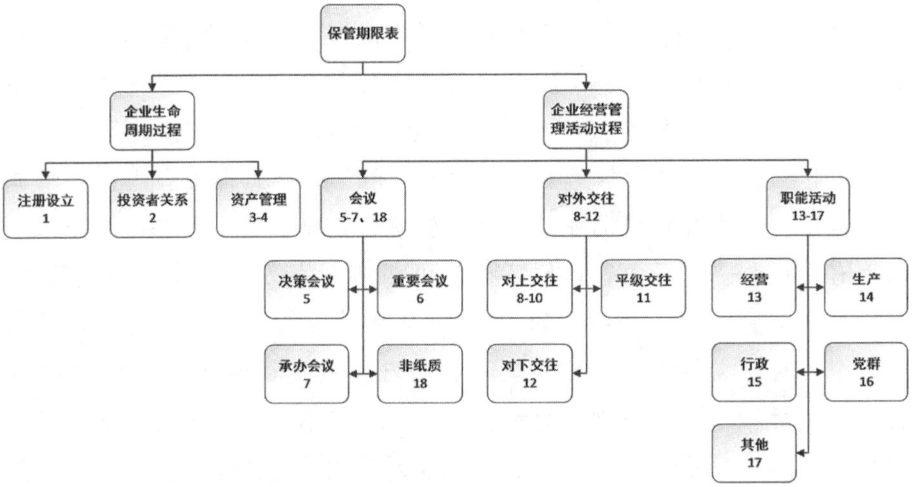


图1　10号令附表逻辑关系图

由10号令附表的逻辑关系图可见，10号令附表首先分为企业生命周期过程和企业经营管理活动过程两部分。

“企业生命周期过程”文件材料包括“1本企业设立、变更、解散过程文件材料”“2本企业董事会、监事会、股东会构成及变更等方面的文件材料”“3本企业资本登记、资本变动、融资文件材料”“4本企业资产管理文件材料”都是和企业自身演变过程，和与人、与资产产权活动有关的文件材料，此部分内容基本与10号令正文第八条的前半部分吻合，属于企业永久保管的管理类档案范畴。10号令附表将这四条排最前面，既遵从于文件材料产生的时间先后，也遵从于其重要程度的逻辑关系。

“企业经营管理活动过程”文件材料为第5至18条。按照企业活动的分类原则，首先，将会议产生的文件材料列为第5至7条，并按照会议的重要程度将“5 本企业总经理办公会、党政联席会会议文件材料”作为企业的决策会议，排在最前，将“6 本企业召开的工作会议、专题会议的文件材料”作为企业的重要会议，排在其后，将“7 本企业承办的大型展览会、博览会、论坛、学术会议、国际性会议的文件材料”作为企业承办的外来会议，排在最后。此处会议的排列也体现了“以我为主”的原则，本企业的会议比承办的外来会议更重要，应排在前面。其次，将企业对外交往产生的文件材料列为第8至12条，并按照对外交往的重要程度，将与上级交往的文件材料“8 有关机关和上级主管部门领导、社会知名人士检查、视察、调研本企业工作时形成的文件、工作汇报、录音录像等文件”“9 本企业向有关机关、上级主管单位的请示、报告与有关机关、上级主管单位批复、指示”“10 本企业收到的有关机关、上级主管单位等相关机构制发的文件材料”排在最前，将与平级交往的文件材料“11 本企业与金融机构、中介机构及其他组织和个人来往文件材料”排在其后，将与下级交往的文件材料“12 直属单位、所属和控股企业的请示、报告、函与本企业的批复、复函等文件材料”排在最后。再次，将企业职能活动列为第13至16条，并按照经营管理、生产管理、行政管理、党群管理的顺序排列。最后，将不属于前16条的文件材料列为“17 本企业其他事务管理文件材料”“18 各种非纸质载体、介质及实物形式的文件材料”排在最后。

在事由原则下，10号令附表对外部来文不再进行过分的细化，如“9 本企业向有关机关、上级主管单位的请示、报告与有关机关、上级主管单位批复、指示”“10 本企业收到的有关机关、上级主管单位等相关机构制发的文件材料”“12 直属单位、所属和控股企业的请示、报告、函与本企业的批复、复函等文件材料”等，而把重点放在本企业产生的文件材料上。

在同一事由下，10号令附表采用文种与事由相结合的方法，先叙述通用文种，再叙述同一事由下的其他文件材料。如："13.2建设项目工作文件材料"下的"13.2.1建设项目工作规划、计划、总结等文件材料""13.2.2建设项目工作制度、办法、规定等文件材料"均为通用文种，规划、计划、总结、制度、办法、规定等文件材料也形成于其他职能活动中，而"13.2.3项目前期立项、规划、论证、设计、招投标、协议、合同、申请、审批等文件材料""13.2.4项目检查、竣工验收、重要的专项报告、审批意见"则为建设项目工作的特殊文种，一般只由开展建设项目产生。

中国电建要求成员企业编制文件材料归档范围和档案保管期限表时，应尽量采用10号令附表的逻辑关系，表内各条之间尽量按照10号令附表的逻辑顺序排列。

（四）系统介绍编制步骤及方法

这是讲解10号令内容的重中之重，要求各部门参与或承担编制的人员务必掌握。要编制出一个质量好、水平高、操作性强的文件材料归档范围和档案保管期限表并非易事。一是从文本形成上，要求不得是原有文本的翻版，不得照抄照搬10号令附表，不得照抄照搬其他企业表，不得随随便便写上几条应付了事，而是要严格按照10号令的条款对文本的要求逐一形成。二是从编制方法上，编制工作不但要按照规范的工作流程逐步开展，还要切忌在编制过程中出现"两个极端"。一个极端是编制工作由档案部门大包大揽，需要将哪些文件材料归档、确定各类档案要保管多长时间都由档案部门说了算，无需业务部门参与。另一个极端是编制工作完全由业务部门去做，业务部门说什么是什么，档案部门不介入或根本不作为。实际上，编制文件材料归档范围和档案保管期限表应该是档案部门与各业务部门联合，由档案部门牵头、各业务部门全员参与。特别注意的是，要求业务部门"全员参与"，而不是"配合"。因为编制工作与企业中的每一个人相关，任何人在工作中都会产生文件材料，而产生哪些文件材料以及它们有怎样的价值，从现实意义来说，还是产生该文件材料的"当事人"最清楚。

上述所谓“规范的工作流程”是要使编制工作严格按照“前期准备”“文件起草”“讨论与征求意见”“上报及下发”和“贯彻与动态管理”五个环节进行。这五个环节在整个编制工作中前承后继、彼此串连，后一环节的开始总要以前一环节的结束为前提，且前一环节开展工作情况的好坏直接影响着后一环节的工作质量。

1. 前期准备。包括组织准备、文件学习、情况调研、制订工作计划或方案四个方面。第一，组织准备，因编制工作不是档案部门一个部门的事，它与企业各项职能、各项业务、各个工作流程有关，档案部门不可能全部熟知，必然涉及开展那些职能、业务的部门和人员，所以必须要有个组织机构来明确分工，责任到人。第二，文件学习，即要把10号令条款弄清、政策吃透，并掌握了编制方法才能开展工作。第三，情况调研，开展编制工作要以企业的业务范围为依据，结合企业的组织结构、产品和业务特点、企业发展时期来制定，就要求档案部门在这项工作中要开展大量的调查研究。第四，制订工作计划或方案，要对编制工作设计一个科学合理的工作计划或方案，合理地安排各个环节各项工作，要将每一项工作落实到人，并有明确的时间节点和预期成果。

2. 文件起草。同编制方法，由部门职能分析、确定框架、各业务部门形成本部门文件材料归档范围和档案保管期限表、档案部门汇总各部门表形成初稿等步骤构成，因内容较多，单独作为一节（见第四节）。

3. 讨论与征求意见。因初稿是经各业务部门对产生的文件材料进行摸底、排查、梳理和档案部门审核、汇总、完善后形成的，档案部门需组织召开初稿讨论会，召集各业务部门编制人员及有关人员对初稿进行会审，特别是涉及职能交叉的多个部门，每个部门负责该职能的哪几个环节或哪几项工作要在会上梳理清楚，并于会后对初稿进行完善。针对完善后的初稿还需印发征求意见稿，于本企业全员范围征求意见。

4. 上报与审查。经过讨论与征求意见、修改完善并校对无误的文稿可先提交本企业负责人审批，共同见证编制工作取得的初步成果。为保证文稿质量，中国电建要求在正式审批前先进行预审，即先通过电子邮件报送文稿，预审合格并收到报送正式文稿的通知后再报送正式文件。预审环节可能进行多次修改和报送。报送预审材料要求：一稿报送包括企业营业执照扫描件、部门职责分工文件 Word 版、企业文件材料归档范围和档案保管期限表 Excel 版，以及包含编表类别、编制依据、不编制的原因等内容的编制说明。中间稿报送修改后的企业文件材料归档范围和档案保管期限表 Excel 版和 Word 修订状态下的修改意见反馈。定稿报送正式的红头文件和企业文件材料归档范围和档案保管期限表定稿。审查由初审、主审、终审和批准几个环节组成。

5. 宣贯与动态管理。批准后的企业文件材料归档范围和档案保管期限表通过本企业红头文件正式印发后，需召开宣贯会，对在实际工作中应用此表的人员特别是各部门专兼职档案人员进行宣贯培训。为提高归档率，建议各部门会后对此表进一步细化，如在此基础上增加“归档岗位”一列，可将归档责任明确到岗位或人员。前文有述企业文件材料归档范围和档案保管期限表是动态的，不能一表管十几年，企业在资本结构或生产经营规模发生重大变化、主营业务范围发生重大变化、距上一次修订满 5 年等情况下，必须进行修订。修订与报审要求同上述内容。

（五）需说明的其他问题

1. 子企业编制文件材料归档范围和档案保管期限表，由集团总部审核批准，在表的质量上该由谁负责？

这个问题与一个普遍心理有关，作为集团所属的子企业往往认为在自身开展业务过程中只要有总部参与，其责任即可由本企业上升为总部，特别是还向总部以正式的红头文件形式报送了请示并得到了总部批复，即认为拿到了总部的“尚方宝剑”，无论表的质量如何，都是总部批准执行的，本企业无责任或无主要责任。而实际上，表的编制是基于本企业的各项活动，在企业的活动特点、业务构成、机构设置、职能划分、工作流程等基础上梳理产生，总部不会也不可能比各子企业更了解这些编制基础，因此表中归档范围是否全面、保管期限是否准确还是要依靠本企业认真开展这项工作来保证。之所以要求报总部审核，是为了在保证质量方面，多方审核可使表更具科学性、规范性和实用性；同时要求以正式的红头文件形式报送，并以红头文件批复，是为了更体现表的权威性，使各企业在开展文件材料归档和档案鉴定工作时依据更加充分，工作更有力度。

2. 子企业所属分公司、项目部等分支机构为非独立法人单位的，应如何开展编制工作？

这个问题可结合分支机构与本企业的档案管理工作关系，以及分支机构的人员安排、专业能力等因素确定，既可将分支机构表纳入本企业一并编制，也可由分支机构自行编制后报本企业审批。如将分支机构表纳入本企业表的，则可将分支机构作为本企业的一个部门列出，要求与企业内部的职能部门或业务部门一致，编制出分支机构表，与企业内部各部门表汇总成为企业表。特别注意的是，这种编制方式，可能在本级企业与分支机构往来的文件材料中产生重复列入归档范围的现象，如分支机构上报本企业的请示和本企业的批复在本企业中已列入归档范围，分支机构可能再次列出，这就需要档案部门在汇总表的时候，将此部分文件材料剔出。如将分支机构表由分支机构自行编制报本企业审批的，则应注意本企业要按照集团总部对子企业的指导审查要求，对分支机构的编制工作指导审查到位。

3. 列入管理类档案保管期限表中的文件材料在整理归档时，是否按照《归档文件整理规则》（DA/T 22）执行？

大部分可按照《归档文件整理规则》（DA/T 22）执行，因为《归档文件整理规则》是针对文书档案的整理进行规定的。管理类档案中除文书档案外，还有经营管理和生产管理档案，这两类档案可参照《归档文件整理规则》执行，也可参照其他整理标准执行。但要明确的一点是，10号令要求各企业编制文件材料归档范围和档案保管期限表，从根本上是要解决企业档案工作中的“收集”和“鉴定”问题，是对各企业文件材料的归档范围和档案的保管期限作出规定，而不是针对归档文件材料整理、档案保存等问题。

4. 管理类档案与其他类别交叉的档案该如何编表？

按照《工业企业档案分类试行规则》将工业企业档案按内容分为

“0 到 9 大类”，编制企业文件材料归档范围和档案保管期限表一般也按照这十大类划分为多个表，例如管理类表、建设项目类表、会计类表等。在这种分类标准下，各表间内容实际并不平行，管理类档案中涉及部分内容与建设项目类表、会计类表等其他类表内容有交叉，例如：“项目前期立项、规划、论证、设计、招投标、协议、合同、申请、审批等文件材料”管理类档案，也属于建设项目档案；“企业财务预决算报告”属于管理类档案，也属于会计档案；“企业签订的劳动合同”属于管理类档案，也属于人事档案；“档案移交清单、销毁清册”属于管理类档案，还属于全宗卷，等等。因 10 号令解决收集范围问题，与整理、保管等无关，因此，企业在编制各类文件材料归档范围和档案保管期限表时，应将存在交叉内容的档案同时列入不同门类档案的保管期限表，以保证各门类档案保管期限表的完整性，但在实体档案的整理、保管工作中可灵活处理和应用。

5. 10 号令附表中 9、10、12 作为企业收文的内容，归档责任应由企业收文的责任部门承担还是收文承办的责任部门承担？

这个问题与上面问题有些类似，10 号令不解决整理、保存问题，当然也不解决责任划分问题。在企业收文的实际工作中，绝大多数企业采用的是文件“大收发”的方式，即由企业有文秘工作职能的办公厅（室）或总经理工作部等综合管理部门负责收发企业所有文件。但按照归档责任划分，收文的归档责任应在收文的承办部门，发文的归档责任应在发文的拟稿部门。这种情况就导致了 10 号令附表中 9、10、12 三项内容不知该列入哪个部门。实际上，按照 10 号令仅解决收集和鉴定问题的原则，各企业既可将这三项内容一并列入综合管理部门，也可区分收文涉及的业务事项分别列入各有关业务部门，只要便于日后依此开展收集归档工作即可。

6. 有的职责未开展过相关工作，是否列入归档范围？

企业编制文件材料归档范围和档案保管期限表时，不能只局限于当前的业务开展情况进行编制，而应尽可能将本企业各个发展时期的文件材料详细列入归档范围中。如果有的部门暂未履行过某些职能，或未开展过相关工作，也应该把这项职能可能产生的文件材料预见性地列入归档范围表，以适应企业未来文件材料归档的需求。

## 第四节　编制方法和步骤

由于不同的企业在产品和服务方面千差万别，各企业在起草文件材料归档范围和档案保管期限表文本前，档案部门应先根据企业性质和业务范围，梳理出企业应编制哪些表。结合中国电建的实际情况，对于一家施工企业来说，它需要编制管理类表、会计类等表外，还需编制建设项目类表；而对于一家装备制造类企业来说，则需编制产品类表。在梳理出企业需要编制的各类表的基础上，还应根据部门职能划分出每类表应由哪些部门哪些人员来编制。

### 一、管理类表

#### （一）表格设计

表头一律采用与10号令附表相同的样式，仅设计“序号”“归档范围”和“保管期限”三栏，上报审查也限于这三栏（见表5），审查通过后用于本企业印发实施时可适当增加表格内容。

**表5　企业文件材料归档范围和档案保管期限表设计**

| 序号 | 归 档 范 围 | 保管期限 |
|---|---|---|
| 1 | | |
| 2 | | |
| 3 | | |
| 4 | | |
| 5 | | |
| 6 | | |
| … | | |

文件材料编号采用层垒制，即分层编号法。鉴于集团总部管理类

文件材料范围和档案保管期限表未超过四层，集团要求各子企业一律不超过四层，如编制过程中出现了第五层，也采用提升相应层级的方式将其修改为四层。因此，文件材料编号均为“1”“1.1”“1.1.1”“1.1.1.1”样式。

（二）内容组织

文件材料的组织有两种方式，结合两种组织方式的利与弊，中国电建统一要求：除设立时间不足五年的企业外，各子企业一律按照部门体例编制；设立时间不足五年的企业可按照职能体例编制。特别注意的是，不论按照哪种体例编制，都应该尽量避免按来源组织文件材料的方法，如“集团公司来文”“地方政府函”“本企业发文”“部门签报”等。由于按照部门体例组织文件材料比按照职能体例组织的更为复杂，以下以部门体例组织文件材料为例进行说明，职能体例与之大同小异。

1. 文件材料的获得

按部门体例组织文件材料，要以部门所履行的职能为主线，逐条梳理每个职能项下每个工作流程的每个环节所产生的文件材料，这些文件材料无外乎本部门所履行职能工作的规章、制度、中长期规划、计划、总结、召开的会议、具体事务处理、其他等五种文件材料（以下简称五种文件材料）。因此，可将一个部门的文件材料，从“部门”到“职能”再到“工作流程”最后到“文件材料”之间的关系用图2表示为：

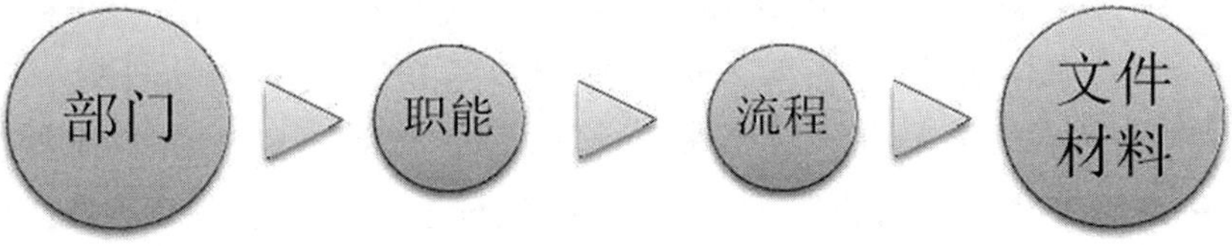


图2 从部门到文件材料关系图

结合中国电建实例，列举部分部门和部分职能，将上述关系图与实际相对应，形成图3。

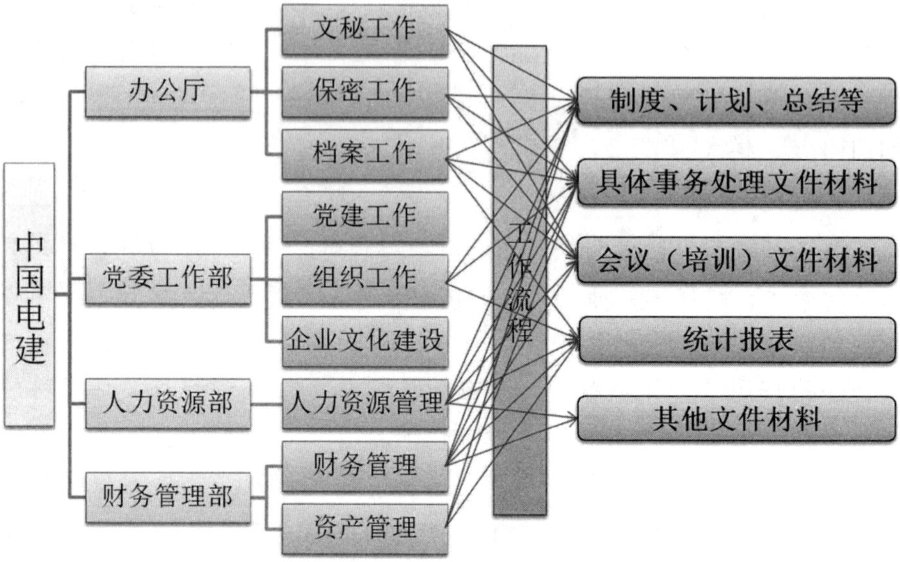


图3　中国电建从部门到文件材料关系图

中国电建总部部门有办公厅、党委工作部、人力资源部、财务管理部等，以办公厅为例，办公厅的职能有文秘工作、保密工作、档案工作等。首先按照部门职能顺序，将每项职能逐一与五种文件材料分别对应，看这项职能是否产生这种文件材料。如某种文件材料是形成于这项职能的具体工作流程中一组材料，还需在这项具体的工作流程中，以一个环节为单位逐一梳理文件材料，初步形成这项职能的文件材料表。

下面以档案人员最熟悉的档案工作为例，具体说明如何从部门职能得到文件材料。一是先将“档案工作”与“制度、计划、总结等”相对应，看档案工作是否形成制度、计划、总结？如果是，则形成“档案工作”职能的第一种文件材料，可记为“档案工作制度、计划、总结”。二是将“档案工作”与“具体事务处理文件材料”相对应，看档案工作是否形成具体事务处理文件材料？当然，形成具体事务处理文件材料还需结合具体事务处理的工作流程，如档案工作检查作为档案工作职能的一项具体工作，工作流程可能分为制定检查方案、印发检查通知、被检查单位报送有关材料、现场检查、出具检查结论、汇总检查结果并通报等环节，则各环节产生的文件材料可能有方案、通知、结论、通报等，可记为“档案工作检查方案、通知、报送材料、现场检查记录、检查结论、通报”，以此形成档案工作职能下“档案工作检查”这一具体事务处理的系列文件材料。三是将“档案工作”与“会议文件材料”相对应，方法与上述“具体事务处理文件材料”类似，最终可能得到“档案工作会议方案、通知、日程、签到表、领导讲话、会议材料、记录、纪要、照片、录音录像、总结等”文件材料。四是将“档案工作”与“统计报表”相对应，可得“档案统计年报”等文件材料。五是将档案工作中不属于以上四种的文件材料归入其他文件材料，但要注意明确文件材料名称，方法也与上述“具体事务处理文件材料”类似，不得直接出现“档案工作其他文件材料”的提法。

逐项梳理办公厅一项职能形成的文件材料后，得到办公厅该职能文件材料表，办公厅所有职能文件材料表汇总后，得到办公厅文件材料表。按照同样的方法，即可依次得到党委工作部、人力资源部、财务管理部等其他部门文件材料表。

2. 条目表述

对于以部门体例编制文件材料归档范围和档案保管期限表的企业，基于部门职责和以上获得文件材料的方法，中国电建对文件材料归档范围的条目表述及排列顺序提出以下统一要求：

第一级：部门名称

第二级：部门职责（可适当合并）+文件材料

第三级：(1) 部门职责制度、办法、总结、计划

(2) 部门职责具体事务处理文件材料（工作流程中各个环节产生的文件材料名称）

(3) 部门职责会议、培训文件材料

(4) 统计报表等其他文件材料

以中国电建某子企业“总经理工作部”为例：

总经理工作部主要职责：负责公司战略管理及宏观政策和行业研究；负责公司部门目标及绩效管理；负责公司综合统计及对标管理；负责公司制度建设、企业标准化；负责公司行政事务及内部组织、协调、督办；负责公司法律事务及风险防控；负责公司资质、文秘、接待、大

型综合性会议组织等。

该子企业总经理工作部形成的文件材料归档范围条目应表述为：

1　总经理工作部

1.1 公司战略管理及宏观政策和行业研究工作文件材料

1.1.1 公司战略管理工作制度、办法、总结

1.1.2 公司五年滚动规划、中长期发展规划

1.1.3 公司短期发展规划

1.1.4 宏观政策报告、行业研究报告书等文件材料

……

1.2 公司部门目标及绩效管理工作文件材料

1.2.1 公司部门目标及绩效管理工作制度、办法、总结

1.2.2 公司经营业绩目标责任书

1.2.3 部门目标责任书

……

将一个部门的文件材料按照以上要求列出后，可将二至三个职能产生的文件材料进行合并。合并后的职能之间以及文件材料之间用“、”或“,”分开，不能合并的按照职能出现的先后顺序从“共性”到“个性”将文件材料依次排列。

在上述例子中，可将1.1与1.2的表述合并为：

1　总经理工作部

1.1 公司战略管理及宏观政策和行业研究、部门目标及绩效管理工作文件材料

1.1.1 公司战略管理及宏观政策和行业研究、部门目标及绩效管理工作制度、办法、总结

1.1.2 公司五年滚动规划、中长期发展规划

1.1.3 公司短期发展规划

1.1.4 宏观政策报告、行业研究报告书等文件材料

1.1.5 公司经营业绩目标责任书

1.1.6 部门目标责任书

……

在条目表述过程中，还要注意尽量采用10号令附表的表述方法，如10号令附表中采用“企业设立”，则尽量不用“企业成立”“企业创办”等其他表述方法。

3. 适当借鉴10号令附表

10号令附表是国家档案局按照职能体例对内容上大致相同的企业管理类档案编制出的一个相对具体的表，是用于在国家层面上对企业进一步编制本企业表进行指导的，可以说这是一个通用表，也是一个示范表。通用表是因为10号令附表里面的内容在各企业管理类档案中基本都会形成，这就意味着各企业在编制本企业表时，要基本包括10号令附表的内容。示范表则是要求各企业在编制本企业表时，要尽量依照10号令附表的样式、内容、表述方式等来编制本企业表。既要“尽量依照”，又不能“照抄照搬”，那么该如何使用现成的10号令附表呢？各企业在编制本企业表时，可在10号令附表中引用哪些内容呢？

中国电建要求各子企业对10号令附表中个别职能列出文件材料较为详细的，本企业有相应职能的部门可直接引用，如“14.2 质量管理工作文件材料”“外事工作文件材料”等；对10号令附表中绝大部分职能列出文件材料不够详细的，本企业有相应职能的部门要细化后引用；对本企业职能中有但10号令附表中未列出的，本企业要增加列出并尽量采用10号令附表的表述方式；对10号令附表中列出但本企业职能没有的，本企业要删除。以集团总部管理类文件材料和档案保管期限表为例，具体借鉴方法如下：

一是对10号令附表中的职能进行增加或减少。例如，总部办公厅有一项“国有大型重点企业监事会对接工作”职能，10号令表中未涉及，则需增加到总部表中。经对此项工作流程进行梳理，可形成检查通知、调研通知、会议通知、电话记录等文件材料，则将条目表述为“国有大型重点企业监事会监督检查、调研、会议通知，电话记录等与国有大型重点企业监事会对接工作文件材料”，列入总部办公厅表中。再如，总部没有图书、情报管理职能，未开展过图书、情报工作，则将10号令附表中“14.11 图书、情报工作文件材料”删除。

二是对10号令附表中职能项下的文件材料进行增加或减少。例如，“保密工作文件材料”中，可根据实际增加“保密工作责任书、保密承诺书”“失泄密事件调查处理文件材料”等保密工作文件材料；“公司总经理办公会、党政联席会”职能下，可根据实际减少了“决定、公报声明、领导人讲话、总结”等文件材料。

三是10号令附表中有些职能下的文件材料要根据职能分工情况确定责任部门，归档的文件材料既不可重复，也不可遗漏。这里的职能分工可能涉及两种情况：一种情况是多部门就此职能同时开展工作。例如，一个企业的董事会下设董事会办公室负责董事会日常事务，同时设董事会战略管理委员会，战略发展部负责战略管理委员会的日常事务。当战略管理委员会召开会议时，董事会办公室及战略发展部均负责会议筹备工作，其中董事会办公室负责会议组织和会务保障工作，战略发展部负责会议材料撰写工作。那么这两个部门就要对各自在召开战略管理委员会会议工作中产生的文件材料进行区分，将“公司战略管理委员会会议通知、议程、签到表等文件材料”列入董事会办公室归档范围表中，而将“公司战略管理委员会记录、纪要、决议、讨论通过的文件材料等”列入战略发展部归档范围表中。另一种情况是多部门就此职能先后开展工作。例如，一个企业就下级企业分属的不同业务板块设立事业部，下级企业将人事任免请示文件报送事业部，事业部拟写内部签报，经企业领导同意后报送人事部，人事部按照领导批示意见批复事业部，事业部转批下级企业。可见，事业部和人事部均对下级企业的人事任免职能开展工作，但处于工作的不同环节，且有前后的承继关系。那么就要依据职能的具体工作流程，厘清这两个部门之间的工作关系后，将“人事任免签报、批复，下级企业人事任免请示、批复等文件材料”列入事业部归档范围表，而将“下级企业人事任免请示、批复等文件材料”列入人事部归档范围表。

四是对10号令附表中的内容存放位置进行调整。10号令附表中“15.2.3 干部职工的任免、升降、奖惩、考核、职称评聘等方面文件材料”在总部的职能划分中，是分别列在“企业领导人员管理部”和“人力资源部”两个部门的。企业领导人员管理部是负责干部任免、升降、奖惩、考核的，而人力资源部是负责职工奖惩、考核和全体人员职称评聘的。因此，要将与10号令附表15.2.3这一条对应的条目“公司高级管理人员、副总师、部门负责人及子企业领导人员任免、升降、奖惩、考核文件材料”和“公司处级及以下人员任免、升降、奖惩、考核文件材料”“职称评聘文件材料”分别列入企业领导人员管理部和人力资源部。

五是对10号令附表中的表述方法进行调整。如10号令附表中出现的“本企业”要结合实际调整为“公司”。

六是对10号令附表中“重要的”“一般的”要进行细化。细化的标准有“时间标准”“数量标准”“来源标准”等。结合10号令附表具体条目，建议细化标准和方法如下：

2.3、3.3.5、3.5、4.1.5、4.3、4.4.2、11.1、11.2、15.2.7、15.2.8、16.6.3等不再细化，一律视为“重要的”，列入永久。

6.1可按照会议层次、周期或文件材料的性质进行细化，如按照会议层次细化可将企业年度工作会议视为重要，部门或业务年度工作会议视为一般；按照周期细化可将企业年度工作会议视为重要，企业半年工作会议视为一般；按照文件材料的性质细化可将会议通知、讲话、决议、决定、纪要等视为重要，会议请示、批复、日程、媒体宣传报道等视为一般。

8和17.1可按照领导级别结合事由的重要程度细化，如某企业将司（局、市、师等）级及以上级领导视察、调研本企业形成的文件材料视为重要，处（区、县、团等）级及以下级领导视察、调研的视为一般。但还要结合事由的重要程度，如果处（区、团等）级及以下级领导到本企业调研，却是为本企业解决治理发展、改革创新等重大问题的，还要提升其形成文件材料的重要程度。

9、10、12作为外部来文不进行过分的细化，可大体按照文件材料是否涉及企业治理、资产处置、人事任免等内容划分重要程度。简单的可认为与企业自身演变有关、与企业资产或资本有关、与人有关的文件材料均为重要文件材料，也可笼统地认为与企业“三重一大”事项有关的文件材料均为重要文件材料，其他的可视为一般。

11.4.2和11.4.3可按照合同（协议）额进行细化。如可将合同额为50万元及以上的文件材料视为重要，50万元以下的视为一般。这里的合同额大小还需根据企业规模确定，如果是一家大型企业，则可能将划分“重要”“一般”的合同额定为100万元，即这家企业的100万元及以上的合同为重要，100万元以下的为一般；如果是一家中型企业，则可能定为50万元；如果是一家小型企业，则可能定为10万元。

11.5、13.10可按照从不同角度划分的客户类型进行细化。如可将长期客户的视为重要，短期客户的视为一般；将战略合作客户的视为重要，非战略合作的视为一般；将机构客户视为重要，个人客户或者散户视为一般；等等。

11.6可按照文件材料的内容进行细化。如可将人员招聘公告、资本经营事项公告、招标采购公告、法律声明等与人、与资本（资产）、与法律责任有关的文件材料视为重要，公开感谢信等无关的视为一般。

13.6.4可按照物资种类或单价进行细化。如可将A类、B类物资形成的文件材料视为重要，C类物资形成的视为一般；或将单价为50万元及以上的物资形成的文件材料视为重要，50万元以下的视为一般。

15.2.10可按照职工职级或培训期进行细化。如可将企业中层及以上人员培训视为重要，将中层以下人员培训视为一般；或可将培训期为一周及以上的培训视为重要，一周以下的视为一般。

15.5、16.9、16.10、17.5.2可按照形成文件材料的内容进行细化。如可将形成的制度、办法、总结等文件材料视为重要，将具体事务处理形成的文件材料视为一般。

15.6可按照反映问题的重要程度进行细化。如可将产生结果的、有领导批示的文件材料视为重要，没有的视为一般。

15.4.6可按照活动规模或周期进行细化。如可将类似群众路线教育等中央发起的全国性的学习教育活动视为重要，地方或上级主管机关发起的视为一般；还可将连续开展半年以上的学习教育活动视为重要，半年以下的视为一般。

16.5可从“活动记录”和“精神文件建设方面的文件材料”之间划分为两部分，前半部分可将“计划”视为一般外，其他文件材料一律视为重要；后半部分将“精神文件建设”作为一项独立的职能，按照形成文件材料的内容进行细化，即可将精神文件建设制度、办法、总结等文件材料视为重要，将具体事务处理形成的文件材料视为一般。

16.11.2 可按照民间团体的性质或民间团体活动的规模进行细化。如可将学会、全委会的或组织全国性的活动视为重要，将协会、专委会的或组织区域性的活动视为一般。

17.6 可按照纪念、庆典活动周期进行细化。如可将逢五周年、十周年的纪念庆典活动视为重要，将非五周年、十周年的视为一般。

除以上细化内容外，10 号令附表部分内容要作调整，具体包括：1.2 增加“网上公示信息”，15.3 增加“档案工作检查、考核文件材料”“档案专项验收文件材料”，13.5.3、15.3.4、15.3.5、15.7.5、16.4.5 保管期限调整为“永久”等。

（三）保管期限划分

对文件材料划分保管期限的过程实际上就是对档案价值进行鉴定的过程。档案价值在时间上可分为现实价值和长远价值。因此，在对一份档案进行鉴定时，应由业务部门和档案部门共同进行，业务部门更多地站在现实应用的角度，档案部门则站在历史考证的长远角度。鉴于档案工作中对档案进行鉴定是一项难度较高的工作，为使各企业在编表工作中更准确地划分各类档案的保管期限，建议各企业先通过其他书籍、网络等渠道了解档案鉴定理论的基础知识，再结合 10 号令的要求对本企业各类文件材料划分保管期限。

10 号令对档案保管期限的划分提出了以下几个原则，一是“以人为本”，即与人有关的档案基本都划为永久，如人才招聘、人事任免、薪酬待遇、表彰处分等档案，可以说除职工培训形成的档案可划定期外，其他一律永久。二是“追责为重”，即未来可能作为凭证追究有关法律责任的档案，如法律声明、招标公告、保密资格认证等档案一律永久。三是“资产为重”，即与资产、资本有关的档案，如股票发行、融资、债权债务、固定资产管理等工作形成的档案一律永久。四是总结重要，总结作为办理各类业务事项的最终结果，与计划相比，在追溯事项原委、还原历史等方面有着极其重要的作用。但至于总结重要到何种程度，什么样的总结才永久保管呢？是见到“总结”两个字都判定为永久吗？下面通过一道选择题作以解释。

以下应列入永久保管的文件材料有：

A. 公司年度工作总结　　B. 办公室年度工作总结

C. 年度档案工作总结　　D. 年度档案业务培训工作总结

此题至少应选出 ABC 三个选项，将“公司年度工作总结”“办公室年度工作总结”“年度档案工作总结”划为永久档案，可将“年度档案业务培训工作总结”划为定期。也就是说，总结按照“公司”“部门”“职能”“具体事务处理”划分四个层级，在“总结重要”的原则下，要将“职能”及以上层级形成的总结一律划为永久。

（四）条目排列

10 号令附表依据文件材料的形成时间、内容的重要程度等顺序进行排列，同时体现出来源原则结合档案分类、企业活动分类原则的逻辑关系。各企业在编制文件材料归档范围和档案保管期限表时，也要尽量采用 10 号令附表的排列顺序和逻辑关系，只是将按职能体例的排列转变为按部门体例排列而已。

例如，办公室包含有企业注册设立、会议、对外交往、行政管理等几项管理职能，要将这些职能形成的文件材料按照 10 号令附表的逻辑关系和先后顺序排列，就要在办公室职能范围内分析哪些文件材料是先形成，哪些是后形成的；哪些文件材料的价值更高，记载的信息更重要。可见，“企业注册设立”是反映企业生命周期过程的，不但形成时间早，内容也重要，应排在办公室表的最前面；“会议”“对外交往”“行政管理”等职能是反映企业经营管理活动过程的，排在其后；同时在这三项职能中再按照文件材料内容的重要程度，“会议”按照“决策会议”“重要会议”“承办会议”的顺序排列，“对外交往”按照“对上交往”“平级交往”“对下交往”的顺序排列，“行政管理”和“其他”排最后。

具体参见图 4。

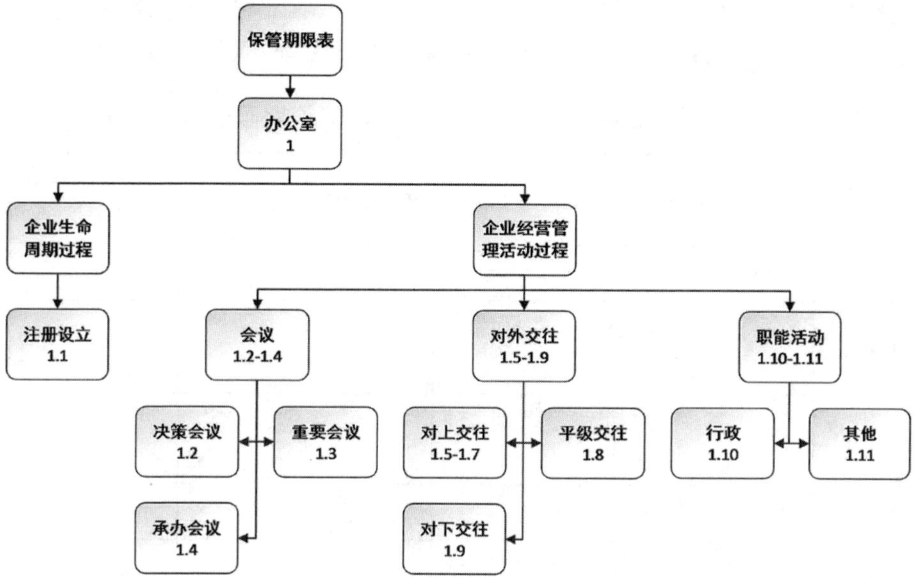


图4　办公室保管期限表排列顺序

（五）查漏补缺

各部门在编制完成本部门保管期限表后，要回头检查在本部门职能范围内，表中是否包含了以下文件材料：资本经营工作文件材料，客户管理工作文件材料，信息化工作文件材料，人力资源工作中劳动合同、招聘、培训等文件材料，人员处分方面文件材料，保密管理文件材料，风险与内控管理工作文件材料，社会责任工作文件材料，“三重一大”工作文件材料，企业文化建设工作文件材料。对这些文件材料中有属于本部门职能或部分职能形成的文件材料，要及时补充到表中。

（六）起草步骤

按部门体例组织文件材料是从部门职责到工作流程再到文件材料的，因此组织文件材料时一定要忠于部门职责。

第一步，档案部门设计样表，搭好框架，发送各部门。为使各部门发送的文件材料归档范围和档案保管期限表格式规范，并减少档案部门汇总时统一修改序号的麻烦，此步工作可由档案部门根据企业印发的部门职责文件，按照部门顺序先搭好框架，用Excel做出企业文件材料归档范围和档案保管期限表（见表6），再帮助各部门做出部门文件材料摸底调查样表（见表7），并以办公室保密档案工作为示范填写后，连同部门职责文件和样表使用说明一并发送各业务部门。

**表6　××公司文件材料归档范围和档案保管期限表（节选）**

| 序号 | 归 档 范 围 | 保管期限 | 对应职责 | 对应10号令附表 |
|---|---|---|---|---|
| 1 | 办公厅 | | | |
| 1.1 | 公司总经理办公会、党政联席会会议文件材料 | | | |
| 1.1.1 | 通知、签到表、记录、纪要、讨论通过的文件材料 | 永久 | | |
| 1.1.2 | 讨论未通过的文件材料 | 10年 | | |
| 1.2 | 公司召开的工作会议、专题会议文件材料 | | | |
| 1.2.1 | 公司年度工作会议、专题会议文件材料 | | | |
| 1.2.1.1 | 请求、报告、通知、日程、名单、决议、决定、记录、领导讲话、总结、纪要、媒体宣传报道、录音录像 | 永久 | | |
| 1.2.1.2 | 代表发言、经验交流文件材料、简报 | 10年 | | |
| 1.2.2 | 公司年中工作会议、办公厅(室)年度工作会议文件材料 | 30年 | | |
| 1.3 | | | | |
| 2 | 董事会办公室 | | | |
| 2.1 | | | | |
| 3 | 党委工作部/企业文化部 | | | |
| 3.1 | | | | |
| 4 | 监事会办公室/纪委办公室/监察部 | | | |

续表

| 序号 | 归档范围 | 保管期限 | 对应职责 | 对应10号令附表 |
|---|---|---|---|---|
| 4.1 | | | | |
| 5 | 巡视工作办公室 | | | |
| 5.1 | | | | |
| 6 | 战略发展部/政策研究室 | | | |
| 6.1 | | | | |
| 7 | 企业领导人员管理部 | | | |
| 7.1 | | | | |
| 8 | 人力资源部 | | | |
| 8.1 | | | | |
| 9 | 财务管理部 | | | |
| 9.1 | | | | |

**表7　办公室文件材料摸底调查表(节选)**

| 职责 | 责任人 | 形成文件材料 | 是否归档 | 拟划保管期限 | 备注 |
|---|---|---|---|---|---|
| 保密档案管理工作 | 张三<br>李四 | 保密、档案工作制度、规定、办法、年度总结等文件材料 | 是 | 永久 | |
| | | 保密、档案工作年度计划 | 是 | 30年 | |
| | | 保密、档案会议、培训通知、日程、签到表、会议讲话、录音录像、培训成果等文件材料 | 是 | 30年 | |
| | | 保密、档案工作业务指导、对标、检查方案、通知、结论、通报等文件材料 | 是 | 30年 | |
| | | 保密工作责任书、承诺书 | 是 | 30年 | |

续表

| 职责 | 责任人 | 形成文件材料 | 是否归档 | 拟划保管期限 | 备注 |
|---|---|---|---|---|---|
| 保密档案管理工作 | 张三<br>李四 | 失泄密事件调查处理文件材料 | 是 | 30年/10年 | 机密(含)以上/秘密及核心商密 |
| | | 建设项目、产品研制、科研项目档案验收文件材料 | 是 | 永久 | |
| | | 档案开发、编研成果,移交清册、销毁清册 | 是 | 永久 | |
| | | 档案利用登记、审批表,统计年报 | 是 | 30年 | |
| 公司印章刻制工作 | 张三 | 印章印模 | 是 | 永久/10年 | 公司级印章/部门级印章 |
| | | 印章刻制申请及审批材料 | 是 | 永久/10年 | 公司级印章/部门级印章 |
| 节假日通知及值班安排表编制 | 张三 | 节假日及值班安排通知 | 否 | | |
| 部门资金计划管理 | 李四 | 部门资金预算表 | 否 | | |
| 部门考勤管理 | 张三 | 部门考勤表 | | | 交人力资源部 |

第二步，各部门形成本部门全部文件材料摸底调查表。各部门收到两个样表后，依照办公室文件材料摸底调查表样式，搭建本部门文件材料摸底调查表框架，将本部门职责一一替换样表职责后列入表中，再按照上文所述编制方法，将10号令附表内容分别对应到职责中，并找出职责中有但10号令附表中没体现或不够细化的地方。各部门相应职责负责人按照履行职责的闭环工作流程，梳理每个环节产生的各类文件材料，将职责中有但10号令附表中缺少的内容补充进去，并对表已列的10号令附表内容进行细化，形成本部门全部文件材料摸底调查表。

第三步，各部门对本部门文件材料摸底调查表中的全部文件材料进行鉴定。各部门结合10号令对归档范围和保管期限的划分要求和文件材料的重要程度，对本部门全部文件材料进行筛选，选出保管期限在10年及以上的文件材料，形成本部门文件材料的归档范围。在此基础上，对纳入本部门归档范围的文件材料拟划保管期限，并在表6“备注”后的Excel空列中标注拟划保管期限时依据的10号令附表条款号。要求与10号令中内容相同或相近的文件材料，原则上不得低于10号令附表中划定的保管期限。对于同一问题形成的系列文件材料，依据“结论性文件”重要于“过程性文件”，“凭证性文件”重要于“参考性文件”的原则，判断文件取舍及期限。

第四步，各部门将本部门摸底调查表中同一保管期限下同类文件材料合并。如将样表中“保密管理制度、办法、规定”和“档案管理办法、标准、规定”，合并为“保密、档案管理制度、办法、标准、规定”；“工作会议通知、日程、签到、领导讲话、录音录像”和“专题会议通知、签到、领导讲话、记录、纪要”合并为“工作会议、专题会议通知、日程、签到、领导讲话、记录、纪要、录音录像”等。

第五步，各部门将本部门摸底调查表中合并后的文件材料，按照“从重要到一般、从共性到个性”的顺序排列，共性的文件材料如制度办法、总结计划等排列在前，个性的排列在后。

第六步，各部门检查本部门摸底调查表中字、词、句是否有误、语义是否表述清楚等，并进行编号和标记。

第七步，各部门将本部门摸底调查表保管期限为10年及以上的文件材料及其保管期限，以及表后附加的对应职责和对应10号令附表条款号，一并拷贝至公司文件材料归档范围和档案保管期限表样表中，列入本部门项下，并修改编号和标记，至此形成本部门文件材料归档范围和档案保管期限表。

第八步，各部门自主检验本部门文件材料归档范围和档案保管期限表的全面性。再次对照本部门文件材料摸底调查表，将表中应归档文件一一对应至本部门文件材料归档范围和档案保管期限表。登录OA系统，点选“办公业务”“公文管理”，依次进入“发文文件夹”“收文文件夹”“签报文件夹”中查看近五年形成的所有文件材料，确保这些文件材料均可依据本部门文件材料归档范围和档案保管期限表进行处置。

第九步，各部门将检验通过的本部门文件材料归档范围和档案保管期限表发送档案部门，档案汇总各部门表形成公司文件材料归档范围和档案保管期限表。档案部门汇总时，可要求各部门将本部门摸底调查表一并发送，以帮助档案部门审核各部门文件材料归档范围和档案保管期限表时作为参考。

## 二、业务类表

按照10号令要求，企业编制文件材料归档范围和档案保管期限表应该是“各类”，非仅管理类。因此，企业在编制完成管理类表后，还应按照本企业业务范围、职能活动和特点等梳理需编制的业务类表有哪些。按照《工业企业档案分类试行规则》中0~9大类的档案分类，除第5大类人事档案外，对于第4大类会计档案以及涉及本企业业务的第6~9大类生产或产品、科学研究、基本建设和设备仪器类档案均应编制相应的文件材料范围和档案保管期限表。

编制管理类表可以参照10号令附表，编制业务类表也不是“从零开始”的，也可参照国家或行业有关制度标准，例如编制科研开发类档案保管期限表可参照《科学技术研究档案管理暂行规定》（国档发〔1987〕6号），编制建设项目类档案保管期限表可参照《建设项目档案管理规范》（DA/T 28—2018），编制会计档案保管期限表可参照《会计档案管理办法》（财政部、国家档案局令第79号），《企业档案工作规范》（DA/T 42）作为指导企业档案工作的总纲，其附表中给出了0~9

大类的每一类文件材料归档范围和档案保管期限，企业在编制各类文件材料归档范围和档案保管期限表时均可参照。

除参照国家或行业制度标准外，在编制方法上，编制业务类表与编制管理类表也有着共通之处。编制管理类表从部门到职能再到具体工作流程就可以得到文件材料，编制业务类表也同样通过梳理业务环节、工作内容和具体流程得到文件材料，只是由于业务类表的系统性、关联性较强，一项业务需要分阶段进行，一个阶段可能再分多个环节，一个环节可能有几项内容，一项内容又由多个流程来完成。因此，编制业务类表时，需要一级一级向下梳理，到最低一级具体工作流程时，再按照流程环节得到文件材料。例如编制建设项目类表，一个建设项目可能分为前期准备、设计、施工、试运行、竣工等几个阶段，每个阶段又分几项工作内容，如前期准备阶段分为立项审批、勘测设计、施工准备等，完成每项内容又有几个工作环节，如立项审批分为项目规划、可行性研究、专项评价、项目核准等，由此可形成规划报告、项目建议书、可行性研究报告、专项评价意见书、项目核准意见等多种文件材料。每项报告或建议书一般还附带有一系列支撑性文件或附件。如可行性研究报告可能包括国家主管部门关于开展前期工作的通知、可行性研究阶段来往函件及纪要、项目可行性研究选址报告及审查意见、工程地质勘测报告，以及施工总布局规划、抗震、节能、工程安全等各方面专题报告及审查意见。由此可得到建设项目类表中，对于建设项目前期准备阶段立项审批的可行性研究环节形成的文件材料。

有些行业在主管部门的牵头指导下，结合档案行业标准要求，编制了本行业业务类文件材料归档范围和档案保管期限表，并由行业主管部门作为行业标准发布实施。如电力行业标准《水电建设项目文件材料收集和档案整理规范》（DL/T 1396）、《火电建设项目文件材料收集及档案整理规范》（DL/T 241）、《风力发电企业科技文件归档与整理规范》（DL/T 31021）等。从属于这一行业的企业，一般未形成比行业标准更大的归档范围，可直接将该行业标准作为本企业这项业务的文件材料归档范围和档案保管期限表，无需重复编制。中国电建以水电、火电、风电、光伏等电力建设项目为主业，总部要求对于从事电力建设项目的子企业可直接引用有关行业标准，无需编制；无行业标准或行业标准不够详尽的，应按照上述方法编制。

## 第五节　文稿报送，严格审查

按照10号令第十五条规定，企业应按资产归属关系，除指导所属企业根据有关规定规范各类文件材料归档范围和档案保管期限表的编制外，还应审批所属企业的文件材料归档范围和档案保管期限表。因此，总部组织成员企业开展编制工作的重点，除通过指导使子企业少走弯路外，还要严格把关，审查子企业是否按照指导的要求一一实现。

### 一、方案设计

编制工作是一项系统、复杂且专业性较强的工作，报送和审查工作是保证编制成果质量的关键环节。这就要求总部在开展审查工作前，要设计一套科学合理的报送和审查方案，明确报送和审查步骤、流程、审查主体和方式、审查要点及要求等，并使该方案贯穿整个报送审查工作始终。

（一）方案设计原则

第一，保证质量原则。方案设计首先要保证被审查企业保管期限表的质量，这就决定了审查程序不能太单一，保管期限表要经过多人审查。

第二，明确责任原则。方案设计要明确各审查主体的责任，不同审查主体应侧重不同的审查要点，使审查层次清晰、审查责任不重叠。

第三，易行高效原则。方案设计要有利于保管期限表的审查工作，审查流程具有可操作性，简便易行，审查效率高。

第四，可追溯原则。报送和审查的整个过程和每一个环节要可追溯。

（二）方案总体设计

报送和审查方案的总体设计可采用总部“中心化”的方式，即各企业报送的每一稿均先送总部，由总部分送对应的审查专家，专家审查完毕后形成审查意见返回给总部，总部再将专家意见送回该企业，以此循环往复。此种设计的好处是总部作为成员企业开展编制工作的上级组织单位，可及时掌握各企业开展此项工作的情况，使整个报送和审查过程可控，责任可追溯。

### （三）审查方案的具体设计

审查方案的总体设计可采用“三审制”，即设计初审、主审、终审三个环节，由不同的审查主体关注不同的审查要点，有侧重地提出审查意见，通过前一环节审查后进入下一环节。具体见图5。

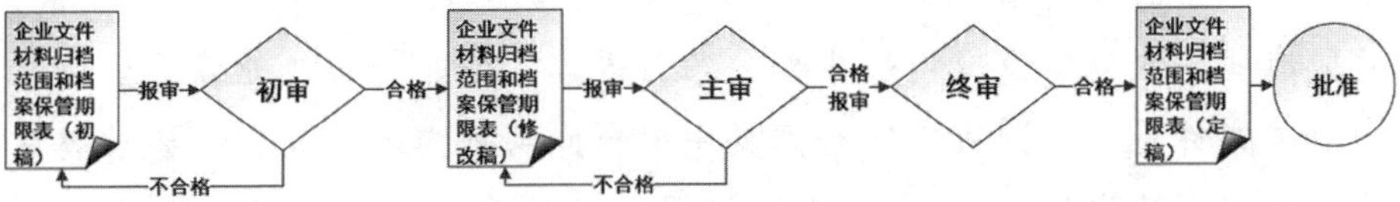


图5 “三审制”审查流程图

初审，采用多轮审查方式，重点审查保管期限表的完整性。按照企业的经营范围，侧重审查该企业编制的各类文件材料归档范围是否完整；初步审查保管期限表的规范性，包括文件材料分类是否合理、保管期限划分是否准确等，提出修改意见。经过多轮修改，通过初审的保管期限表进入主审环节。

主审，采用多轮审查方式，对初审意见进行复核并确认，重点审查保管期限表的规范性和准确性。对通过初审的保管期限表在整体框架、逻辑结构、条目设置、语句描述、期限界定等方面进行全面把关和审查，如各类文件材料归档范围是否有类间交叉、多层级的条目上下位间的逻辑关系是否清晰合理、条目语义是否表述清楚并细化、保管期限划分是否准确、容易遗漏的几类文件材料是否列入等，提出修改意见。经过多轮修改，通过主审的保管期限表进入终审环节。

终审，采用单轮审查方式，对主审意见进行复核和确认，结束对保管期限表的审查。

## 二、审查要点

保管期限表的审查包括形式审查和内容审查，审查时应抓住关键点进行，为叙述方便，下面以企业管理类保管期限表为例，详细叙述审查工作中的要点及方法。

### （一）完整性审查

完整性审查是指审查保管期限表条目设置是否达到两个“全覆盖”，即全覆盖10号令附表中的内容、全覆盖企业各项职能或业务部门的工作职责和业务流程。审查时，可通过计算机检索关键词及同义词等方式，将10号令附表中的18大项及项下300余小项与保管期限表中的条目一一对应，确保保管期限表中已列入10号令附表的共性内容；同时，将职能或部门职责与保管期限表中的条目逐一对应，确保每项职能或职责产生的文件材料均已列入。对于全覆盖10号令附表中的要求，可能有些企业确实没有附表中部分条目内容，如非上市企业确无企业上市有关文件材料，则可在审查意见中提出此部分内容缺失，并要求被审企业作出反馈说明。对于全覆盖企业各职能或业务部门工作职责的要求，职能或部门职责产生的文件材料则应全部列入，即使当前尚未开展有关工作，也应要求其预见性地将可能产生的文件材料列入归档范围。

**（二）规范性审查**

审查保管期限表的规范性，首先是称谓的一致性。如有的保管期限表中出现“文件”“材料”“文字材料”“资料”等，审查时应提出统一修改为“文件材料”；如有出现“子企业”“成员企业”“所属企业”“下属企业”“二级企业”“下级单位”“所属二级单位”等称谓，审查时应提出修改为规范称谓或统一称谓。

其次，概念的规范性，即上位条目描述的中心语是“文件材料”，下位列出各项的中心语也一定要是“文件材料”或指向文件材料。例如，原描述：“1.1公司总经理办公会、党政联席会”，审查时应提出修改为：“1.1公司总经理办公会、党政联席会文件材料”。原描述：“2.1党风廉政建设工作文件材料2.1.1党风廉政建设责任制”，审查时应提出修改为“2.1党风廉政建设工作文件材料2.1.1党风廉政建设责任书”

再次，语句描述要规范。语句描述尽量采用与10号令一致的描述方式，10号令中描述“企业设立”，保管期限表中就尽量使用“设立”，而不使用“成立”“创立”“开办”等方式描述。10号令使用文件材料名称+“等……文件材料”的列举方式描述，保管期限表中就尽量不使用括号备注、“包括”补充说明等方式，如：“档案业务培训文件材料，包括：培训通知、人员名单、签到表、课程安排、培训成果、照片、录音录像等”，审查时应提出修改为“档案业务培训通知、人员名单、签到表、课程安排、培训成果、照片、录音录像等培训文件材料”。

第四，条目设置要规范。如上位条目设置有下位条目，则下位条目个数应≥2个，若下位条目确实仅有一个，则应将其与上位条目合并描述。例如：

5　技术中心

5.1 技术管理体系文件材料

5.1.1 技术管理制度、办法等

5.2　技术总结

5.2.1 各项目技术管理总结

审查时应提出修改为：

5　技术中心

5.1 技术管理制度、办法等管理体系文件材料

5.2 各项目技术管理总结

5.3 技术标准化总体规划、年度计划等文件材料

**（三）保管期限审查**

审查保管期限表的保管期限，注意按照“以‘我’为主”“以人为本”“资产为重”“追责为重”“总结重要”等原则，确保与人、与资产、与资本、与法律责任有关的文件材料的保管期限划为永久。同样内容的文件材料，如由本企业产生，则比外单位产生的重要，如本企业机构调整文件材料和下属企业报来的机构调整文件材料，则应将本企业的划为永久，下属企业的可划定期。至于“总结重要”，按照“企业——部门——职能——具体工作”划分总结层级，应将职能及以上层级的总结划为永久，具体工作总结可划定期。如未将“公司工作总结”“办公室工作总结”“档案工作总结”划为永久的，审查时应提出划为永久，因为这些总结属于企业、部门和职能层级工作总结。“档案业务培训工作总结”属具体层级工作总结，如已划为永久，审查时可提出划为定期。

审查时还要注意10号令随着国家经济体制改革的深化和国家对企业监管方式、方法以及监管重点的变化作出的新的调整，调整后的10

号令要求将保管期限表中的规章、制度类档案一律划为永久，并注意审查10号令附表中涉及资产、资本等的个别原划30年的档案调整为永久。

（四）架构审查

第一，审查保管期限表的整体架构要求与10号令附表的整体架构相一致。10号令附表将企业产生的管理类文件材料按照职能分为18大项，其中第1~4大项为企业生命周期过程或组建过程产生的文件材料，包括企业注册成立、投资者关系、资产管理等。第5~18大项为企业经营管理活动过程产生的文件材料，包括会议、对外交往、职能活动等。各职能之间或职能内部均按照从重要到一般、从共性到个性的逻辑关系排列。例如会议产生的文件材料，先列决策会议，对一个企业来说，决策会议是决策企业重大事项的，是最重要的会议；再列工作会议，企业年度工作会议是对企业全年工作进行总结的重要会议；最后列承办会议，按照“以‘我’为主”的原则，承办会议是企业承办的外来会议，相对企业自办会议较为次要。

审查按照职能体例编制的保管期限表时，注意审查保管期限表的整体架构要与10号令附表中的逻辑顺序一致。审查按照部门体例编制的保管期限表时，应先按照部门的先后顺序搭好框架，注意审查在各部门内部由不同职能产生的文件材料，也要按照10号令附表的逻辑关系进行排列。如办公室职能包括企业注册设立、会议、对外交往、行政管理等，则也应将这几项职能分别对应到10号令附表的相应位置，在部门保管期限表中照此体现逻辑关系和顺序。

第二，审查多部门承担同一职能形成文件材料的归属要明确。对于多部门承担同一职能的情况，一种是多部门就此职能同时开展工作，审查时要先明确各部门分别在这项职能中发挥了哪些作用，各自产生的文件材料有哪些，注意审查这些文件材料是否可区分并列入了相应部门的相应职能下。例如一个企业的董事会下设战略管理委员会，战略发展部负责战略管理委员会的日常事务。当战略管理委员会召开会议时，董事会办公室及战略发展部均负责会议筹备工作，其中董事会办公室负责会议组织和会务保障工作，战略发展部负责会议材料撰写工作。审查时应注意这两个部门是否对各自在召开战略管理委员会会议工作中产生的文件材料进行了区分，并分别列入了本部门“公司战略管理委员会会议文件材料”项下。另一种是多部门就此职能先后开展工作，审查时要先依据该职能的工作流程，厘清这些部门之间的工作关系，各部门分别在什么环节什么层面上发挥作用，各自产生的文件材料有哪些，注意审查这些文件材料是否列入了相应部门的相应职能下。例如一个企业就下级企业分属的不同业务板块设立事业部，下级企业将人事任免请示文件报送事业部，事业部拟写内部签报，经企业领导同意后报送人事部，人事部按照领导批示意见批复事业部，事业部转批下级企业。可见，事业部和人事部均对下级企业的人事任免职能开展工作，但处于工作的不同环节，且有前后的承继关系。审查时应注意这两个部门是否将人事任免工作中产生的文件材料分别列入了本部门“下级企业人事任免文件材料”项下。

第三，审查条目间的上下位关系要合理。上位条目与下位条目间应为完全的“包含”与“被包含”关系。不论按照职能体例还是按照部门体例编制的保管期限表，一项职能产生的文件材料无外乎规章制度、总结计划、会议培训、具体事务处理及其他文件材料五类。上位条目列出职能+“文件材料”，下位条目则应分别列出职能+规章制度、总结计划、会议培训、具体事务处理及其他文件材料。例如：

1 办公室

……

1.7 档案工作文件材料

1.7.1 档案工作制度、规定、办法、总结等文件材料

1.7.2 档案工作计划

1.7.3 档案工作会议、培训通知、日程、签到表、领导讲话、录音录像、培训成果、总结等文件材料

1.7.4 建设项目、产品研制、科研档案验收文件材料

1.7.5 档案利用登记表、审批表，统计年报

……

## 三、报送审查的步骤和方法

### （一）召开专家会议，明确审查分工

为落实审查方案设计，总部要组织召开审查专家会议，明确审查流程和分工，提出审查要求。在专家初审环节中，专家和总部之间可按照以下分工和要求审查。

一是专家审查管理类表。

要将所有条目与10号令附表对照，将10号令附表条目号标注于最后一栏，提出10号令中有但管理类表中没有的条目号和保管期限不符合要求的条目号；将所有条目与企业内设机构职责一一对照，并将职责条目编号标注于最后一栏，提出有职责但无文件材料的条目号，并提出保管期限建议；审查表内条目逻辑结构、排列次序；形成修改意见。

二是专家审查会计类表。

要将所有条目与《会计档案管理办法》（财政部、国家档案局令第79号）对照，形成修改意见。

三是专家审查科技类表。

要结合企业主营业务范围，相应对照《建设工程文件归档规范》（GB/T 50328）、《建设项目档案管理规范》（DA/T 28）、《水电建设项目文件收集与档案整理规范》（DL/T 1396）、《火电建设项目文件收集及档案整理规范》（DL/T 241）等各项国家及行业规范、标准，审查所有条目，形成修改意见。

四是专家负责表间审查。

进行以上内容的审查时，要对各类《表》条目重复、归属类别不清、保管期限矛盾等问题进行表间审查。

五是专家形成初审意见。

汇总各类文件材料归档范围和档案保管期限表的修改意见，形成初审意见，发送总部。初审意见要注意命名规范，统一采用“单位编号+单位名称+版本+意见”，如收到文件命名为“15某水电工程局有限公司一稿”，则返回意见命名为“15某水电工程局有限公司一稿意见”。

六是总部负责通知企业修改。

办公厅将初审意见发送企业，通知企业修改，限时再报。对修改意

见较多的企业，可约见面谈。

七是通过初审。

经过单轮或多轮以上步骤，直至通过初审。由专家填写《成员企业文件材料归档范围和档案保管期限表审查表》（见表 8），填写企业名称，勾选表格类别，填写初审意见并签字后，扫描为 PDF 版，连同通过初审的文件材料归档范围和档案保管期限表一并发送办公厅。初审意见中可对该企业文件材料归档范围和档案保管期限表的整体印象、内容完整性、保管期限准确性、条目规范性等方面进行评价，并写明是否通过初审。

**表 8　成员企业文件材料归档范围和档案保管期限表审查表**

| | |
|---|---|
| 企业名称 | |
| 表格类别 | □管理类　　□会计类　　□科技类 |
| 初审意见 | （通过初审，请集团公司办公厅主审。）<br>签名：<br>年　　月　　日 |
| 主审意见 | （通过主审，请办公厅领导终审。）<br>签名：<br>年　　月　　日 |
| 终审意见 | 签名：<br>年　　月　　日 |

（二）组织专家培训，统一审查尺度

考虑到不同的专家审查表的尺度可能不一，即使是同一个表，不同的专家可能给出的意见差别也较大。总部在组织专家开展审查工作时，要先对专家进行培训，对审查要点进行明确，对审查尺度的宽严进行统一。为保证工作进度，要求专家在收到表后5个工作日内完成单一稿的审查。为尊重各企业表的原始性，各专家在审查时不予直接在原稿上修改，对于第一稿、存在问题较多的稿、归档范围不全的稿等均应单独形成审查意见（Word版），仅保管期限不准确的稿可在原表（Excel版）后增加列，注明修改意见。

（三）制作参考范本，便于形成意见

为防止不同专家形成的审查意见关注点不一，形式多样，总部可在指导成员企业开展编制过程中，收集成员企业提出的各类问题，结合指导的内容要求，提炼出意见范本，供专家参考。范本的主要内容包括以下几点：

首先，共性问题。这是在企业报送的保管期限表中容易出现普遍性问题，主要包括：一是内容结构问题，将不属于企业管理类的文件材料列入管理类表，如会计凭证、账簿和人事档案范围的文件材料，或条目设置无法概全公司组织机构及职责设置，即条目缺失等。二是规范性问题，如文字表述规范，缺少中心语、重复、歧义等；错别字或编号错误；表格格式要求层累制，并不要超过四级；称谓不统一等。三是条款类目设置，存在类目重叠或类目交叉等问题，排列逻辑混乱，如应将重要类目放置在前，次重要类目放置在后，即按照永久、30年、10年排列。四是保管期限有误，存在部分条目的保管期限不合理、个别条目未填写保管期限等问题。在“以人为本”“资产为重”“追责为重”“总结重要”等原则下，所有涉及人的奖惩、工资、照片等一律划为永久，所有涉及资产或资本的文件材料一律划为永久，所有制度、办法类的文件材料一律划为永久，对于职能级及以上的总结一律划为永久。五是未具体细化，存在“重要的”“一般的”“其他”等模糊词语，未达到精细化要求的。六是遗漏重要文件，包括：保密专项检查记录、保密资格认证过程文件材料、资本经营工作文件材料、客户管理工作文件材料、信息化工作文件材料、人力资源工作中劳动合同、招聘、培训等文件材料、人员处分方面文件材料、保密管理文件材料、风险与内控管理工作文件材料、社会责任工作文件材料、“三重一大”工作文件材料、企业文件建设工作文件材料等。

其次，个性问题。这是将每一家企业表与10号令附表、企业部门职能比照后，提出的有针对性的修改意见。企业应据此补充保管期限表相关内容，并在意见后注明修改的过程或内容，对于提出的无须修改的条目，要详细说明原因。由于修改意见为Word文档，各企业可用Word修订状态下的自动标识修改功能。对照10号令附表缺失部分修改意见见表9，对照职能缺失部分修改意见见表10。

**表9　对照10号令附表缺失（节选）**

| 序号 | 归档范围 | 保管期限 | 修改结果 |
|---|---|---|---|
| 3.3.1 | 上市辅导和准备阶段形成的文件材料 | | 本企业无此类文件材料 |
| 3.3.1.1 | 评估报告、审计报告、承销商出具的核查意见，股票发行上市辅导汇总报告、发行人律师意见书，律师工作报告、股东大会决议、董事会通过的资金运用方案决议、固定资产投资项目建议书、招股说明书及发行公告（含财务报告、盈利预测报告） | 永久 | |
| 3.3.1.2 | 与中介机构签订的上市辅导协议、尽职调查材料 | 30年 | |
| 3.3.2 | 发行申请书、证监会核准文件材料、审核过程中提出的审核反馈意见 | 永久 | |
| 3.3.4 | 上市推荐书、上市公告书、确定股票挂牌简称的函 | 永久 | |
| 3.3.5 | 股票首次发行过程中形成的其他文件材料 | | |
| 3.3.5.1 | 重要事项 | 永久 | |
| 3.3.5.2 | 一般事项 | 30年 | |
| 3.3.6 | 股票增发、配股文件材料 | 永久 | |
| 3.3.9 | 债权融资文件材料 | 永久 | |

续表

| 序号 | 归档范围 | 保管期限 | 修改结果 |
|---|---|---|---|
| 4 | 本企业资产管理文件材料 | | 已补充 |
| 4.3 | 本企业其他债权、债务登记文件材料 | | 已补充 |
| 4.3.1 | 重要的 | 永久 | |
| 4.3.2 | 一般的 | 30年 | |

**表10　对照职能缺失(节选)**

| 部门 | 职　　能 | 修改结果 |
|---|---|---|
| 办公室 | 1.负责牵头组织拟订公司基本管理制度;<br>2.负责公司年度月度重点工作计划编制、会议调研计划管理,督查督办公司重大决定事项;<br>10.牵头负责本专业信息化工作,做好本专业队伍建设和业务培训工作。 | 已补充 |
| 党委工作部 | 8.牵头负责本专业信息化工作,做好本专业队伍建设和业务培训工作;<br>2.负责公司企业文化活动项目组织实施,组织和外界企业的文化交流工作。做好企业文化教育工作,加强企业文化人才队伍建设和业务培训;<br>3.负责公司核心价值理念及其体系的宣贯、推广工作,指导、督促公司企业文化分支文化和成员企业子文化建设,参与公司企业文化发展战略的制定。 | 已补充 |
| 人力资源部 | 2.负责与上级或地方政府人力资源与社会保障等部门的工作对接、沟通协调、信息上报工作;<br>3.负责公司中层及以下行政干部的管理,负责总部机关人员管理,负责公司专业人才队伍管理建设工作,办理公司机构成立、撤销及干部推荐、考核、竞聘、聘用、解聘等工作。 | 已补充 |

其他修改意见参见Excel表中。此处要求各企业报送审查的文件材料归档范围和档案保管期限表为Excel文档，便于在与10号令附表、与部门职能对照过程中，专家审查时可方便地应用Excel的检索功能，同时Excel还自带多列表格，对表格的处理也比Word更为专业和便捷。

**（四）经过多轮修改，出具初审意见**

初审经过多轮审查和修改完善，专家形成初审意见，示例如下：

该单位编制的文件材料归档范围和档案保管期限表，内容完整、层次清晰、格式规范、条目准确，保管期限确定适宜。

准予通过初审，请集团公司办公厅主审。

此意见经专家签字后，扫描为PDF文档，连同通过初审的保管期限表通过邮箱一并发送办公厅，意为此表已通过初审。

**（五）通过专家初审，准备进入主审**

子企业文件材料归档范围和档案保管期限表通过专家初审后，将进入办公厅主审阶段。办公厅主审前先将通过初审的表发送子企业，请子企业按以下要求自行检查并作通篇修改或调整，此环节是为主审做准备，可称为“预主审”环节。具体修改意见如下：

1. 将《表》中出现“文件”“材料”“文字材料”“资料”等统一为“文件材料”。

2. 将《表》中出现“子企业”“成员企业”“所属企业”“下属企业”“二级企业”“下级单位”“所属二级单位”等统一使用规范称谓。

3. 除10号令允许的“收文”范围外，将所有按“来源”描述的条目一律修改为按“职能”描述。

例如：

原表述——1.1.6 上报股份公司的文件

改　为——将文件列入相应的工作职能

4. 注意条目描述的是否为“文件材料”，将描述为“职能”“制度”等其他内容的条目修改为“文件材料”或指文件材料。

例如：

原表述——1.1 公司总经理办公会、党政联席会

改　为——1.1 公司总经理办公会、党政联席会文件材料

原表述——2.1 党风廉政建设工作文件材料

2.1.1 党风廉政建设责任制

改　为——2.1 党风廉政建设工作文件材料

2.1.1 党风廉政建设责任书

5. 如有下位条目，则下位条目个数应≥2个；并且上下位条目间应为“包含”与“被包含”的关系。

6. 条目描述中应明确归档文件范围界限，尽量不用“相关”“有关”“其他”等模糊词汇。

7. 将条目中用括号、“，包括……”等备注文件材料名称的描述方式，修改为：文件材料名称+“等……文件材料”的方式描述。

例如：

原表述——1.9 档案工作文件材料

1.9.7 档案业务培训文件材料，包括：培训通知、人员名单、签到表、课程安排、培训成果、照片、录音录像等

改　为——1.9 档案工作文件材料

1.9.7 档案业务培训通知、人员名单、签到表、课程安排、培训成果、照片、录音录像等培训文件材料

8. 仔细阅读《企业文件材料归档范围和管理类档案保管期限表编制方法（10号令解读之五）》，并按照要求修改相关内容。具体参见http://www.saac.gov.cn/xxgk/2016-03/09/content_132326.htm

9. 调整表中非管理类文件材料条目，将其列入相应门类文件材料归档范围表中。科技、会计、人事等门类档案只列其中的管理类，如项目前期管理文件材料、会计报告、劳动合同等。

10. 将公司及各部门工作总结及计划列入相关部门。

除以上修改内容外，由于保管期限表经过了多稿修改，原始稿的排版已面目全非，在排版要求上，还请子企业按照以下要求进行调整：

1. 表头名称为“……公司管理类文件材料归档范围和档案保管期限表”，公司名称使用全称。设置方正小标宋简体，20号，居中。

2. 表格三列宽度适当，确保可于A4纸纵向打印。

3. 表格行高38像素（约1厘米），对多于二行的条目个别调整至

适当行高，确保条目完全显示。

4. 表头“序号”“归档范围”“保管期限”设置黑体，14号，居中。

5. 表中一级条目设置黑体，12号，居左。

6. 表中二级及以下条目设置宋体，12号，居左；二级条目加粗。

7. 保管期限全列居中。

8. 插入页码“第＊页，共＊页”。

9. 删除表格底色及专家初审附加内容。

（六）出具主审意见，终审确认通过

主审针对具体条目，逐条对照要点，全面检查表的完整性、规范性等。具体见附录。此环节的保管期限表也同样经过多轮审查和修改，最终对通过审查的保管期限表形成主审意见，示例如下：

《××公司文件材料归档范围和档案保管期限表》按照公司档案专家初审意见修改＊稿、办公厅主审意见修改××稿后形成第××稿，基本符合国家档案局《企业文件材料归档范围和档案保管期限规定》（国家档案局令第10号）要求，准予通过主审，请指导与审查小组领导终审。

最后将通过主审的保管期限表报请有关领导签字确认，至此完成此企业文件材料归档范围和档案保管期限表的审查工作。

（七）把控审查进度，做好往返记录

对于需要指导和审查的子企业数量较多、审查工作不完全由上级审查单位完成的集团公司来说，为了掌握工作推进进度，了解报送和审查情况，总部还需制作子企业报送保管期限表与专家审查往返记录表（表样见表11），并做好每笔记录。

表11　子企业报送保管期限表与专家审查往返记录表（表样）

| 序号 | 企业名称 | 一稿收 | 一稿发 | 意见收 | 意见发 | 二稿收 | 二稿发 | 意见收 | 意见发 | 三稿收 | 三稿发 |
|---|---|---|---|---|---|---|---|---|---|---|---|
| 1 | 甲公司 | | | | | | | | | | |
| 2 | 乙公司 | | | | | | | | | | |
| 3 | 丙公司 | | | | | | | | | | |

由于总部要求子企业报送保管期限表是通过邮箱的方式报预审，则表中应根据邮箱收到该表邮件的时间记录往返日期，如甲公司于2017年3月1日报送一稿，总部收到后于3月2日将一稿转发审查专家，专家于3月6日返回一稿审查意见，总部于3月7日将一稿审查意见转发甲公司。则总部将这4个日期分别记录于甲公司的“一稿收”“一稿发”“意见收”“意见发”，以此类推。对于进入主审环节的保管期限表，由于不再转发专家审查，可仅于“*稿收”“意见发”处记录日期，中间划“—”表示。对于进入终审的保管期限表，可用特殊颜色对终审日期作出标记，以示此家企业保管期限表已通过审查。

## 四、审查常见问题

### （一）内容重复交叉问题

管理类档案中涉及部分内容与科技档案、专门档案等其他门类有交叉的，审查时要注意提出将存在交叉内容的档案同时列入不同门类档案的保管期限表，以保证各门类档案保管期限表的完整性，但在实体档案的整理、保管工作中可灵活处理和应用。

### （二）非独立法人单位问题

对于下设分公司、项目部等非独立法人单位的企业，审查时要根据实际情况确定审查方式，可将其非独立法人单位视同本企业的一个职能或业务部门，与本企业保管期限表一同审查；也可将非独立法人单位视为本企业所属的一个立档单位，要求该单位独立编保管期限表并报审。

### （三）条目描述模糊问题

作为指导文件材料收集的规范性文件，保管期限表内条目描述应尽量清晰明确。审查时应对使用了“相关”“有关”“其他”“一系列”“重要的”“一般的”等模糊文字的条目提出修改，否则会降低保管期限表的实用性和可操作性，导致归档和鉴定中出现扯皮、推诿等现象。

### （四）易缺失文件材料问题

在按职能和工作流程梳理文件材料归档范围的过程中，容易丢失部分文件材料，包括企业或部门工作计划和总结、“三重一大”事项文件材料、企业营业执照年检提交工商行政管理部门的网上公示信息、企业门户网站信息及其审批文件材料等。审查时，应对以上文件材料是否纳入归档范围给予重点关注。

(五) 非纸质载体材料归属问题

10号令附件表中的“18 各种非纸质载体、介质及实物形式的文件材料”容易笼统地列入保管期限表中，例如将无法输出纸质或无纸质的二维、三维、数据库类电子文件、各种有保存价值的实物和其他各种非纸质载体、介质文件材料集中堆列在保管期限表的最后或档案部门归档范围中。审查时要注意提出这些文件材料也应同纸质文件材料一样，列入产生这些文件材料的职能项下并细化。

## 第六节　批复实施，拓展应用

### 一、正式报批

通过审查的子企业文件材料归档范围和档案保管期限表需要通过报送正式的请示文件才能获得总部审批。正式文件中应写清楚几项内容：一是子企业开展编制工作的依据，即按照什么要求开展的此项工作；二是子企业保管期限表已通过预审，要报送正式文件并请总部给予批复。对于行业标准已发布业务类文件材料归档范围和档案保管期限规定的企业，可以将该类别文件材料归档范围和档案保管期限的执行指向该标准。为帮助子企业写清楚上述文件要素，总部在以电子邮件形式通知子企业报送请示时附带有以下内容（见图6），供子企业参考拟文。

按照集团公司《关于开展成员企业文件材料归档范围和档案保管期限表编制工作的通知》要求，我公司编制了《××公司管理类文件材料归档范围和档案保管期限表》（见附件1），并已通过集团公司预审。我公司非管理类文件材料归档范围和档案保管期限按照国家和行业有关规定执行（具体见附件2）。

现将通过预审的《＊＊公司管理类文件材料归档范围和档案保管期限表》及非管理类文件材料归档范围和档案保管期限执行标准呈送集团公司，请予审批。

图6　请示样本

总部在批复中应给予子企业文件材料归档范围和档案保管期限表符

合10号令要求并批准实施的肯定。子企业在收到总部批复后，应于企业内部以制度的形式印发此表，并贯彻实施。

## 二、拓展应用

企业文件材料归档范围和档案保管期限表在应用中，首先应纳入企业内部档案工作制度体系中，确立其权威性以严格执行。同时将此表嵌入OA、ERP、PDM等企业前端业务系统和电子档案管理系统中，一方面使文件归档成为其中必要的环节或流程，由计算机来自动识别和提示哪些文件属于归档范围，实现信息系统对文件材料归档流程的控制作用；另一方面，通过前端业务系统生成电子文件的题目关键字段与保管期限表进行比对，对归档文件的保管期限作出初步判断，实现计算机辅助的智能鉴定。这种方式从制度和技术两个方面保障了归档文件材料的齐全、鉴定的科学准确，推动了归档工作的规范化和有序化。

这样的归档管理模式要求电子档案管理系统必须具备两种功能，一是可接收来自企业其他业务系统中生成的电子文件，当有新文件归档时系统自动提示；二是可对前端业务系统生成电子文件的题目进行切分，提取其中的关键字段并进行比对，通过与保管期限表条目的相似度计算，初步判断出归档电子文件的保管期限，再由档案员对系统给出的保管期限进行人工确认。但在实际工作中，上述第二个功能在前端业务系统或电子档案管理系统中是不容易实现的，它不但要求系统具备强大的分词和比对功能，更要使保管期限表的条目表述为计算机可识别的语法方式，这就对保管期限表的质量提出了更高的要求。

这种做法实质上是利用计算机技术实现对企业电子文件收集的前端控制，将常规批量收集和平时零星积累相结合，促使文件材料的归档转变为日常事务性工作，有助于增强企业档案意识，使档案人员与文件形成者之间的联系更加紧密，档案部门能够积极融入企业其他管理活动中，推动企业档案工作方式、方法的改革创新，实现由手工管理向现代化管理方式转变。

目前有些企业已对文件材料归档范围和档案保管期限表的拓展应用进行了初步探索，将通过审查的表以“部门—职能—具体工作流程”文件材料的树形结构嵌入OA系统（见图7）。

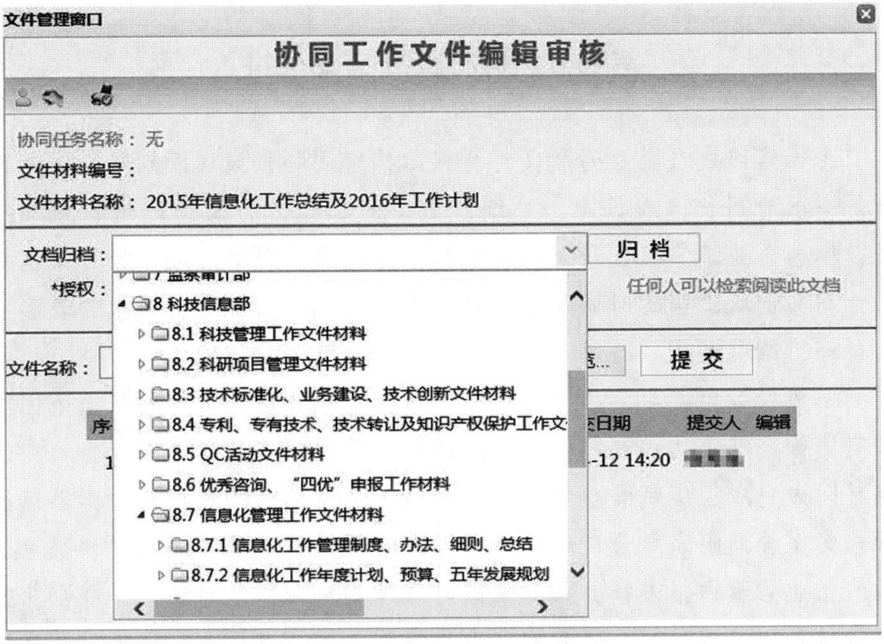


图7　企业文件材料归档范围和档案保管期限表嵌入OA系统图

文件形成者在起草时，即对文件属于本部门哪项职能或哪个工作流程产生的文件材料进行选择，系统对应生成保管期限，以此初步实现对业务系统电子文件归档管理的前端控制（见图8）。

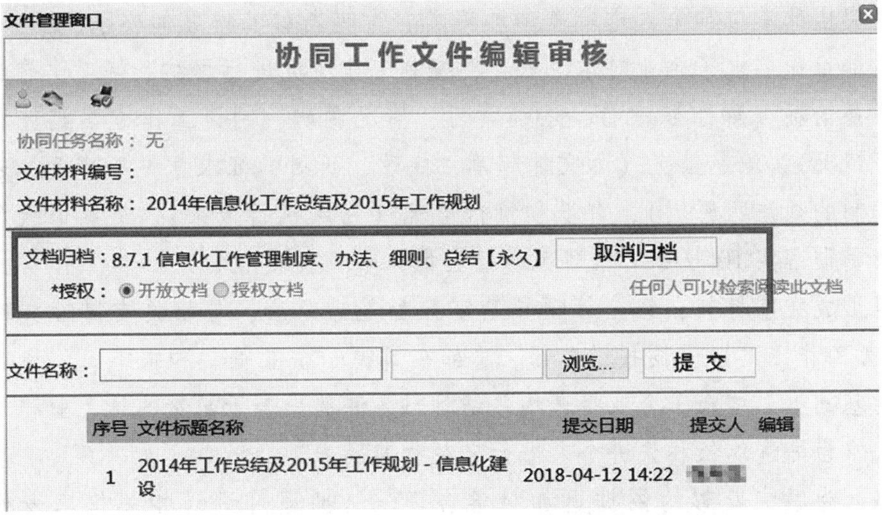


图8　业务人员选择文件归档类别并生成保管期限图

## 第七节　情况通报 表彰先进

由于组织成员企业开展文件材料归档范围和档案保管期限表编制工作是一项时间长、人员多、系统、复杂的工作，为表扬先进、激励后进，使各企业编制工作得以顺利进行，总部应按照制定的工作方案和推进计划，选取适当的时间节点，对各企业的执行情况进行通报和表彰。

### 一、情况通报

一般以一年或半年为一个周期，对子企业开展文件材料归档范围和档案保管期限表的编制和报审情况进行汇总通报，明确哪些子企业在规定时间内完成了编制和报审工作，哪些子企业编制的文件材料归档范围和档案保管期限表质量较好。对在规定时间内高质量完成编制和报审工作的企业给予通报表扬，并要求做好后续实施工作，启动下一级企业文件材料归档范围和档案保管期限表的编制工作。对于未按规定时间完成编制和报审工作的子企业要加快进度，并确保高质量地完成工作任务。

### 二、表彰先进

当组织成员企业开展文件材料归档范围和档案保管期限表编制工作接近尾声或全部结束后，总部应当进行全面总结，并对在此项工作中表现突出的单位和个人进行表彰和奖励。为使表彰工作更加公平、公正，总部可先要求子企业对本企业开展编制工作情况进行总结，将工作前期准备情况（如组织准备、培训学习、情况调研、制订工作方案或计划等情况）、编制情况（如文件起草、修改、研讨、征求意见等情况，未编制的须注明原因）、审批和执行情况（注明执行效果）、组织下级企业贯彻落实10号令工作情况、经验做法和意见建议、下一步工作安排等形成文字材料，经分管领导签字并加盖公章后，与相关支撑性文件（如工作方案）一同报送总部。总部在掌握子企业编制和报审工作情况的基础上，结合子企业报送的总结材料，评选出若干数量的子企业和个人作为先进单位和先进个人进行表彰和奖励。

为了使表彰的依据更加科学合理，总部还可设计相关信息表格（Excel版）获得量化数据。如《企业贯彻落实10号令工作情况表》

(见表12)及其子表(见表13),请子企业按照邮件往来时间填报,并注明表中的“稿数”及其日期均以报送的合格稿计算,不合格稿等同于未报。

**表12　企业贯彻落实10号令工作情况表**

| 企业名称(全称) | 要求报送初稿日期 | 实际报送初稿日期 | 修改稿数 | 修改天数合计 | 报送正式文件日期 |
|---|---|---|---|---|---|
| ××公司 | 20171030 | 20171107 | 8 | 197 | 20181119 |
| 具体工作负责人 | 报送使用邮箱 | | 联系电话(手机) | | 备注 |
| 略 | 略 | | 略 | | |

**表13　企业贯彻落实10号令工作情况子表**

| 稿数 | 报送日期 | 返回日期 | 修改用时 | 备注 |
|---|---|---|---|---|
| 第一稿 | 2017-11-7 | 2017-12-18 | 115 | |
| 第二稿 | 2018-4-12 | 2018-6-19 | 41 | |
| 第三稿 | 2018-7-30 | 2018-8-21 | 3 | |
| 第四稿 | 2018-8-24 | 2018-9-17 | 4 | |
| 第五稿 | 2018-9-21 | 2018-9-26 | 11 | |
| 第六稿 | 2018-10-7 | 2018-10-15 | 21 | |
| 第七稿 | 2018-11-5 | 2018-11-7 | 2 | |
| 第八稿 | 2018-11-9 | | 0 | 通过 |
| 第九稿 | | | 0 | |
| 第十稿 | | | 0 | |
| 合计 | | | 197 | |

实际上，《企业贯彻落实10号令工作情况表》与其子表是相关联的，子表填入的是每一稿报送和返回的时间，由Excel软件自动计算修改用时并作为“修改天数合计”数据填入《企业贯彻落实10号令工作情况表》中。这项数据结合“修改稿数”对于评选先进个人有一定辅助依据作用，因为修改稿数和天数越多，一定程度上说明这项工作的具体负责人越没有深入学习10号令或工作态度不认真，反之亦然。另外，《企业贯彻落实10号令工作情况表》中“要求报送初稿日期”“实际报送初稿日期”和“报送正式文件日期”三项数据对评选先进单位有一定辅助依据作用，两个报送初稿日期的对比可确定该单位是否按规定时间报送了初稿；在按期报送初稿的企业中再结合“报送正式文件日期”的先后，最先一定数量完成编制和审查工作并达到10号令各项要求的企业最可能成为先进单位。

## 第八节　心得体会

要做好组织成员企业编制文件材料归档范围和档案保管期限表这样一项时间长、范围广、专业程度高的工作，首先，一定要做好前期的准备，包括成立有关机构、明确工作责任、制定工作方案等。上级组织单位要对总体工作进行科学地规划并论证，对于总部及各企业要干什么、先干什么后干什么，务必做到心中有数。其次，总部对各企业开展这项工作要及时指导到位，一定要确保各企业在深入理解10号令条款要求的前提下开展工作，切不可任其自行摸索，一旦方向错了，工作即回归原点。最后，对于成员企业较多的集团公司来说，一定要先抓试点，在总部有限的人力资源下，充分发挥试点单位的示范引领作用，再以点带面，全面实施。

### 一、周密组织，明确责任

企业文件材料归档范围和档案保管期限表是开展企业档案工作的重要基础，对于提高档案资源质量具有重要意义。总部要顺利完成指导和审查工作，首先应在总体规划、工作部署和组织方面下功夫。一是要建立指导与审查工作机构，应成立相应的领导小组和工作组，以保证工作的推进、落实，及时解决编审工作过程中遇到各种问题。二是要在了解各编制企业实际的基础上，对整体工作进行规划，制定科学合理工作方案和计划，并以企业红头文件形式印发。

**二、细化要求，加强指导**

10号令只提供了企业编制文件材料归档范围和档案保管期限表的依据和要求，对编制工作进行了原则性规定，在实际工作中，还需要结合企业实际进一步细化，这就需要上级主管单位加强对子企业开展编制工作的指导，帮助子企业少走弯路。通过集中组织专题培训会、研讨会等形式，上级主管单位要对10号令各项条款及编制工作的方法、步骤和编制过程中容易出现的问题进行权威、详细地讲解和指导，并配发有关指导书籍和材料，供子企业学习、参考。此外，还可利用现代化信息手段，建立专门的QQ、微信交流群，便于各企业在开展编制工作中对遇到的问题进行实时沟通和交流。

**三、示范引领，有序推进**

对于组织多家成员企业开展文件材料归档范围和档案保管期限表编制工作，因企业实际情况各异，可在相近或相似业务类型的企业中，选择有代表性的企业作为这类企业的试点先行开展编制工作。在上级主管单位“手把手”的业务指导下，先形成几家企业文件材料归档范围和档案保管期限表，然后将这几家企业的做法形成示范，再以点带面，全面铺开，形成的文件材料归档范围和档案保管期限表也可作为范本提供借鉴。这样，不仅解决了有些企业对于编制工作无从下手的难题，也基本统一了表格的标准和模式，为下一步审查工作的顺利进行奠定基础。

# 附　　录

## 附录一

# 国家档案局令

**第 10 号**

**《企业文件材料归档范围和档案保管期限规定》已经国家档案局局务会议审议通过，现予公布，自2013年2月1日起施行。**

**局　长　杨冬权**

2012年12月17日

# 企业文件材料归档范围和档案保管期限规定

**第一条** 为便于企业正确界定文件材料归档范围，准确划分档案保管期限，促进企业依法经营和规范管理，根据《中华人民共和国档案法》《中华人民共和国档案法实施办法》，制定本规定。

**第二条** 本规定所指的企业文件材料是指企业在研发、生产、服务、经营和管理等活动过程中形成的各种门类和载体的记录。

**第三条** 各级档案行政管理部门依照企业资产关系分别负责对企业文件材料归档范围和档案保管期限表编制工作进行业务指导和监督。

**第四条** 企业文件材料归档范围是：

（一）反映本企业在研发、生产、服务、经营、管理等各项活动和基本历史面貌的，对本企业各项活动、国家建设、社会发展和历史研究具有利用价值的文件材料；

（二）本企业在各项活动中形成的对维护国家、企业和职工权益具有凭证价值的文件材料；

（三）本企业需要贯彻执行的有关机关和上级单位的文件材料，非隶属关系单位发来的需要执行或查考的文件材料；社会中介机构出具的与本企业有关的文件材料；所属和控股企业报送的重要文件材料；

（四）有关法律法规规定应归档保存的文件材料和其他对本企业各项活动具有查考价值的文件材料。

**第五条** 企业下列文件材料可不归档：

（一）有关机关和上级主管单位制发的普发性不需本企业办理的文件材料，任免、奖惩非本企业工作人员的文件材料，供工作参考的抄件等；

（二）本企业文件材料中的重份文件，无查考利用价值的事务性、临时性文件，未经会议讨论、未经领导审阅和签发的文件，一般性文件的历次修改稿、各次校对稿，无特殊保存价值的信封，不需办理的一般性来信、来电记录，企业内部互相抄送的文件材料，本企业负责人兼任外单位职务形成的与本企业无关的文件材料，有关工作参考的文件材料；

（三）非隶属关系单位发来的不需贯彻执行和无参考价值的文件材料；

（四）所属和控股企业报送的供参阅的一般性简报、情况反映，其他社会组织抄送不需本企业办理的文件材料；

（五）其他不需归档的文件材料。

**第六条** 凡属企业归档范围的文件材料，必须按有关规定向本企业档案部门移交，实行集中统一管理，任何个人不得据为己有或拒绝归档。

**第七条** 企业档案的保管期限定为永久、定期两种，定期一般分为30年、10年。

**第八条** 永久保管的企业管理类档案主要包括：

（一）本企业设立、合并、分立、改制、上市、解散、破产或其他变动过程中形成的文件材料，本企业董事会、监事会、股东会的构成、变更、召开会议、履行职责和维护权益的文件材料；

（二）本企业资产和产权登记、评估与证明文件材料，资产和产权转让、买卖、抵押、租赁、许可、变更、保护等凭证性文件材料，对外投资文件材料；本企业资本金核算、确认、划转、变更等文件材料，企业融资文件材料；

（三）本企业关于重要问题向有关机关和上级主管单位的请示、报告、报表及其复函、批复，有关机关和上级单位制发的需本企业办理的重要文件材料，行业协会、中介机构等对本企业做出的重要决定、出具的审计、公证、裁定等重要文件材料，本企业与其他组织和个人形成的重要合同、协议及补充协议等文件材料；

（四）本企业发展规划、战略决策、重大改革、年度计划和总结文件材料，内部管理制度、规定、办法等文件材料；

（五）本企业机构演变，人力资源管理的重要文件材料；本企业涉及职工权益的其他重要文件材料；企业文化建设文件材料；

（六）本企业经营管理工作的重要文件材料；

（七）本企业生产技术管理工作的重要文件材料；

（八）本企业行政管理工作的重要文件材料；

（九）本企业党群工作的重要文件材料；

（十）新闻媒体对本企业重要活动、重大事件、典型人物的宣传报道；

（十一）有关机关和上级主管单位领导、社会知名人士等重要来宾到本企业检查、视察、调研、参观时的讲话、题词、批示、录音、录像、照片及企业工作汇报等重要文件材料；本企业参与国家和社会重大活动的重要文件材料，本企业职工参加省级以上党、团、工会、人大、政协等代表大会形成的重要文件材料；

（十二）本企业直属单位、所属、控股、参股、境外企业和机构报送的关于重要问题的报告、请示和批复等文件材料。

**第九条**　定期保管的企业管理类档案主要包括：

（一）本企业资本金管理、资产管理的一般性文件材料，本企业涉及职工权益的一般性文件材料；

（二）本企业部门工作或专项工作规划，半年、季度、月份计划与总结等文件材料；

（三）本企业召开会议、举办活动的一般性文件材料，发布的一般性公告；

（四）本企业经营管理工作的一般性文件材料；

（五）本企业生产技术管理工作的一般性文件材料；

（六）本企业行政管理工作的一般性文件材料；

（七）本企业党群工作的一般性文件材料；

（八）本企业关于一般性问题向有关机关和上级主管单位的请示、报告、报表及有关机关和上级主管单位的复函、批复；有关机关和上级主管单位、行业协会制发的需本企业贯彻执行的一般性文件材料和对本企业出具的一般性证明文件；本企业与其他单位和个人形成的一般性合同、协议文件材料；

（九）直属单位、所属和控股企业一般性问题的请示、报告、来函与本企业的批复、复函等文件材料；

（十）本企业参与国家和社会活动的一般性文件材料，本企业职工参加省以上党、团、工会、人大、政协等代表大会形成的一般性文件材料；本企业接待重要来宾的工作计划、方案等一般性文件材料。

**第十条**　企业经营管理、生产技术管理、行政管理、党群工作等管理类档案保管期限见附件。

**第十一条**　本规定的管理类档案保管期限为最低期限，各企业在具体划分时可选择高于本规定的期限。

**第十二条**　企业产品生产和服务业务、科研开发、基本建设、设备仪器、会计、干部与职工人事等文件材料的归档范围和档案保管期限，按国家有关规定、标准，结合企业实际执行。

**第十三条**　企业应归档纸质文件材料中，有重要修改意见和批示的修改稿及有发文稿纸或文件处理单的，应与文件正本、定稿一并归档。

企业对于无相应纸质或确实无法输出成纸质的电子文件应纳入归档范围并划分保管期限。

企业对归档的电子文件的元数据要进行相应归档。

**第十四条** 多个企业联合召开的会议、联合研制的产品、联合建设或研究的项目、联合行文所形成的文件材料，原件由主办企业归档，其他企业将相应的复制件或其他形式的副本归档。

**第十五条** 企业应依据本规定和国家及专业相关规定，结合本企业生产组织方式、产品和服务特点，编制本企业的各类文件材料归档范围和档案保管期限表。企业应按资产归属关系，指导所属企业根据有关规定规范各类文件材料归档范围和档案保管期限表的编制并审批所属企业的文件材料归档范围和档案保管期限表。

**第十六条** 中央管理的企业（包括国务院国有资产监督管理委员会监管中央企业、金融企业、中央所属文化企业等）总部的文件材料归档范围和管理类档案保管期限表，报国家档案局同意后执行。

地方国有企业总部编制的文件材料归档范围和管理类档案保管期限表，报同级档案行政管理部门同意后执行。

**第十七条** 企业资本结构或主营业务发生较大变化时，应及时修订和完善文件材料归档范围和档案保管期限表。

**第十八条** 企业在编制文件材料归档范围和档案保管期限表时，应全面分析和鉴别本企业形成文件材料的现实作用和历史价值，统筹考虑纸质文件材料与其他载体文件材料的管理要求，准确界定文件材料的归档范围和划分档案保管期限。

**第十九条** 本规定适用于在中华人民共和国境内注册设立的企业，在境外经营的企业，由企业总部参照本规定提出实施要求；科技事业单位可参照执行。

**第二十条** 本规定由国家档案局负责解释。

**第二十一条** 本规定自 2013 年 2 月 1 日起施行。

附件：企业管理类档案保管期限表

附件

## 企业管理类档案保管期限表

| 序号 | 归档范围 | 保管期限 |
|---|---|---|
| 1 | 本企业设立、变更、解散过程文件材料 | |
| 1.1 | 本企业筹办和设立的申请文件材料、政府相关部门批准设立本企业的相关文件材料 | 永久 |
| 1.2 | 本企业设立登记相关证照、证照变更登记文件材料 | 永久 |
| 1.3 | 本企业章程送审稿、批准稿及正式文本 | 永久 |
| 1.4 | 企业合并、分立、改制、上市、破产、解散或其他变更公司形式等过程中形成的文件材料 | 永久 |
| 2 | 本企业董事会、监事会、股东会构成及变更等方面的文件材料 | |
| 2.1 | 本企业董事会、监事会、股东会构成及变更文件材料，发起人协议 | 永久 |
| 2.2 | 董事会、监事会、股东代表大会会议形成的文件材料 | |
| 2.2.1 | 会议通知、议程、报告、决议、决定、公报声明、记录、领导人讲话、总结、纪要、讨论通过的文件材料、参加人员名单 | 永久 |
| 2.2.2 | 讨论未通过的文件材料 | 10年 |
| 2.3 | 董事、监事、股东履职和维护权益过程形成的文件材料 | |
| 2.3.1 | 重要的 | 永久 |
| 2.3.2 | 一般的 | 30年 |
| 3 | 本企业资本登记、资本变动、融资文件材料 | |
| 3.1 | 国有资产管理部门对本企业国有资本金核算、确认、划转、变更的文件材料 | 永久 |
| 3.2 | 其他非国有组织或机构资本对本企业投资、投入核算登记、确认文件材料 | 永久 |
| 3.3 | 本企业证券和股票发行、增资扩股、股权变更等文件材料 | |

续表

| 序号 | 归 档 范 围 | 保管期限 |
|---|---|---|
| 3.3.1 | 上市辅导和准备阶段形成的文件材料 | |
| 3.3.1.1 | 评估报告、审计报告、承销商出具的核查意见,股票发行上市辅导汇总报告、发行人律师意见书,律师工作报告、股东大会决议、董事会通过的资金运用方案决议、固定资产投资项目建议书、招股说明书及发行公告(含财务报告、赢利预测报告) | 永久 |
| 3.3.1.2 | 与中介机构签订的上市辅导协议、尽职调查材料 | 30 年 |
| 3.3.2 | 发行申请书、证监会核准文件材料、审核过程中提出的审核反馈意见 | 永久 |
| 3.3.3 | 股票发行申请报告及证券交易所的批复、发行方案、股票发行定价分析报告、路演推介文件材料 | 永久 |
| 3.3.4 | 上市推荐书、上市公告书、确定股票挂牌简称的函 | 永久 |
| 3.3.5 | 股票首次发行过程中形成的其他文件材料 | |
| 3.3.5.1 | 重要事项 | 永久 |
| 3.3.5.2 | 一般事项 | 30 年 |
| 3.3.6 | 股票增发、配股文件材料 | 永久 |
| 3.3.7 | 增资扩股文件材料 | 永久 |
| 3.3.8 | 股权转让文件材料 | 永久 |
| 3.3.9 | 债权融资文件材料 | 永久 |
| 3.4 | 本企业股东、股权登记文件材料 | 永久 |
| 3.5 | 本企业融资工作中形成的其他文件材料 | |
| 3.5.1 | 重要事项 | 永久 |
| 3.5.2 | 一般事项 | 30 年 |
| 4 | 本企业资产管理文件材料 | |
| 4.1 | 资产权属证明文件材料 | |

续表

| 序号 | 归 档 范 围 | 保管期限 |
| --- | --- | --- |
| 4.1.1 | 本企业土地、房屋、基础设施等不动产产权登记文件材料,重要的技术装备、设备等固定资产登记文件材料,自然资源的所有权、使用权、收益权等申请、批准、登记的文件材料 | 永久 |
| 4.1.2 | 本企业拥有的商标权、专利权、著作权、计算机软件、商业秘密、技术诀窍等知识产权创造、申请、审批、登记、运用、保护和管理中产生的文件材料 | 永久 |
| 4.1.3 | 本企业特许经营权证文件材料,本企业资质认证、商誉评估、信用评级等文件材料 | 永久 |
| 4.1.4 | 本企业其他固定资产和无形资产权属文件材料 | 永久 |
| 4.1.5 | 本企业境外资产与产权权属文件材料 | |
| 4.1.5.1 | 重要的 | 永久 |
| 4.1.5.2 | 一般的 | 30 年 |
| 4.2 | 本企业资产与产权转让、买卖、抵押、租赁、许可、变更、清算、评估、处置、注销等资产变动文件材料,因产权变动所致职工身份变化的材料 | 永久 |
| 4.3 | 本企业其他债权、债务登记文件材料 | |
| 4.3.1 | 重要的 | 永久 |
| 4.3.2 | 一般的 | 30 年 |
| 4.4 | 境内、外投资文件材料 | |
| 4.4.1 | 投资企业董事会、股东会文件材料、投资企业的财务报告、红利分配文件材料,股权证、转让协议等股权管理文件材料 | 永久 |
| 4.4.2 | 本企业在并购、参股、股权受让、基金业务及债权型投资等投资业务中形成的其他文件材料 | |
| 4.4.2.1 | 重要的 | 永久 |
| 4.4.2.2 | 一般的 | 30 年 |

续表

| 序号 | 归 档 范 围 | 保管期限 |
|---|---|---|
| 5 | 本企业总经理办公会、党政联席会会议文件材料 | |
| 5.1 | 通知、议程、报告、决议、决定、公报声明、记录、领导人讲话、总结、纪要、讨论通过的文件材料,参加人员名单 | 永久 |
| 5.2 | 讨论未通过的文件材料 | 10年 |
| 6 | 本企业召开的工作会议、专题会议的文件材料 | |
| 6.1 | 请示、批复、通知、名单、日程、报告、讲话、总结、决议、决定、纪要、媒体宣传报道、录音录像 | |
| 6.1.1 | 重要的 | 永久 |
| 6.1.2 | 一般的 | 30年 |
| 6.2 | 代表发言、经验交流文件材料、简报 | 10年 |
| 7 | 本企业承办的大型展览会、博览会、论坛、学术会议、国际性会议的文件材料 | |
| 7.1 | 请示、批复、申办和筹办组委会组建文件材料、主要活动安排、议程、名单、主报告(原文及译文)、辅助报告(原文及译文),领导人贺词、题词、讲话,会徽设计、简报、新闻报道 | 永久 |
| 7.2 | 代表发言、经验交流 | 30年 |
| 7.3 | 委员会、分会会议和学术会议的讨论记录,会议代表登记表、接待安排 | 30年 |
| 8 | 有关机关和上级主管部门领导、社会知名人士检查、视察、调研本企业工作时形成的文件、工作汇报、录音录像等文件材料 | |
| 8.1 | 重要的 | 永久 |
| 8.2 | 一般的 | 30年 |
| 9 | 本企业向有关机关、上级主管单位的请示、报告与有关机关、上级主管单位批复、批示 | |
| 9.1 | 重要事项 | 永久 |

续表

| 序号 | 归 档 范 围 | 保管期限 |
|---|---|---|
| 9.2 | 一般事项、无批复重要事项 | 30 年 |
| 9.3 | 无批复的一般事项 | 10 年 |
| 10 | 本企业收到的有关机关、上级主管单位等相关机构制发的文件材料 | |
| 10.1 | 涉及本企业经营管理重要事项和其他重要事项的文件材料 | 永久 |
| 10.2 | 与本企业经营管理等工作有关的一般性文件材料 | 10 年 |
| 11 | 本企业与金融机构、中介机构及其他组织和个人来往文件材料 | |
| 11.1 | 本企业非资本经营业务中与银行、保险、证券、基金管理等金融机构业务往来的文件材料 | |
| 11.1.1 | 重要事项 | 永久 |
| 11.1.2 | 一般事项 | 30 年 |
| 11.2 | 本企业非资本经营业务中与会计、审计、法律事务所等机构往来文件材料 | |
| 11.2.1 | 重要事项 | 永久 |
| 11.2.2 | 一般事项 | 30 年 |
| 11.3 | 本企业与所属境外企业和机构业务往来文件材料 | 永久 |
| 11.4 | 本企业与其他单位或个人发生业务关系形成的文件材料 | |
| 11.4.1 | 本企业签署的战略合作协议、重要谈判的合同协议 | 永久 |
| 11.4.2 | 本企业签署的长期合同或协议及其补充件 | |
| 11.4.2.1 | 重要的 | 永久 |
| 11.4.2.2 | 一般的 | 30 年 |
| 11.4.3 | 本企业签署的短期合同或协议及其补充件 | |
| 11.4.3.1 | 重要的 | 30 年 |
| 11.4.3.2 | 一般的 | 10 年 |

续表

| 序号 | 归档范围 | 保管期限 |
| --- | --- | --- |
| 11.5 | 本企业对其他单位或个人的资信调查、客户管理等文件材料 | |
| 11.5.1 | 重要的 | 30 年 |
| 11.5.2 | 一般的 | 10 年 |
| 11.6 | 本企业对外发布的公告、公示等文件材料 | |
| 11.6.1 | 重要事项 | 永久 |
| 11.6.2 | 一般事项 | 30 年 |
| 12 | 直属单位、所属和控股企业的请示、报告、函与本企业的批复、复函等文件材料 | |
| 12.1 | 重大问题 | 永久 |
| 12.2 | 一般性问题 | 30 年 |
| 13 | 本企业经营决策、建设项目(含境外项目)管理、企业管理、资本经营、财务、物资管理、产品与服务业务管理、市场开发与营销、产品与服务销售管理、售后服务管理、客户信息、信誉、统计等管理工作文件材料 | |
| 13.1 | 经营计划、决策文件材料 | |
| 13.1.1 | 本企业中长期规划、纲要,重要的经营决策文件材料 | 永久 |
| 13.1.2 | 本企业年度计划、任务目标、总结、统计文件材料 | 永久 |
| 13.1.3 | 本企业半年、季度、月份等计划、总结、统计文件材料 | 10 年 |
| 13.1.4 | 本企业、所属和控股企业的经营目标责任书、业绩考核评价文件材料 | 30 年 |
| 13.2 | 建设项目工作文件材料 | |
| 13.2.1 | 建设项目工作规划、计划、总结等文件材料 | 永久 |
| 13.2.2 | 建设项目工作制度、办法、规定等文件材料 | 永久 |
| 13.2.3 | 项目前期立项、规划、论证、设计、招投标、协议、合同、申请、审批等文件材料 | 永久 |

续表

| 序号 | 归 档 范 围 | 保管期限 |
| --- | --- | --- |
| 13.2.4 | 项目检查、竣工验收、重要的专项报告、审批意见 | 永久 |
| 13.3 | 企业管理文件材料 | |
| 13.3.1 | 企业管理规划、计划、总结、实施方案、制度、规定、办法等 | 永久 |
| 13.3.2 | 企业管理方案实施、检查验收文件材料 | 30 年 |
| 13.4 | 资本经营工作文件材料 | |
| 13.4.1 | 资本经营工作规划、计划、总结、条例、制度、办法、规定、决定等 | 永久 |
| 13.4.2 | 资本经营工作通知、纪要、记录、调研报告 | 30 年 |
| 13.5 | 财务工作文件材料 | |
| 13.5.1 | 财务管理制度、规定、办法、总结 | 永久 |
| 13.5.2 | 财务管理工作计划、报告、通知 | 30 年 |
| 13.5.3 | 固定资产新增、报废、调拨文件材料 | 30 年 |
| 13.5.4 | 生产财务和成本核算文件材料 | 永久 |
| 13.5.5 | 资金管理、价格管理、会计管理文件材料 | 永久 |
| 13.5.6 | 本企业税务登记、交纳、减免、返还等工作文件材料 | 永久 |
| 13.5.7 | 本企业经营盈亏情况报告、报表 | |
| 13.5.7.1 | 重要的 | 永久 |
| 13.5.7.2 | 一般的 | 30 年 |
| 13.5.8 | 本企业财务预、决算报告 | 永久 |
| 13.6 | 物资管理文件材料 | |
| 13.6.1 | 物资管理工作制度、规定、办法 | 永久 |
| 13.6.2 | 物资台账、统计报表 | 30 年 |
| 13.6.3 | 物资分配计划、记录 | 10 年 |
| 13.6.4 | 物资采购审批手续、招投标文件材料、合同、协议、来往函件，物资保管台账、出入库记录等 | |

续表

| 序号 | 归 档 范 围 | 保管期限 |
|---|---|---|
| 13.6.4.1 | 重要物资的 | 30年 |
| 13.6.4.2 | 一般物资的 | 10年 |
| 13.7 | 产品与服务管理文件材料 | |
| 13.7.1 | 产品与服务发展规划、计划、总结等 | 永久 |
| 13.7.2 | 产品与服务管理制度、办法、规定等 | 永久 |
| 13.7.3 | 调查研究文件材料 | |
| 13.7.3.1 | 产品与服务市场调查、技术调查、考察、预测报告、调研综合报告 | 10年 |
| 13.7.3.2 | 产品与服务的技术、经济可行性研究报告，市场需求分析报告、收益预测分析报告 | 30年 |
| 13.7.4 | 产品与服务决策文件材料 | |
| 13.7.4.1 | 产品与服务发展建议书、技术建议书、协议书、委托书、合同等 | 永久 |
| 13.7.4.2 | 专题分析报告、专题会议纪要 | 30年 |
| 13.7.4.3 | 研制或开发计划、方案及方案论证报告 | 30年 |
| 13.7.5 | 阶段评审文件材料 | 30年 |
| 13.8 | 市场开发与营销 | |
| 13.8.1 | 市场营销工作总结、制度，营销组织、市场网络建设、境外市场拓展、品牌建设等文件材料 | 永久 |
| 13.8.2 | 市场营销工作规划、计划等 | 30年 |
| 13.8.3 | 产品销售计划文件材料，产品订货会、市场分析和用户调查文件材料 | 30年 |
| 13.8.4 | 产品市场推广、营销宣传等文件材料 | 30年 |
| 13.8.5 | 业务开办、产品上市或终止的申请、报备、批复等文件材料 | 永久 |
| 13.9 | 销售管理文件材料 | |

续表

| 序号 | 归 档 范 围 | 保管期限 |
| --- | --- | --- |
| 13.9.1 | 销售管理制度、规定、办法,销售合同、协议、函件 | 永久 |
| 13.9.2 | 售后服务文件材料 | 30 年 |
| 13.10 | 客户信息及资信调查文件材料 | |
| 13.10.1 | 重要客户的 | 永久 |
| 13.10.2 | 一般客户的 | 30 年 |
| 13.11 | 企业认证、达标等活动的呈报、审批文件材料,企业获得的资质、信誉证书方面的文件材料 | 永久 |
| 13.12 | 企业形象宣传文件材料 | 永久 |
| 13.13 | 统计工作文件材料 | |
| 13.13.1 | 统计工作制度、规定、办法,综合性统计报表 | 永久 |
| 13.13.2 | 生产、技术、经济统计报表及分析文件材料,工业普查报表 | 永久 |
| 13.13.3 | 一般性统计分析文件材料 | 30 年 |
| 14 | 本企业生产组织、质量管理、能源管理、设备管理、安全、环保、计量管理、科技管理、信息化管理、标准、图书情报等管理工作文件材料 | |
| 14.1 | 生产组织工作文件材料 | |
| 14.1.1 | 生产组织工作制度、办法、总结等 | 永久 |
| 14.1.2 | 生产组织工作规划、计划、报告 | 30 年 |
| 14.1.3 | 生产作业计划编制、执行及调度工作文件材料 | 10 年 |
| 14.1.4 | 生产调度会议记录 | 30 年 |
| 14.1.5 | 生产活动分析文件材料 | 10 年 |
| 14.2 | 质量管理工作文件材料 | |
| 14.2.1 | 质量工作条例、制度、规定、总结,质量体系建设、运行及管理文件材料,产品创优获奖证书 | 永久 |
| 14.2.2 | 质量工作规划、计划、措施 | 30 年 |

续表

| 序号 | 归 档 范 围 | 保管期限 |
|---|---|---|
| 14.2.3 | 产品质量检测、化验、试验文件材料 | 30年 |
| 14.2.4 | 全面质量管理工作形成的文件材料 | 30年 |
| 14.2.5 | 质量异议处理、事故分析及处理文件材料、质量认证、检查、评比文件材料 | 永久 |
| 14.2.6 | 产品召回、理赔等文件材料 | 永久 |
| 14.3 | 能源管理工作文件材料 | |
| 14.3.1 | 能源管理工作规定、总结 | 永久 |
| 14.3.2 | 能源管理计划、统计报表,能源消耗定额管理文件材料 | 30年 |
| 14.3.3 | 节能工作文件材料 | 30年 |
| 14.4 | 设备仪器管理工作文件材料 | |
| 14.4.1 | 设备仪器管理工作制度、规定、办法、总结等 | 永久 |
| 14.4.2 | 设备仪器管理工作规划、计划等 | 30年 |
| 14.5 | 安全生产工作文件材料 | |
| 14.5.1 | 安全技术管理制度、办法、总结,自然灾害、生产安全事故抢救、调查、处理文件材料 | 永久 |
| 14.5.2 | 安全技术管理规划、计划、通报、会议记录、安全体系建设文件材料等 | 30年 |
| 14.5.3 | 安全、消防教育、应急演练活动文件材料 | 10年 |
| 14.6 | 环境保护工作文件材料 | |
| 14.6.1 | 环境保护工作制度、总结,环保调查、监测、分析文件材料 | 永久 |
| 14.6.2 | 环境保护工作规划、计划 | 30年 |
| 14.6.3 | 环境影响评价书、环保污染防治措施、总结、报告,污染事故抢救、调查、处理文件材料 | 永久 |
| 14.7 | 计量管理工作文件材料 | |
| 14.7.1 | 计量工作制度、规定、办法、总结等 | 永久 |
| 14.7.2 | 计量工作规划、计划等 | 30年 |

续表

| 序号 | 归 档 范 围 | 保管期限 |
| --- | --- | --- |
| 14.7.3 | 计量设备、仪器、器具定期检查记录 | 10 年 |
| 14.8 | 科技管理工作 | |
| 14.8.1 | 科技管理工作制度、总结，新产品开发、科技攻关项目、科技成果管理、技术引进文件材料 | 永久 |
| 14.8.2 | 科技发展规划、计划、办法等 | 30 年 |
| 14.8.3 | 技术革新与合理化建议文件材料 | 10 年 |
| 14.8.4 | 学术交流活动文件材料 | 10 年 |
| 14.9 | 信息化管理工作文件材料 | |
| 14.9.1 | 企业信息化管理制度、总结等文件材料 | 永久 |
| 14.9.2 | 信息化发展规划、计划、办法等 | 30 年 |
| 14.9.3 | 企业信息化总体设计方案，信息系统设计、开发、实施过程评审文件材料 | 30 年 |
| 14.9.4 | 信息系统运行维护、数据管理、安全保密等的方案、记录、报告 | 30 年 |
| 14.10 | 标准管理工作文件材料 | |
| 14.10.1 | 标准工作制度、规定、办法、总结，企业基础标准、技术规范、管理标准、工作标准、生产技术规范编写、评审、发布文件材料 | 永久 |
| 14.10.2 | 标准工作规划、计划等 | 30 年 |
| 14.11 | 图书、情报工作文件材料 | |
| 14.11.1 | 图书、情报工作制度、规定、办法、总结 | 永久 |
| 14.11.2 | 图书、情报工作规划、计划等 | 30 年 |
| 15 | 本企业组织机构设置、人力资源、文秘、机要、档案、保密、保卫、综合治理、信访、法律、外事、风险管理、内控与审计、社会责任、基本建设管理等管理工作文件材料 | |
| 15.1 | 本企业组织机构设置、撤并、名称变更、岗位职责设计、人员编制、印信启用和作废等文件材料 | 永久 |

续表

| 序号 | 归 档 范 围 | 保管期限 |
|---|---|---|
| 15.2 | 人力资源管理工作文件材料 | |
| 15.2.1 | 人力资源规划、工作计划、制度、办法、决定、报告等 | 永久 |
| 15.2.2 | 企业人员录用、转正、聘任、调资、定级、停薪留职、辞职、离退休、死亡、抚恤、安置等文件材料 | 永久 |
| 15.2.3 | 干部和职工的任免、升降、奖惩、考核、职称评聘等方面文件材料 | 永久 |
| 15.2.4 | 老干部、离退休人员管理有关文件材料 | 永久 |
| 15.2.5 | 企业人员薪酬、待遇等劳动人事管理文件材料 | 永久 |
| 15.2.6 | 企业签订的劳动合同 | 永久 |
| 15.2.7 | 企业先进单位、劳动模范、先进工作者的文件材料 | |
| 15.2.7.1 | 本企业及省部级(含)以上表彰、奖励的 | 永久 |
| 15.2.7.2 | 其他表彰、奖励的 | 30年 |
| 15.2.8 | 对本企业有关人员的处分文件材料 | |
| 15.2.8.1 | 受到警告(不含)以上处分的 | 永久 |
| 15.2.8.2 | 受到警告处分的 | 30年 |
| 15.2.9 | 本企业人员参加社会保障、医疗保险、商业保险、住房公积金、劳动保护、职业安全、医疗卫生、计划生育等文件材料 | 永久 |
| 15.2.10 | 企业职工培训工作文件材料 | |
| 15.2.10.1 | 重要的 | 30年 |
| 15.2.10.2 | 一般的 | 10年 |
| 15.2.11 | 职工调动工作的行政、工资关系的介绍信及存根 | 永久 |
| 15.2.12 | 职工名册 | 永久 |
| 15.3 | 文秘、机要、档案、保密工作文件材料 | |
| 15.3.1 | 文秘、机要、档案、保密工作制度、规定、办法、总结等文件材料 | 永久 |

续表

| 序号 | 归 档 范 围 | 保管期限 |
|---|---|---|
| 15.3.2 | 文秘、机要、档案、保密工作规划、计划文件材料 | 30年 |
| 15.3.3 | 档案开发、编研成果，档案移交清单、销毁清册 | 永久 |
| 15.3.4 | 保密资格认证方案、申请、审查、批准文件材料 | 30年 |
| 15.3.5 | 保密工作检查方案、通知、结论、通报等文件材料 | 30年 |
| 15.4 | 安全保卫工作 | |
| 15.4.1 | 安全保卫、民兵、预备役工作规划、计划、总结、报告、报表等 | 30年 |
| 15.4.2 | 保卫部门的安全检查、调查方案、记录、通报 | 30年 |
| 15.4.3 | 自然灾害防范、交通管理文件材料 | 30年 |
| 15.5 | 综合治理工作文件材料 | |
| 15.5.1 | 重要事项 | 永久 |
| 15.5.2 | 一般事项 | 30年 |
| 15.6 | 信访工作文件材料 | |
| 15.6.1 | 重要事项 | 永久 |
| 15.6.2 | 一般事项 | 30年 |
| 15.7 | 法律工作文件材料 | |
| 15.7.1 | 五年普法规划、年度计划、规章、制度、办法等 | 30年 |
| 15.7.2 | 法院判决书、调解书等诉讼和仲裁等文件材料 | 永久 |
| 15.7.3 | 一般法律事务工作文件材料 | 30年 |
| 15.7.4 | 案件、纠纷、行政处罚、复议文件材料及公证事务中结论性材料 | 永久 |
| 15.7.5 | 案件、纠纷、行政处罚、复议文件材料及公证事务中调查、协调过程形成的文件材料 | 30年 |
| 15.8 | 外事工作文件材料 | |
| 15.8.1 | 国际交往中发表的公报，签订的协议、协定、备忘录，重要的会谈记录、纪要等 | 永久 |

续表

| 序号 | 归 档 范 围 | 保管期限 |
|---|---|---|
| 15.8.2 | 出访考察、参加国际会议、接待来访等外事活动、出访审批文件材料 | 永久 |
| 15.8.3 | 产品进出口审批和办理手续、执行日程、考察报告等一般性文件材料 | 30年 |
| 15.9 | 风险管理、内控、审计工作文件材料 | |
| 15.9.1 | 风险管理、内控、审计工作制度、总结,审计意见、审计报告、专项审计通知、报告、批复、结论、调查与证明等文件材料 | 永久 |
| 15.9.2 | 风险管理、内控与审计工作方案、计划、报告、纪要等 | 30年 |
| 15.9.3 | 内部控制管理手册、风险识别、评估、控制等过程形成的文件材料,重大风险评估报告,风险管理体系建设文件材料 | 30年 |
| 15.10 | 社会责任工作文件材料 | |
| 15.10.1 | 本企业社会责任报告 | 永久 |
| 15.10.2 | 参与和投入社会公益、慈善、捐赠事业的记录文件材料 | 永久 |
| 15.10.3 | 赈灾、扶贫、献血、拥军优属等文件材料 | 永久 |
| 15.11 | 本企业的史、志、年鉴、大事记、组织沿革等编研成果,本企业编辑出版的书、报、刊等出版物 | 永久 |
| 15.12 | 本企业编制的简报、工作信息 | 30年 |
| 15.13 | 本企业编制的通报、情况反映、参考资料等 | 10年 |
| 15.14 | 基本建设管理文件材料 | |
| 15.14.1 | 基本建设工作管理制度、规定、办法、总结 | 永久 |
| 15.14.2 | 基本建设工作规划、计划,专项工作通知等文件材料 | 30年 |
| 16 | 本企业党、团、工会等党群工作文件材料 | |
| 16.1 | 企业党员代表大会、职工代表大会、共青团代表大会 | |
| 16.1.1 | 请示、批复、批示、通知、名单、议程、报告、领导人讲话、选举结果、会议记录、讨论通过的文件、决议、纪要、公告等文件材料 | 永久 |

续表

| 序号 | 归 档 范 围 | 保管期限 |
| --- | --- | --- |
| 16.1.2 | 大会发言、交流、会议简报 | 10 年 |
| 16.1.3 | 重要的贺信、贺电,筹备工作、选举工作中形成的文件材料,小组会议记录、会务工作安排、总结等文件材料 | 10 年 |
| 16.1.4 | 讨论未通过的文件材料 | 10 年 |
| 16.2 | 党委会、党委常委会、工会委员会、工会会员代表大会、共青团常委(扩大)会,党群机关办公会会议文件材料 | |
| 16.2.1 | 通知、议程、报告、决议、决定、公报声明、记录、领导人讲话、总结、纪要、讨论通过的文件、参加人员名单 | 永久 |
| 16.2.2 | 讨论未通过的文件材料 | 10 年 |
| 16.3 | 党务综合性工作 | |
| 16.3.1 | 各项条例、规章制度、办法,工作计划、总结,“三重一大”等重要专项活动工作通知、报告,重要调研文件材料、党务工作大事记等 | 永久 |
| 16.3.2 | 情况反映、工作简报及一般文件材料 | 30 年 |
| 16.4 | 组织工作 | |
| 16.4.1 | 党员干部考察、考核、任免、政审决定等 | 永久 |
| 16.4.2 | 入党、转正、退党、转入、转出等决定及党员名册,党团组织关系的介绍信及存根 | 永久 |
| 16.4.3 | 党委(党组)组织工作规章制度 | 永久 |
| 16.4.4 | 党群机构设置、调整、人员编制等方面决定及通知 | 永久 |
| 16.4.5 | 党费收支文件材料 | 30 年 |
| 16.4.6 | 党员学习教育等活动形成的文件材料 | |
| 16.4.6.1 | 重要的 | 永久 |
| 16.4.6.2 | 一般的 | 10 年 |
| 16.4.7 | 党员统计年报 | 永久 |

续表

| 序号 | 归 档 范 围 | 保管期限 |
|---|---|---|
| 16.5 | 企业宣传统战工作报告、会议纪要、调研、计划、总结文件材料、民主党派人员名单登记、活动记录、精神文明建设方面文件材料 | |
| 16.5.1 | 重要的 | 永久 |
| 16.5.2 | 一般的 | 30 年 |
| 16.6 | 纪检与监察工作 | |
| 16.6.1 | 纪检与监察工作的规定、决定、通报、通知、会议记录、纪要、计划、总结 | 永久 |
| 16.6.2 | 党风廉政反腐工作文件材料 | 30 年 |
| 16.6.3 | 违纪案件立案报告、调查依据、审查结论、处理意见等文件材料 | |
| 16.6.3.1 | 重大案件 | 永久 |
| 16.6.3.2 | 一般案件 | 30 年 |
| 16.7 | 工会、女工、共青团工作规划、年度计划、总结、规章制度、决定、通知、会议记录 | 永久 |
| 16.8 | 职工民主管理、表彰先进、劳保福利、职工维权、工会会费与财务管理文件材料、工会统计年报、工会会员名册 | 永久 |
| 16.9 | 女工工作、劳动竞赛、文体活动、计划生育等方面文件材料 | |
| 16.9.1 | 重要的 | 永久 |
| 16.9.2 | 一般的 | 10 年 |
| 16.10 | 共青团组织发展、劳动竞赛、表彰先进、团费管理、文体活动等文件材料 | |
| 16.10.1 | 重要的 | 永久 |
| 16.10.2 | 一般的 | 10 年 |
| 16.11 | 民间团体工作,民政协调工作中形成的文件材料 | |

续表

| 序号 | 归 档 范 围 | 保管期限 |
|---|---|---|
| 16.11.1 | 民间团体设立、变更、撤销等的请示、批复、章程等文件材料 | 永久 |
| 16.11.2 | 民间团体活动过程形成的文件材料 | |
| 16.11.2.1 | 重要事项 | 30 年 |
| 16.11.2.2 | 一般事项 | 10 年 |
| 17 | 本企业其他事务管理文件材料 | |
| 17.1 | 企业接待工作计划、方案,重要来宾有关的照片、录音、录像、题词、讲话、批示等 | |
| 17.1.1 | 重要的 | 永久 |
| 17.1.2 | 一般的 | 30 年 |
| 17.2 | 企业住房房产分配、出售、出租工作文件材料 | 永久 |
| 17.3 | 企业职工承租、购置企业房产的合同、协议和有关手续 | 永久 |
| 17.4 | 新闻媒体对本企业重要活动、重大事件、典型人物的宣传报道 | 永久 |
| 17.5 | 企业文化建设文件材料 | |
| 17.5.1 | 企业文化建设方案 | 永久 |
| 17.5.2 | 企业文化建设其他文件材料 | |
| 17.5.2.1 | 重要的 | 永久 |
| 17.5.2.2 | 一般的 | 30 年 |
| 17.6 | 企业纪念、庆典活动文件材料 | |
| 17.6.1 | 重要的 | 永久 |
| 17.6.2 | 一般的 | 30 年 |
| 18 | 各种非纸质载体、介质及实物形式的文件材料 | |
| 18.1 | 无法输出纸质的或无纸质的二维、三维、数据库类电子文件 | |

续表

| 序号 | 归 档 范 围 | 保管期限 |
| --- | --- | --- |
| 18.1.1 | 重要的 | 永久 |
| 18.1.2 | 一般的 | 30 年 |
| 18.2 | 各种有保存价值的实物 | |
| 18.2.1 | 重要的 | 永久 |
| 18.2.2 | 一般的 | 30 年 |
| 18.3 | 其他各种非纸质载体、介质文件材料 | |
| 18.3.1 | 重要的 | 永久 |
| 18.3.2 | 一般的 | 30 年 |

# 附录二

## 国家档案局关于贯彻实施《企业文件材料归档范围和档案保管期限规定》的通知

档函〔2013〕70号

各省、自治区、直辖市档案局，各计划单列市档案局，新疆生产建设兵团档案局，中央管理企业的档案部门：

《企业文件材料归档范围和档案保管期限规定》（国家档案局令第10号，以下简称《规定》）已于2013年2月1日起实施。为做好《规定》的学习、宣传、贯彻和实施工作，现将有关事项通知如下。

一、深刻理解贯彻实施《规定》的重要意义

当前，我国社会主义市场经济体制建设进入新的历史发展时期，企业档案在规范企业管理、辅助生产经营、维护企业权益、完善法制经济、解决企业纠纷以及追踪产品质量等方面的作用日益增强。为适应市场经济体制完善、法规一致性要求，国家档案局制定《规定》，以进一步规范国有、民营及外商投资等各类企业的文件材料归档范围和档案保管期限，使企业档案成为企业内部控制、健全各项管理、依法规范经营的坚实基础，成为满足国家和公众对企业依法经营进行监督管理的重要依据，成为有效服务企业各项活动、承载企业发展历程的真实记录。

《规定》是一部新的形势下企业档案业务建设的重要规章，是改革开放以来我国企业档案工作实践的新成果，是企业科学界定文件材料归档范围，准确划定档案保管期限的行动指南。《规定》的贯彻实施，对企业科学编制文件材料归档范围和档案保管期限表，推动企业和国家档案资源建设具有重要意义。

二、认真学习把握《规定》基本内容与要求

《规定》是在我国档案工作实践的基础上，借鉴我国有关企业档案工作的规章和规范性文件以及国外档案工作经验，对企业文件材料归档范围和档案保管期限进行规范。《规定》与以往有关企业文件材料归档范围和档案保管期限表的文件相比，在形式和内容上都有较大的变化。一是改革企业档案保管期限划分方法，将原有的“永久”“长期”“短期”保管期限划分方法修改为“永久”“定期”，“定期”中再实行标时制，一般分为30年、10年。二是根据当前我国企业的发展趋势与特点，充实了一批文件材料并突出了某些档案管理；进一步细化并突出股东大会、董事会、监事会等企业治理过程形成文件的管理；对资本经营管理文件重新分类，其条目设置按照资本经营工作的内容；突出了合同、协议等契约文件材料的管理；突出了审计、风险控制、社会责任等职能工作形成文件的管理；对信息化工作进行单列条目；将职工培训文件纳入人力资源管理文件；在“党务工作”中增加了“三重一大”文件归档的内容。三是对一些档案的保管期限作适当调整。四是加大监督力度。建立国有企业文件材料归档范围和档案保管期限表的审查制度，以保证文件材料归档范围和档案保管期限表编制质量。

各级档案行政管理部门以及各级各类企业要认真组织《规定》的学习与宣传，将《规定》的内容与精神传递到基层企业，指导和帮助企业正确理解文件内容，掌握精神实质。为配合《规定》的学习，国家档案局正在组织编写《〈企业文件材料归档范围和档案保管期限规定〉实施指南》，近期将正式出版，作为学习《规定》的辅导性材料。

三、规范企业文件材料归档范围和档案保管期限表的编制工作

企业文件材料归档范围和档案保管期限表是企业档案工作的基础，要在档案行政管理部门和上级企业监督指导下进行。在编制中要注意以下问题：

（一）明确实施范围。在中华人民共和国境内的各类企业（包括国有、非国有）都应按照《规定》的要求编制本企业的文件材料归档范围和档案保管期限表。企业所属的科技事业单位应参照《规定》做好文件材料归档范围和档案保管期限表的编制。

（二）制定编制工作方案。编制方案要充分结合本企业档案分类方案，突出本企业规模、生产组织方式、产品和服务特色，并与《企业档案工作规范》的贯彻相结合。任务较重的企业应成立由分管领导牵头，档案部

门、职能部门、业务部门人员组成的文件材料归档范围和档案保管期限表编制小组。编制工作人员应作深入的调查研究，通过调查研究掌握本企业档案工作实际，真正把需要归档的文件材料纳入归档范围并准确划定保管期限。

（三）确定编制范围。各企业不仅要编制经营管理、行政管理、生产管理、党群工作等管理类文件材料归档范围和档案保管期限表，同时也要重新编制科研、产品与服务等文件材料归档范围和档案保管期限表。

（四）掌握编制方法。各企业可在系统分析业务流程、职能及其产生的文件材料的基础上，管理类档案按机构或职能编制、产品和业务档案按产品大类编制，最后汇总成本企业的总表。编制过程中要广泛听取企业一线职工和工程技术人员的意见，确保编制效果和质量。

对各类归档文件材料保管期限确定时，要坚持以人为本、与时俱进、科学发展的原则，将与人有关的档案的保管期限适当延长；要全面掌握各业务环节中产生的所有文件材料的内容与构成，特别注意业务创新和业务流程变化而产生的文件材料编入归档范围；要提高文件材料归档范围和档案保管期限表的可操作性，尽可能对归档范围进行细化；要全面分析和鉴别本企业形成文件材料的现实作用和历史价值，兼顾国家其他有关法律、法规对档案保管期限的要求，统筹考虑纸质文件材料与其他载体文件材料的管理要求，准确界定文件材料的归档范围和确定档案保管期限。

（五）遵守审查程序。国有企业（总部）的文件材料归档范围和档案保管期限表，经企业主要负责人审定后按《规定》的要求连同机构职责说明材料一并报档案行政管理部门审查同意后方可执行，未经同级档案行政管理部门审查同意前，仍沿用原有的规定。国有企业所属（包括全资、控股）企业和科技事业单位编制的文件材料归档范围和档案保管期限表连同机构职责说明材料一并报上级企业审查同意后执行。对审查单位提出的修改意见要及时落实、修改到位，对审查同意的应尽快在本企业实施。

非国有企业编制文件材料归档范围和档案保管期限表不作为本次审查的重点。

四、切实做好业务指导和审查工作

（一）加强业务指导。各级档案行政管理部门、有下属单位的企业应深入调查研究，摸清本地区、本集团企业档案工作实际和档案进馆、利用的需求，把握企业文件材料形成规律和特点，制定切实可行的业务指导方案。要通过树典型、抓示范、召开现场会、开展培训等多种方式帮助和引导企业制定高质量的企业文件材料归档范围和档案保管期限表。

（二）做好审查工作。各级档案行政管理部门、有下属单位的企业要及时制定审查工作计划，分期分批审查，并于每年底将审查情况报上一级档案行政管理部门。

（三）加强对审查工作的领导。国家档案局负责中央管理的企业文件材料归档范围和档案保管期限表的审查工作。各地档案行政管理部门负责同级地方国有企业和所属企业文件材料归档范围和档案保管期限表的审查工作。在审查过程中应确定明晰的审查内容，规范审查程序，从严把关，切忌走过场或放任不审。

各省、自治区、直辖市、计划单列市档案局和中央管理的企业应按照《规定》要求，结合本地区、本企业实际制定开展企业文件材料归档范围和档案保管期限表编制工作方案，力争 3 年内完成编制与审查工作。

全面学习、宣传、贯彻实施《规定》是当前和今后一段时期企业档案工作的一项重要任务和近两年企业档案管理水平提升的主要抓手。各级档案行政管理部门、各企业档案部门要高度重视，精心组织，稳步推进，不断将学习、宣传、贯彻实施《规定》的工作引向深入，进一步推动企业档案基础业务建设，全面提高企业档案工作水平。

国家档案局

2013 年 4 月 22 日

# 附录三　某工程局总部文件资料归档范围和保管期限表

目录索引

## 某工程局总部企业管理类文件资料归档范围和保管期限表

为便于局总部文件资料收集归档管理，根据各部门职能和实际情况，将应归档文件资料分为通用和专用两种归档范围，其中，通用类归档内容涉及每个部门，部门归档时需要将通用和专用内容一并归档。

| 第一部分　　各部门通用归档范围 | | | |
|---|---|---|---|
| 序号 | 归档范围 | 保管期限 | 归档责任部门（岗位） |
| 1 | 本部门收、发文（制度、计划、通知、报告、通报、请示、批复） | 30 年 | 各部门兼职档案员 |
| 2 | 本部门工作总结、大事记、规划等 | 永久 | 各部门兼职档案员 |
| 3 | 本部门召开的工作会议、专题会议、对外承办的大型会议资料材料。（请示、批复、通知、名单、议程、报告、讲话、贺信、贺电、题词、总结、决议、决定、纪要、媒体宣传报道、录音录像、会徽设计、选举中形成的材料等） | 30 年 | 各部门兼职档案员 |
| 4 | 党和国家领导人、政府和上级主管部门领导、社会知名人士等重要来宾到本企业检查、视察、调研时形成的文件、工作汇报、录音录像等资料 | 永久 | 各部门兼职档案员 |
| 5 | 向有关机关和上级主管单位的请示、报告、报表及其复函、批复，收到政府、上级主管单位等机构制发的涉及企业经营管理相关事项的文件材料 | 永久 | 各部门兼职档案员 |
| 6 | 企业认证、达标等活动的申报、审批文件材料，企业获得的信誉证书方面的文件材料 | 永久 | 各部门兼职档案员 |
| 7 | 企业宣传文件材料 | 永久 | 各部门兼职档案员 |
| 8 | 标准化的计划、总结，企业基础标准、技术规范、管理标准、工作标准的编写、评审、发布等文件材料 | 永久 | 各部门兼职档案员 |

续表

| 序号 | 归档范围 | 保管期限 | 归档责任部门（岗位） |
|---|---|---|---|
| 9 | 本企业出版的图书、杂志、简报等材料 | 30 年 | 各部门兼职档案员 |
| 10 | 社会责任报告；参与和投入社会公益、慈善、捐赠事业的记录文件材料；赈灾、扶贫、拥军优属等文件材料 | 永久 | 各部门兼职档案员 |
| 11 | 企业签署的战略合作协议、合同及其补充协议等文件材料 | 30 年 | 各部门兼职档案员 |
| 12 | 受省部级（含）以上表彰、奖励的先进单位、先进工作者的文件材料（包括：申报材料、获奖证书、奖牌、文件） | 永久 | 各部门兼职档案员 |
| 13 | 各种非纸质载体、介质及无法输出纸质的二维、三维、数据库之类的电子文件和各种有保存价值的实物等 | 永久 | 各部门兼职档案员 |
| 第二部分　各部门专用归档范围 | | | |
| 1 | **办公室** | | **办公室** |
| 1.1 | 董事会会议形成的文件材料 | | |
| 1.1.1 | 会议通知、议程、报告、决议、决定、记录、纪要、讨论通过的文件材料、参会人员签到表 | 永久 | 董常会事务 |
| 1.1.2 | 讨论未通过的文件材料 | 10 年 | 董常会事务 |
| 1.1.3 | 公司章程的制定与修改方案 | 永久 | 董常会事务 |
| 1.1.4 | 对外发布的重大信息 | 永久 | 董常会事务 |
| 1.2 | 综合事务及公共关系 | | |
| 1.2.1 | 会务接待标准要求文件等 | 30 年 | 会务接待 |
| 1.2.2 | 有省部级以下领导参加的重大活动、重要（专业）会议、照片、录音、录像、题词、讲话、批示、谈判记录等材料 | 30 年 | 会务接待 |

续表

| 序号 | 归档范围 | 保管期限 | 归档责任部门（岗位） |
|---|---|---|---|
| 1.2.3 | 企业承租、购置房产的合同、协议和有关手续等文件材料 | 永久 | 综合管理 |
| 1.2.4 | 办公设备及用品调拨、转让、处置等文件材料 | 30年 | 综合管理 |
| 1.2.5 | 机动车采购审批、招投标、调拨、保险、事故、报废等资料 | 永久 | 综合管理 |
| 1.2.6 | 办公环境、信访维稳、应急等安全管理工作中形成的文件材料 | 30年 | 综合管理 |
| 1.3 | 政研、公文、印信、保密、信息报送及档案管理 | | |
| 1.3.1 | 工作简报、情况反映、工作动态、信息报送等文件材料 | 10年 | 秘书、文书 |
| 1.3.2 | 来往信函 | 10年 | 秘书、文书 |
| 1.3.3 | 保密工作制度、检查、通知、结论、通报、总结等文件材料 | 30年 | 秘书、文书 |
| 1.3.4 | 企业调研工作形成的文件材料（典型的、系统的） | 30年 | 政研写作 |
| 1.3.5 | 档案开发、编研成果，档案移交清单、销毁清册 | 永久 | 档案管理 |
| 1.3.6 | 档案年度统计报表、接收、借阅台账等 | 永久 | 档案管理 |
| 1.3.7 | 档案工作年度总结和计划等 | 永久 | 档案管理 |
| 2 | **党委工作部** | | **党委工作部** |
| 2.1 | 党委工作 | | |
| 2.1.1 | 党委常委会、党代会、机关党委会、党建会、党委全会等会议文件材料及照片等电子版资料 | 永久 | 党委干事 |
| 2.1.2 | 从严治党责任书、精神文明建设等资料 | 30年 | 党委干事 |
| 2.1.3 | 党务综合性工作。“三重一大”等重要专项活动通知、讲话、总结、报告等资料 | 永久 | 党委干事 |
| 2.1.4 | 党员干部考察、考核、任免、政审决定等 | 永久 | 党委干事 |

续表

| 序号 | 归档范围 | 保管期限 | 归档责任部门（岗位） |
| --- | --- | --- | --- |
| 2.1.5 | 发展党员过程材料，入党、转正、退党、转入、转出等方面决定 | 永久 | 党委干事 |
| 2.1.6 | 党的建设、思想政治、党员、精神文明建设等 | 永久 | 党委干事 |
| 2.1.7 | 党员名册，党组织关系的介绍信及存根；党费收支文件材料；党员统计年报等 | 永久 | 组织干事 |
| 2.1.8 | 危机公关或信访等资料 | 永久 | 机要秘书 |
| 2.2 | 政工工作 | | |
| 2.2.1 | 企业文化手册及出版作品电子版等宣传资料 | 30 年 | 企业文化 |
| 2.2.2 | 新闻媒体等宣传成果统计 | 永久 | 宣传干事 |
| 2.2.3 | CI 工作的管理要求及规定等文件材料 | 30 年 | 品牌管理 |
| 2.2.4 | 编辑出版的书、《局通讯》、手机报、微信素材、宣传报道及社会媒体刊发的各种稿件的纸质版和可编辑的电子版及重大活动照片、音像资料等 | 永久 | 宣传干事 |
| 2.2.5 | 企业纪念、庆典活动文件材料和电子版资料 | 永久 | 宣传干事 |
| 2.3 | 团委工作 | | |
| 2.3.1 | 共青团代表大会、表彰先进、文体活动等文件材料及照片等电子版资料 | 永久 | 团委干事 |
| 2.3.2 | 发文及青年岗位能手等荣誉的评授文件等 | 永久 | 团委干事 |
| 3 | **企业策划与管理部** | | **企业策划与管理部** |
| 3.1 | 签订的经济责任状资料 | 30 年 | 绩效管理 |
| 3.2 | 企业发展战略及中长期规划、重大改革和改制文件 | 永久 | 战略管理 |
| 3.3 | 企业专项发展规划资料 | 永久 | 战略管理 |
| 3.4 | 组织机构设立、重组改制、变更、上市、破产、撤销或其他变更过程中形成的文件材料（筹办、政府相关部门批准文件及证照材料等） | 永久 | 机构管理 |

续表

| 序号 | 归档范围 | 保管期限 | 归档责任部门（岗位） |
|---|---|---|---|
| 3.5 | 企业章程送审稿、批准稿及正式文本 | 永久 | 机构管理 |
| 3.6 | 股权转让等企业股东、股权登记文件材料 | 永久 | 机构管理 |
| 3.7 | 标准化管理及管理体系认证证书和复审资料等 | 30年 | 体系管理 |
| 3.8 | 外部创优申报及协会审批资料及证书等 | 永久 | 创优、协会管理 |
| 4 | **人力资源部** | | **人力资源部** |
| 4.1 | 年度企业单位管理人员、专业技术人员统计报表、劳资报表、工资表、管理台账等 | 永久 | 干部管理 |
| 4.2 | 岗位职责、人员编制、职称评聘材料 | 永久 | 干部管理 |
| 4.3 | 总部部门员工的考核评定结果等资料 | 10年 | 绩效考核 |
| 4.4 | 离退休业务资料、死亡人员善后处理等文件材料 | 30年 | 离退管理 |
| 4.5 | 薪酬福利发放表、考勤表 | 30年 | 薪酬福利 |
| 4.6 | 培训制度办法、年度计划、通知（上海分院字文件） | 30年 | 培训教育 |
| 4.7 | 劳动合同管理（新签、续签、变更、解除、终止审批及补偿金协议等资料） | 永久 | 劳动用工 |
| 4.8 | 社会保险、企业年金等险金审核资料 | 30年 | 社保管理 |
| 4.9 | 出境审批资料 | 30年 | 出入境管理 |
| 5 | **工会工作部** | | **工会工作部** |
| 5.1 | 职代会、工代会、工会全委会、民主管理联席会、五一劳模论坛、女工工作会等会议资料、照片等电子版资料 | 永久 | 工会干事 |
| 5.2 | 职工民主管理、表彰先进及申报、职工维权、女工工作、工会统计年报、困难帮扶等资料 | 永久 | 工会干事 |

续表

| 序号 | 归档范围 | 保管期限 | 归档责任部门（岗位） |
| --- | --- | --- | --- |
| 5.3 | 劳动竞赛、劳模创优工作室、安康杯竞赛、技能竞赛、文体活动等材料 | 永久 | 工会干事 |
| 5.4 | 工会经费与财务管理文件 | 永久 | 工会干事 |
| 6 | **纪检监察部** | | **纪检监察部** |
| 6.1 | 党风廉政、反腐、经济责任追究等工作文件材料 | 30 年 | 纪检监察员 |
| 6.2 | 对有关人员的警告、处分等文件材料 | 永久 | 纪检监察员 |
| 7 | **投资管理部** | | **投资管理部** |
| 7.1 | 企业房地产、基础设施、房建工程、城市综合开发等经营性投资以及限额以上固定资产投资的立项管理及可行性研究报告等文件 | 30 年 | 立项与决策流程 |
| 7.2 | 向中建股份报送项目立项建议书请示、批复；可研报告请示、股份批复、内部合作协议书、合同、担保协议书等相关评审资料；投资过程管控资料、项目投资与后评估资料等 | 30 年 | 投资项目立项 |
| 7.3 | 投资统计报表及投资业务经营情况分析报告等资料 | 30 年 | 相关业务 |
| 8 | **信息化管理部** | | **信息化管理部** |
| 8.1 | 信息化专项规划、信息化年度总结和工作要点、信息化管理手册等 | 永久 | 信息化管理 |
| 8.2 | 信息系统建设报告、系统外包招投标资料及合同、系统设计方案、信息系统验收证书、操作手册；信息系统推广计划、信息系统上线总结等材料 | 30 年 | 信息系统建设与推广 |
| 8.3 | 机房管理资料、机房软硬件及设备招投标文件、合同、协议等资料、产品合格证、说明书及设备开箱、安装、运行、技改、事故等材料 | 30 年 | 运维管理 |
| 8.4 | 信息安全与网络维护服务管理等相关资料 | 30 年 | 网络安全 |

续表

| 序号 | 归档范围 | 保管期限 | 归档责任部门（岗位） |
|---|---|---|---|
| 8.5 | 企业主数据与信息编码管理、各类处理数据和编纂资料 | 30年 | 相关岗位 |
| 9 | **审计部** | | **审计部** |
| 9.1 | 经济责任审计：公司及所属企业董事长等任期和离任审计文件资料 | 永久 | 审计员 |
| 9.2 | 其他审计文件资料：审计报告、方案、计划、纪要、监督、评价与风险提示等资料 | 永久 | 审计员 |
| 9.3 | 公司重大专项、重大投资等审计文件 | 永久 | 审计员 |
| 10 | **财务资金部** | | **财务资金部** |
| 10.1 | 土地、房屋、基础设施等不动产产权登记文件材料，技术装备、设备等固定资产登记文件材料 | 永久 | 资产价值管理 |
| 10.2 | 本企业其他固定资产和无形资产权属文件材料 | 永久 | 资产价值管理 |
| 10.3 | 固定资产新增、报废、调拨文件材料 | 永久 | 资产价值管理 |
| 10.4 | 企业税务登记、交纳、减免、返还等工作文件材料 | 永久 | 税务管理 |
| 10.5 | 综合统计方面报表资料等 | 永久 | 综合统计管理 |
| 10.6 | 企业经营盈亏情况报告、报表，财务预、决算报告 | 永久 | 预决算管理 |
| 10.7 | 报表、财务审计报告、验资报告等资料 | 永久 | 会计报告 |
| 10.8 | 会计账簿、凭证、季报等资料 | 30年 | 会计综合 |
| 11 | **金融业务部** | | **金融业务部** |
| 11.1 | 账户管理报表，账户设立、更变资料，资金资信证明、信用证等资料 | 30年 | 资金管理 |
| 11.2 | 综合授信；债权、债务、权益、结构化等融资资料；与金融机构、中介机构签订的合同等；理财产品等资料，融资招标资料 | 30年 | 产融管理 |

续表

| 序号 | 归档范围 | 保管期限 | 归档责任部门（岗位） |
| --- | --- | --- | --- |
| 11.3 | 担保资料、工程保函、债权债务报表、投资合同评审记录、金融方面的年度和年度以上的计划、总结、统计材料等 | 30 年 | 综合管理 |
| 11.4 | 企业融资工作中形成的其他材料 | 30 年 | 综合管理 |
| 11.5 | 结算中心年度会计报表 | 永久 | 综合管理 |
| 11.6 | 结算中心季报、账簿、凭证及其他会计核算资料 | 30 年 | 综合管理 |
| 12 | **商务管理部** | | **商务管理部** |
| 12.1 | 项目目标管理报表、总分包结算报表,项目考核资料 | 10 年 | 商务管理 |
| 12.2 | 经济活动分析形成的各类年度统计表等综合报表 | 永久 | 商务管理 |
| 13 | **合约法务部** | | **合约法务部** |
| 13.1 | 各类合同、协议书、授权审批表(合同评审资料),合同统计年报等 | 30 年 | 合同管理 |
| 13.2 | 法院判决书、调解书等诉讼和仲裁文件材料 | 永久 | 法律纠纷 |
| 13.3 | 案件、纠纷、行政处罚、复议文件材料及公证事务中结论性材料协调过程形成的文件材料 | 30 年 | 法律纠纷 |
| 13.4 | 本企业拥有的商标权、著作权等知识产权创造、申请、审批、登记、运用、保护和管理中形成的文件材料 | 永久 | 知识产权 |
| 13.5 | 法律风险案例集锦、处理诉讼各类案件文件材料 | 永久 | 业务主办 |
| 14 | **工程管理部** | | **工程管理部** |
| 14.1 | 项目管理 | | |
| 14.1.1 | 标准化、信息化工作检查评比文件材料 | 10 年 | 标准化管理 |
| 14.1.2 | 项目管理品牌建设、创优活动形成的文件材料 | 10 年 | 品牌管理 |

续表

| 序号 | 归档范围 | 保管期限 | 归档责任部门（岗位） |
| --- | --- | --- | --- |
| 14.1.3 | 工程履约过程中的业主投诉、跟踪、反馈整改情况材料 | 10年 | 客户管理 |
| 14.1.4 | 年度项目管理工作等会议文件 | 30年 | 综合管理 |
| 14.1.5 | 工程统计报表,中建杯资料等 | 30年 | 工程管理 |
| 14.2 | 采购管理 | | |
| 14.2.1 | 物资采购合同、协议、来往函件等 | 30年 | 采购管理 |
| 14.3 | 绿色施工、节能减排管理文件材料 | | |
| 14.3.1 | 环境与节能减排管理规划、计划和年度目标等材料 | 永久 | 节能减排 |
| 14.3.2 | 污染事故抢救、调查和处理文件材料 | 永久 | 节能减排 |
| 14.4 | 分包管理 | | |
| 14.4.1 | 劳务奖励、纠纷、争议及农民工群体性突发事件的相关文件 | 30年 | 劳务管理 |
| **15** | **安全生产管理部** | | **安全生产管理部** |
| 15.1 | 安全生产、文明施工方面的费用投入情况表、领导安全证、企业安全生产许可证、安全生产责任书、安全文明工地统计等 | 永久 | 安全管理 |
| 15.2 | 安全技术管理规划、通报、会议记录、安全体系建设文件材料等 | 30年 | 安全管理 |
| 15.3 | 安全教育培训档案、应急演练活动文件材料 | 10年 | 安全教育培训 |
| 15.4 | 职业健康管理、职业危害清单等资料 | 30年 | 安全管理 |
| **16** | **科技部** | | **科技部** |
| 16.1 | 技术标准管理 | | |
| 16.1.1 | 组织完成的国家、行业、地方、企业标准编制材料 | 30年 | 标准管理 |

续表

| 序号 | 归档范围 | 保管期限 | 归档责任部门（岗位） |
|---|---|---|---|
| 16.2 | 成果管理 | | |
| 16.2.1 | 申报总公司、省部级和国家级工法的资料，证书和技术标准等文件 | 永久 | 标准与工法 |
| 16.2.2 | 各类科技奖项的申报资料、获奖文件、证书与推广管理（获得国家科技奖、国家级工程质量奖项及詹天佑土木工程奖、华夏奖、QC 成果） | 永久 | 成果与推广 |
| 16.2.3 | 各级科技开发（立项）、示范工程的申报、过程监控及验收资料、成果奖、优秀施工组织设计、施工方案汇编等 | 30 年 | 成果与推广 |
| 16.2.4 | 专利成果证书、高新技术企业等资料 | 永久 | 专利管理 |
| 16.3 | 过程管理 | | |
| 16.3.1 | 质量工作规划、计划、措施/产品质量检测、化验、试验文件材料 | 30 年 | 质量管理 |
| 16.3.2 | 质量异议处理、事故分析及处理文件材料、质量认证、检查、评比文件材料 | 30 年 | 质量管理 |
| 16.3.3 | 竣工工程、工程质量及事故统计表、竣工验收证明及统计表等 | 30 年 | 综合业务管理 |
| 16.4 | 设计实施与管理资料 | 30 年 | 设计管理 |
| **17** | **工程研究院（技术中心）** | | **工程研究院** |
| 17.1 | 科技研发项目立项、中期检查、验收、鉴定、报奖资料，获得荣誉证书、专利证书等成果资料 | 30 年 | 科技攻关（归口科技部归档） |
| 17.2 | 与内、外部单位签订技术研发、设计优化等相关合同；上海市技术中心申请、通过资料；博士后工作站相关资料 | 30 年 | 综合管理 |
| 17.3 | 《局科技》杂志（一年 4 期），“局科技论坛”等学术交流相关资料 | 30 年 | 科技推广 |

续表

| 序号 | 归档范围 | 保管期限 | 归档责任部门（岗位） |
|---|---|---|---|
| 18 | **市场部** | | **市场部** |
| 18.1 | 市场推广拓展、品牌建设等营销宣传系列资料。如：画册、宣传片、音像、录像及系列工程宣传资料等 | 永久 | 市场营销 |
| 18.2 | 企业资质认证、商誉评估、信用评级等文件材料 | 永久 | 市场与资质管理 |
| 18.3 | 营业执照、企业资质的申报、变更文件材料，法人变更、注册资本变更文件材料、企业章程、获得荣誉、证照等 | 永久 | 市场与资质管理 |
| 18.4 | 市场营销方面的资料，投、中标及经营情况统计报表，政府往来文件、法人授权委托存根 | 30年 | 综合管理 |
| 19 | **基础设施事业部** | | **基础设施事业部** |
| 19.1 | 基础设施类工程项目统计报表及省部级荣誉统计等资料 | 永久 | 统计及综合管理 |
| 19.2 | 重大基础设施项目的营销策划及投标审批资料 | 30年 | 市场营销 |
| 20 | **万达项目管理中心** | | **万达项目管理中心** |
| 20.1 | 万达项目管理中形成的文件材料（包括：管理制度、规定、整改通知单、整改回复等材料） | 30年 | 过程控制 |
| 20.2 | 投诉事项的处置情况 | 30年 | 过程控制 |
| 20.3 | 项目前期策划、过程协调、监督、管理和服务工作及综合管理中形成的具有保存利用价值的文件（各种载体） | 30年 | 过程控制 |
| 20.4 | 万达项目月度报表，阶段性评价报告，统计分析报告 | 10年 | 过程控制 |
| 20.5 | 项目考核评比通报 | 30年 | 相关岗位 |
| 20.6 | 质量巡检产生的监控和管理纠偏等文件 | 30年 | 相关岗位 |

# 附录四 中国电建生态环境集团有限公司管理类文件材料归档范围和档案保管期限表

| 序号 | 归档范围 | 保管期限 |
|---|---|---|
| **1** | **管理委员会办公室** | |
| **1.1** | **公司设立、变更、解散过程文件材料** | |
| 1.1.1 | 公司筹办和设立的申请文件材料、政府相关部门、上级主管部门批准设立的文件材料 | 永久 |
| 1.1.2 | 公司设立登记相关证照、证照变更登记文件材料 | 永久 |
| 1.1.3 | 公司章程送审稿、批准稿及正式文本 | 永久 |
| 1.1.4 | 公司兼并重组、分立、改制、上市、破产、解散或其他变更公司形式等过程中形成的文件材料 | 永久 |
| **1.2** | **公司股东会、董事会构成及变更等方面的文件材料** | |
| 1.2.1 | 公司股东会、董事会构成及变更文件材料、发起人协议 | 永久 |
| 1.2.2 | 董事会、股东代表大会会议形成的文件材料 | |
| 1.2.2.1 | 会议通知、议程、报告、决议、决定、记录、纪要、签到表、讨论通过的文件材料 | 永久 |
| 1.2.2.2 | 讨论未通过的文件材料 | 10 年 |
| 1.2.3 | 董事、股东履职、考察和维护权益文件材料 | 永久 |
| **1.3** | **公司董事长专题会、管理委员会会议文件材料** | |
| 1.3.1 | 会议通知、签到表、记录、纪要、讨论通过的文件材料 | 永久 |
| 1.3.2 | 会议决策事项督办记录统计、通报等文件材料 | 永久 |
| 1.3.3 | 讨论未通过的文件材料 | 10 年 |
| **1.4** | **经营、管理、授权等事项中公司公章、法人签名章用印审批单、印章使用登记表等** | 永久 |
| **1.5** | **信息参考文件材料** | 10 年 |
| **1.6** | **以公司名义获得的奖杯、奖状、证书、奖牌、奖状、锦旗等荣誉文件材料** | 永久 |

续表

| 序号 | 归 档 范 围 | 保管期限 |
|---|---|---|
| 2 | **总经理工作部** | |
| **2.1** | **公司工作会议、总经理办公会、总经理专题办公会会议文件材料** | |
| 2.1.1 | 通知、议程、名单、签到表、报告、决议、决定、记录、纪要,讨论通过的文件材料 | 永久 |
| 2.1.2 | 代表发言、小组会议记录、经验交流文件材料、新闻简报 | 10年 |
| 2.1.3 | 讨论未通过的文件材料 | 10年 |
| **2.2** | **公司收到的股份公司及有关政府部门、单位印发的文件材料** | |
| 2.2.1 | 涉及公司改革发展、重要经营管理事项、相关表彰、干部人事任免的 | 永久 |
| 2.2.2 | 涉及公司主营业务的 | 30年 |
| 2.2.3 | 涉及一般经营管理工作的 | 10年 |
| **2.3** | **党和国家领导人、上级主管部门和有关机关、单位领导和社会知名人士等接待工作文件材料** | |
| 2.3.1 | 党和国家领导人、上级主管部门和有关机关、单位领导和社会知名人士等的接待计划、方案、工作汇报、照片、录音录像等 | |
| 2.3.1.1 | 副省部级(含)以上 | 永久 |
| 2.3.1.2 | 副省部级以下、处县级以上(含),社会知名人士 | 30年 |
| 2.3.1.3 | 县处级以下及有关单位领导调研、座谈时形成的文件、照片、录音录像等 | 10年 |
| 2.3.2 | 外事活动接待工作计划、方案,重要来宾题词、贺词、照片、录音录像等 | |
| 2.3.2.1 | 外国政要、元首等来访的 | 永久 |
| 2.3.2.2 | 国际知名企业总裁、董事长,主流媒体等来访的 | 30年 |
| 2.3.2.3 | 国际一般企业总裁、董事长,有关考察团等来访的 | 10年 |
| **2.4** | **公司承办的大型展览会、博览会、论坛、学术会议、国际性会议文件材料** | |
| 2.4.1 | 请示、批复、批示、通知、组委会组建文件材料,主要活动安排、会徽设计,人员名单、议程、报告、领导人贺辞、题词,讲话,纪要、录音录像、新闻报道等文件材料 | 永久 |

续表

| 序号 | 归 档 范 围 | 保管期限 |
|---|---|---|
| 2.4.2 | 交流材料、会议简报等文件材料 | 30 年 |
| 2.4.3 | 筹备工作中形成的文件材料,会议接待安排、代表登记表、总结等文件材料 | 30 年 |
| **2.5** | **文秘、机要工作文件材料** | |
| 2.5.1 | 文秘、机要工作制度、规定、办法、年度总结等文件材料 | 永久 |
| 2.5.2 | 文秘、机要工作年度计划 | 30 年 |
| 2.5.3 | 文秘、机要工作业务指导、对标、检查、评优方案、通知、结论、通报等文件材料 | 30 年 |
| 2.5.4 | 文秘、机要工作、培训会议通知、日程、签到表、领导讲话、录音录像、培训成果、总结等文件材料 | 10 年 |
| 2.5.5 | 组织拟订公司基本管理制度形成的文件材料 | |
| 2.5.5.1 | 工作规则、议事规则等基本管理制度文件 | 永久 |
| 2.5.5.2 | 组织方案, 制度草稿、历次修改稿, 会议通知、签到、记录、纪要等 | 30 年 |
| 2.5.6 | 公司年度重点工作计划 | 永久 |
| 2.5.7 | 公司年度会议调研计划 | 10 年 |
| 2.5.8 | 公司重大事项报告 | 永久 |
| 2.5.9 | 公司信息报送文件材料 | |
| 2.5.9.1 | 被中办、国办采用的综合类信息 | 永久 |
| 2.5.9.2 | 被国务院国资委采用的综合类信息 | 30 年 |
| 2.5.9.3 | 被采用的动态类信息 | 10 年 |
| **2.6** | **保密、档案工作文件材料** | |
| 2.6.1 | 保密、档案工作制度、规定、办法、年度总结等文件材料 | 永久 |
| 2.6.2 | 保密、档案工作年度计划 | 30 年 |
| 2.6.3 | 保密、档案工作业务指导、对标、检查、评优方案、通知、结论、通报等文件材料 | 30 年 |
| 2.6.4 | 保密、档案培训会议通知、日程、签到表、领导讲话、录音录像、培训成果、总结等文件材料 | 10 年 |

续表

| 序号 | 归 档 范 围 | 保管期限 |
|---|---|---|
| 2.6.5 | 保密资格认证方案、申请、审查、批准文件材料，保密工作责任书 | 30年 |
| 2.6.6 | 保密承诺书 | 10年 |
| **2.6.7** | **失泄密事件调查处理文件材料** | |
| 2.6.7.1 | 机密级(含)以上 | 30年 |
| 2.6.7.2 | 秘密级及核心商密 | 10年 |
| 2.6.8 | 建设项目、产品研制、科研项目档案验收文件材料 | 永久 |
| 2.6.9 | 公司大事记、组织沿革等档案开发、编研成果 | 永久 |
| 2.6.10 | 收发文登记表，档案移交清册、销毁清册 | 永久 |
| 2.6.11 | 档案利用登记、审批表，统计年报 | 30年 |
| **2.7** | **社会责任、对外捐赠管理的文件材料** | |
| 2.7.1 | 社会责任、对外捐赠管理办法、制度、年度总结 | 永久 |
| 2.7.2 | 社会责任、对外捐赠管理战略规划、年度计划 | 30年 |
| 2.7.3 | 社会责任、对外捐赠会议、培训通知、日程、签到表、会议讲话、录音录像、培训成果等文件材料 | 30年 |
| 2.7.4 | 年度社会责任报告、专项社会责任报告、对外捐赠记录 | 永久 |
| **2.8** | **决策事项督办、印章、证照、行政协议管理工作文件材料** | |
| 2.8.1 | 决策事项督办、印章、证照、行政协议管理办法、制度 | 永久 |
| 2.8.2 | 决策事项督办通知、通报、报告、总结等文件和批示 | 30年 |
| 2.8.3 | 印章刻制申请及审批、启用、作废文件材料，印模，印章使用审批表、登记本，废旧印章等 | |
| 2.8.3.1 | 公司印章、党委印章、合同专用章、财务专用章等对外使用的印章 | 永久 |
| 2.8.3.2 | 部门印章、业务工作印章等内部使用印章 | 10年 |
| 2.8.4 | 公司法人营业执照及机构代码等公司证照、公司签署的战略合作协议、行政协议 | 永久 |
| 2.8.5 | 公司营业执照等公司证照借用登记、审批文件材料 | 10年 |

续表

| 序号 | 归 档 范 围 | 保管期限 |
|---|---|---|
| **2.9** | **履职待遇,行政费用支出,公务接待管理文件材料** | |
| 2.9.1 | 履职待遇、行政费用支出、公务接待管理办法、制度、规定 | 永久 |
| 2.9.2 | 履职待遇、行政费用支出、公务接待规范、组织、监督、检查工作文件材料 | 30 年 |
| 2.9.3 | 公司负责人履职待遇、行政费用支出预算报告 | 30 年 |
| 2.9.4 | 公务机票集中采购费用月报表、国内机票对账报表 | 10 年 |
| **2.10** | **房屋、公务车辆、办公设备/用品、低值易耗品、接待用品管理文件材料** | |
| 2.10.1 | 房屋、公务车辆、办公设备/用品、低值易耗品、接待用品管理工作方面的制度、办法、规定 | 永久 |
| 2.10.2 | 住房分配、出售、出租工作文件材料 | 永久 |
| 2.10.3 | 职工外租房合同、协议和有关审批手续 | 10 年 |
| 2.10.4 | 对所属单位公务用车制度改革、购置、实施方案的批复、批示等文件材料 | 30 年 |
| 2.10.5 | 办公用房、办公附属用房的租购、建造、调配、装修施工、改造文件材料 | |
| 2.10.5.1 | 租购、建造、调配等权属获取、变更文件材料 | 永久 |
| 2.10.5.2 | 维修、装修、管理、使用形成的文件材料 | 30 年 |
| 2.10.5.3 | 所属单位办公用房的租购、建造、装修施工、改造的批复、批示等文件材料 | 30 年 |
| 2.10.6 | 办公设备、固定资产、接待用品购置与管理文件材料 | |
| 2.10.6.1 | 金额 10 万元(含)以上 | 30 年 |
| 2.10.6.2 | 金额 10 万元以下、1 万元(含)以上 | 10 年 |
| **2.11** | **安全保卫、应急管理、综合治理、消防管理工作文件材料** | |
| 2.11.1 | 安全保卫、应急管理、综合治理、消防管理工作制度、办法、预案、总结 | 永久 |
| 2.11.2 | 安全保卫、应急管理、综合治理、消防管理工作通知、计划、报告、报表、通报 | 30 年 |
| 2.11.3 | 安全检查、调查方案、记录,处理突发事件的文件材料 | 30 年 |

续表

| 序号 | 归档范围 | 保管期限 |
|---|---|---|
| 2.11.4 | 突发应急事件管理与重大事项报告工作记录 | 10 年 |
| **2.12** | **公司车班管理工作材料** | |
| 2.12.1 | 车班管理制度、办法、规定等 | 永久 |
| 2.12.2 | 车班培训通知、签到表、记录、新闻、照片等文件材料 | 10 年 |
| 2.12.3 | 公务车辆出车记录、加油记录、单车核算记录、维护记录、安全检查记录，油料统计记录 | 10 年 |
| **2.13** | **餐厅管理工作材料** | |
| 2.13.1 | 餐厅管理制度、办法、规定等 | 永久 |
| 2.13.2 | 伙委会会议通知、议题、签到表、记录、纪要、录音、照片 | 30 年 |
| 2.13.3 | 厨艺大赛、美食周等主题活动的方案、通知、照片、录音录像、新闻稿 | 10 年 |
| 2.13.4 | 餐厅消防设施设备、重要部位、每日安全检查等检查记录 | 10 年 |
| 2.13.5 | 办公楼、员工宿舍、餐厅安全、卫生检查文件材料 | 10 年 |
| 2.13.6 | 餐厅设备、家具、厨具验收清单等文件材料 | 10 年 |
| **2.14** | **以公司名义获得的奖杯、奖状、证书、奖牌、奖状、锦旗等荣誉文件材料** | 永久 |
| 3 | **党群工作部** | |
| **3.1** | **党员代表大会文件材料** | |
| 3.1.1 | 请示、批复、批示、通知、名单、议程、报告、领导人讲话、选举结果、会议记录、讨论通过的文件、决议、纪要、公告等文件材料 | 永久 |
| 3.1.2 | 代表发言、交流、会议讨论未通过的文件材料 | 10 年 |
| 3.1.3 | 筹备、选举工作中形成的文件材料、小组会议记录、会务工作安排、总结等文件材料 | 10 年 |
| 3.1.4 | 所属单位党员代表大会换届选举的请示、批复 | 30 年 |
| **3.2** | **党委会会议文件材料** | |
| 3.2.1 | 通知、议程、签到表、报告、决议、决定、记录、纪要、讨论通过的文件材料 | 永久 |
| 3.2.2 | 讨论未通过的文件材料 | 10 年 |

续表

| 序号 | 归 档 范 围 | 保管期限 |
|---|---|---|
| **3.3** | **党务综合性工作文件材料** | |
| 3.3.1 | 党建工作各项制度、办法、细则、工作计划、总结 | 永久 |
| 3.3.2 | 党建工作情况反映、调研报告、检查报告 | 30 年 |
| **3.4** | **党委、团委、工会印章管理、重要事项督办工作文件材料** | |
| 3.4.1 | 党委、团委、工会印章使用登记、审批表等 | 永久 |
| 3.4.2 | 党委会重要事项督办通知、签报、报告、批示、总结等文件材料 | 30 年 |
| **3.5** | **组织工作文件材料** | |
| 3.5.1 | 党员干部考察、考核、任免、政审决定等文件材料 | 永久 |
| 3.5.2 | 党组织机构设置、调整、人员编制等方面决定、通知、请示、批复等文件材料 | 永久 |
| 3.5.3 | 党委组织工作制度、办法 | 永久 |
| 3.5.4 | 对接属地党组织管理文件材料 | 永久 |
| 3.5.5 | 入党、转正、退党、转入、转出等决定及党员名册，党组织关系的介绍信及存根 | 永久 |
| 3.5.6 | 党费收支文件材料 | 永久 |
| 3.5.7 | 党员统计年报 | 永久 |
| 3.5.8 | 党员学习教育、民主生活会活动形成的文件材料 | |
| 3.5.8.1 | 全国性主题教育活动 | 永久 |
| 3.5.8.2 | 其他主题教育、民主生活会活动 | 30 年 |
| **3.6** | **思想政治和精神文明建设工作文件材料** | |
| 3.6.1 | 思想政治和精神文明建设工作制度、办法、细则、总结 | 永久 |
| 3.6.2 | 思想政治和精神文明建设工作计划、汇报 | 10 年 |
| 3.6.3 | 思想政治和精神文明建设工作评优、考核工作计划、通知、决定 | 10 年 |
| **3.7** | **统战、侨联、民主党派工作文件材料** | |
| 3.7.1 | 统战和侨联工作制度、办法、细则 | 永久 |
| 3.7.2 | 统战和侨联工作计划、总结、汇报 | 10 年 |
| 3.7.3 | 民主党派人员名单、登记表 | 永久 |

续表

| 序号 | 归 档 范 围 | 保管期限 |
|---|---|---|
| 3.7.4 | 民主党派活动记录表 | 10年 |
| **3.8** | **党建工作培训文件材料** | |
| 3.8.1 | 培训通知、人员名单、日程、讲话、培训成果、录音录像等文件材料 | 30年 |
| 3.8.2 | 培训总结、简报等文件材料 | 10年 |
| **3.9** | **企业文化建设文件材料** | |
| 3.9.1 | 企业文化建设工作制度、办法、细则、方案、规划、计划、总结 | 永久 |
| 3.9.2 | 公司核心价值体系文件 | 永久 |
| 3.9.3 | 企业文化手册、文化故事集 | 永久 |
| 3.9.4 | 公司史、志、年鉴 | 永久 |
| **3.10** | **品牌商标管理文件材料** | |
| 3.10.1 | 品牌管理制度、规定、办法等 | 永久 |
| 3.10.2 | 品牌商标管理战略规划、年度计划 | 30年 |
| 3.10.3 | 品牌管理会议、培训通知、日程、签到表、会议讲话、录音录像、培训成果等文件材料 | 30年 |
| 3.10.4 | 品牌形象设计终稿,品牌战略实施过程及检查材料,品牌建设指导意见、通知、请示、批复、签报等文件材料 | 30年 |
| 3.10.5 | 品牌咨询、形象设计合同或协议 | 永久 |
| 3.10.6 | 商标注册、变更、续展、转让等证明材料,商标使用许可合同或协议 | 永久 |
| 3.10.7 | 品牌协调过程中产生的会议纪要、批复等文件材料 | 永久 |
| **3.11** | **新闻宣传工作文件材料** | |
| 3.11.1 | 新闻宣传工作制度、办法、细则、方案、规划、计划、总结 | 永久 |
| 3.11.2 | 公司宣传片、宣传册,公司编辑出版的书籍、杂志等宣传材料 | 永久 |
| 3.11.3 | 新闻资源平台建设与管理文件材料 | |
| 3.11.3.1 | 新闻资源平台设置策划方案、网站平台说明 | 永久 |
| 3.11.3.2 | 网站页面及其管理文件材料 | 30年 |

续表

| 序号 | 归档范围 | 保管期限 |
|---|---|---|
| **3.12** | **公司舆情监测与研判工作文件材料** | |
| 3.12.1 | 公司新闻危机公关事件处理报告 | 永久 |
| 3.12.2 | 公司舆情监测情况总结、汇报 | 30年 |
| **3.13** | **维稳工作文件材料** | |
| 3.13.1 | 维稳工作制度、规定、办法、总结等文件材料 | 永久 |
| 3.13.2 | 维稳工作计划 | 30年 |
| 3.13.3 | 维稳处理文件材料 | |
| 3.13.3.1 | 有公司领导批示及处理结果的人民来信和重要值班、电话记录、突发事件的报告等 | 永久 |
| 3.13.3.2 | 有处理结果的人民来信和重要值班、电话记录 | 30年 |
| 3.13.4 | 维稳信息通报 | 10年 |
| **3.14** | **职工代表大会、工会委员会、共青团代表大会议文件材料** | |
| 3.14.1 | 请示、批复、批示、通知、人员名单、议程、报告、议题、表决结果、讲话、决议、纪要、公告、录音录像等文件材料 | 永久 |
| 3.14.2 | 表决票、代表发言、交流材料、小组会议记录、会议简报等文件材料 | 10年 |
| 3.14.3 | 筹备工作中形成的文件材料,会务工作安排、总结等文件材料 | 10年 |
| 3.14.4 | 所属单位召开职工代表大会、工会委员会的请示、批复 | 10年 |
| **3.15** | **工会工作文件材料** | |
| 3.15.1 | 工会工作制度、办法、总结、规划、计划、要点 | 永久 |
| 3.15.2 | 工会经费收缴、使用情况年度报表等财务管理文件材料 | 永久 |
| 3.15.3 | 工会统计年报、工会会员名册 | 永久 |
| 3.15.4 | 工会组织机构及人员管理文件材料 | |
| 3.15.4.1 | 公司工会设立、撤销、变更、选举、人员任免的通知、请示、批复 | 永久 |
| 3.15.4.2 | 所属单位工会组织设立、撤销、变更、人员任免、选举、换届的请示、批复、批示 | 30年 |
| 3.15.5 | 工会组织设立、撤并、变更,片区划分等通知、请示、批复 | 30年 |

续表

| 序号 | 归档范围 | 保管期限 |
|---|---|---|
| **3.16** | **工会工作会议文件材料** | |
| 3.16.1 | 请示、批复、批示、通知、人员名单、议程、报告、讲话、纪要、录音录像等文件材料 | 30年 |
| 3.16.2 | 交流材料、会议简报等文件材料 | 10年 |
| 3.16.3 | 筹备工作中形成的文件材料，会务工作安排、总结等文件材料 | 10年 |
| 3.16.4 | 工会工作培训文件材料 | |
| 3.16.4.1 | 通知、人员名单、议程、讲话、培训成果、录音录像等文件材料 | 30年 |
| 3.16.4.2 | 培训总结、简报等文件材料 | 10年 |
| **3.17** | **女工工作、计划生育工作文件材料** | |
| 3.17.1 | 女工工作、计划生育管理工作制度、办法、总结、计划、工作要点 | 永久 |
| 3.17.2 | 女工工作委员会文件材料 | |
| 3.17.2.1 | 女工工作委员会设立、撤并、变更、选举、人员任免的通知、报告、决议、决定、领导人讲话、纪要 | 永久 |
| 3.17.2.2 | 所属单位女工工作委员会组织设立、撤并、变更、人员任免、选举、换届、工委会召开的请示、批复 | 10年 |
| 3.17.3 | 女工工作、计划生育日常管理文件材料 | 10年 |
| **3.18** | **公司纪念、庆典活动文件材料** | |
| 3.18.1 | 十周年(含)以上纪念、庆典活动 | 永久 |
| 3.18.2 | 十周年以下纪念、庆典活动 | 30年 |
| **3.19** | **文体协会管理文件材料** | |
| 3.19.1 | 文体协会设立、变更、撤销等的请求、批复、章程等文件材料 | 30年 |
| 3.19.2 | 文体协会负责人员任免通知、请示、批复 | 30年 |
| 3.19.3 | 文体协会活动方案、审核、批复、总结文件材料 | 30年 |
| **3.20** | **公司职工参选人大、政协，出席会议文件材料** | |
| 3.20.1 | 公司职工参选人大、政协文件材料 | 永久 |
| 3.20.2 | 公司职工出席人大、政协会议文件材料 | 30年 |

续表

| 序号 | 归档范围 | 保管期限 |
|---|---|---|
| | | |
| **3.21** | **劳动模范、先进职工评选、表彰工作文件材料** | 永久 |
| **3.22** | **厂务公开、技术创新、技能比武、岗位练兵等主题实践活动文件材料** | |
| 3.22.1 | 活动通知、请示、报告、方案、经费预算及使用、日程、成果等 | 30年 |
| 3.22.2 | 活动过程文件材料、活动总结 | 10年 |
| **3.23** | **扶贫帮困、节日慰问工作文件材料** | |
| 3.23.1 | 扶贫帮困、节日慰问制度、办法、方案、总结等 | 永久 |
| 3.23.2 | 扶贫帮困、节日慰问活动日程、签到表、会议讲话、录音录像、培训成果等文件材料 | 10年 |
| **3.24** | **公司承办的大型展览会、博览会、论坛、学术会议、国际性会议文件材料** | |
| 3.24.1 | 请示、批复、批示、通知、组委会组建文件材料,主要活动安排、会徽设计,人员名单、议程、报告、领导人贺辞、题词,讲话,纪要、录音录像、新闻报道等文件材料 | 永久 |
| 3.24.2 | 交流材料、会议简报等文件材料 | 30年 |
| 3.24.3 | 筹备工作中形成的文件材料,会议接待安排、代表登记表、总结等文件材料 | 30年 |
| **3.25** | **共青团、青联工作制度、办法、规定、细则,年度总结等文件材料** | 永久 |
| **3.26** | **共青团、青联年度工作计划、要点** | 30年 |
| **3.27** | **共青团、青联委员会设立、撤并、变更、选举等工作文件材料** | |
| 3.27.1 | 公司共青团委员会设立、撤并、变更,选举,人员任免、增补的通知、报告、请示、批复 | 永久 |
| 3.27.2 | 所属单位共青团委员会组织设立、撤并、变更、人员任免、选举、换届、工委会召开的请示、批复 | 10年 |
| **3.28** | **共青团干部培训通知、日程、签到表、录音录像、培训成果等培训工作文件材料** | 10年 |
| **3.29** | **共青团工作业务指导、检查方案、通知、结论、通报等文件材料** | 10年 |
| **3.30** | **年度共青团组织统计报表,团费收缴、使用情况统计报表** | 永久 |

续表

| 序号 | 归 档 范 围 | 保管期限 |
|---|---|---|
| **3.31** | **青联活动通知、日程、签到表、录音录像、活动成果等文件材料** | 10 年 |
| **3.32** | **以公司名义获得的奖杯、奖状、证书、奖牌、奖状、锦旗等荣誉文件材料** | 永久 |
| **4** | **人力资源部** | |
| **4.1** | **人力资源发展战略、中长期人力资源规划** | 永久 |
| **4.2** | **人力资源管理制度、办法、规定、年度计划、总结** | 永久 |
| **4.3** | **公司组织机构设置、干部管理、人力资源管理工作文件材料** | |
| 4.3.1 | 公司本部部门机构设置、合并、重组、名称变更、人员编制请示、批复、通知 | 永久 |
| 4.3.2 | 所属单位机构设置、撤并、负责人聘免的通知、批复 | 永久 |
| **4.4** | **公司领导、中层干部、职工管理工作文件材料** | |
| 4.4.1 | 公司领导、中层干部因私出国(境)证件管理、审批等文件材料 | 永久 |
| 4.4.2 | 公司领导个人重大事项报告、述职报告等文件材料 | 永久 |
| 4.4.3 | 中层干部和职工的任免、奖惩、考核、干部任前档案审核等文件材料 | 永久 |
| 4.4.4 | 干部选拔程序、方案、公告、民主推荐结果、考察公告、考察结果、考核报告等文件材料 | 永久 |
| **4.5** | **干部大会会议文件材料** | |
| 4.5.1 | 通知、议程、名单、签到表、报告、决议、决定、记录、纪要，讨论通过等文件材料 | 永久 |
| 4.5.2 | 后备干部队推荐、民主测评文件材料 | 永久 |
| **4.6** | **人力资源管理工作文件材料** | |
| 4.6.1 | 人力资源规划、工作计划、制度、办法、决定、报告 | 永久 |
| 4.6.2 | 人员招聘、录用、转正、聘任、调资、定级、调动、辞职、离退休、死亡、抚恤、安置等文件材料 | 永久 |
| 4.6.3 | 专业技术资格评审委员会的成立、撤销、评委会人员组成、变更的通知、请示、批复、专业技术(职业)资格评聘等文件材料 | 永久 |
| 4.6.4 | 专业技术资格、专家评选通知、方案、计划、请示、批复等文件材料 | 永久 |

续表

| 序号 | 归 档 范 围 | 保管期限 |
|---|---|---|
| 4.6.5 | 公司及市级以上表彰、奖励等文件材料 | 永久 |
| **4.7** | **年度劳动用工、培训、招聘计划、总结** | 永久 |
| **4.8** | **员工名册、员工调动工作的行政、工资关系介绍信及存根** | 永久 |
| **4.9** | **公司签订的劳动合同** | 永久 |
| **4.10** | **员工薪酬、待遇等劳动人事管理文件材料** | |
| 4.10.1 | 公司薪酬体系、社会保险、福利建设方案、薪酬发放表 | 永久 |
| 4.10.2 | 分公司年度工资计划、福利申报、调整请示、批复、通知 | 永久 |
| 4.10.3 | 公司员工参加养老保险、医疗保险、商业保险、住房公积金、工伤保险、失业保险、生育保险、企业年金等文件材料，社会保险财务凭证、社会保险财务报表、银行对账单等文件材料 | 永久 |
| **4.11** | **技术专家等评审材料** | 永久 |
| **4.12** | **公司本部离退休服务工作文件材料** | |
| 4.12.1 | 本部离退休干部管理制度、办法，待遇标准等文件材料 | 永久 |
| 4.12.2 | 离退休干部统计名册 | 永久 |
| 4.12.3 | 国家关于离退休干部工作方针、政策、办法等文件材料 | 30 年 |
| 4.12.4 | 离退休干部慰问工作文件材料 | 10 年 |
| **4.13** | **员工绩效考核、评优、奖惩工作文件材料** | |
| 4.13.1 | 员工绩效考核、评优工作体系、方案、计划、总结 | 永久 |
| 4.13.2 | 员工绩效考核、评优工作的通知、结果通报 | 永久 |
| 4.13.3 | 员工奖励、获奖等表彰文件材料 | 永久 |
| 4.13.4 | 员工处分文件材料 | 永久 |
| **4.14** | **人才评价和职业发展体系建设工作文件材料** | |
| 4.14.1 | 专业技术资格、专家评选、职业技能鉴定机构成立、撤销、人员组成、变更的通知、请示、批复 | 永久 |
| 4.14.2 | 专业技术资格、专家评选、职业技能鉴定评审等结果通知、请示、批复 | 永久 |
| 4.14.3 | 专业技术资格、专家评选、职业技能鉴定工作等通知、评审方案、计划 | 30 年 |

续表

| 序号 | 归 档 范 围 | 保管期限 |
|---|---|---|
| **4.15** | **公司员工培训工作文件材料** | |
| 4.15.1 | 核心人才培训或培训期30天及以上的 | 30年 |
| 4.15.2 | 培训期30天以下的 | 10年 |
| 4.15.3 | 各类职业资格的申报、办证、注册、变更、后续教育等文件材料 | 永久 |
| **4.16** | **以公司名义获得的奖杯、奖状、证书、奖牌、奖状、锦旗等荣誉文件材料** | 永久 |
| 5 | **市场经营部** | |
| **5.1** | **市场营销管理工作制度、办法、工作总结、要点** | 永久 |
| **5.2** | **市场营销管理文件材料** | |
| 5.2.1 | 国内市场竞争类项目投资申请的报告、请示、批示、批复 | 永久 |
| 5.2.2 | 国内市场竞争类项目使用品牌投标、资格预审、投标的请示、批示、批复,中标通知书,立项报告 | 永久 |
| 5.2.3 | 策划方案、计划、策略,与政府对接函 | 30年 |
| 5.2.4 | 市场营销战略合作协议及相关评审文件材料 | 永久 |
| **5.3** | **市场营销专题会议文件材料** | |
| 5.3.1 | 会议通知、议程、签到表、领导讲话、记录、纪要等文件材料 | 永久 |
| 5.3.2 | 营销工作进展情况通报、简报 | 10年 |
| **5.4** | **营销项目资源情况综合统计报表** | 永久 |
| **5.5** | **资质管理文件材料** | |
| 5.5.1 | 公司资质管理制度、办法、规定 | 永久 |
| 5.5.2 | 公司各类许可证、市场准入证等业务资质证书 | 永久 |
| 5.5.3 | 公司诚信资信、工商事务申报文件材料 | 永久 |
| **5.6** | **市场营销业务培训文件材料** | |
| 5.6.1 | 培训通知、人员名单、日程、讲话、培训成果、录音录像等文件材料 | 30年 |
| 5.6.2 | 培训总结、简报等文件材料 | 10年 |
| **5.7** | **以公司名义获得的奖杯、奖状、证书、奖牌、奖状、锦旗等荣誉文件材料** | 永久 |

续表

| 序号 | 归 档 范 围 | 保管期限 |
|---|---|---|
| 6 | **合同履约管理部** | |
| **6.1** | **公司经营、统计、投资与建设项目招标管理制度、规定、办法、计划、工作要点、总结** | 永久 |
| **6.2** | **公司法律工作制度体系建设相关文件材料** | 永久 |
| **6.3** | **合同专用章用印审批单、印章使用登记表等** | 永久 |
| **6.4** | **公司年度业绩考核工作文件材料** | 永久 |
| **6.5** | **公司生产项目经营管理文件材料** | |
| 6.5.1 | 项目合同、协议及其补充件 | |
| 6.5.1.1 | 签署金额50万元(含)以上的合同、协议及其补充件 | 永久 |
| 6.5.1.2 | 签署金额50万元以下的合同、协议及其补充件 | 30年 |
| 6.5.1.3 | 合同谈判、合同评审意见、合同交底记录等文件材料 | 30年 |
| 6.5.2 | 生产项目履约监管、风险防控文件材料 | |
| 6.5.2.1 | 生产项目分包管理活动等文件材料 | 30年 |
| 6.5.2.2 | 项目履约评价管理工作形成的结论性文件材料 | 30年 |
| 6.5.2.3 | 新开工项目前期策划、年度策划文件材料 | 30年 |
| 6.5.3 | 生产项目工程造价、成本管控、变更索赔、计量结算管理等文件材料 | |
| 6.5.3.1 | 生产项目的估算、概(预)算评审意见等文件材料 | 30年 |
| 6.5.3.2 | 落地项目成本管控、变更索赔、计量结算工作等文件材料 | 30年 |
| 6.5.4 | 公司生产项目经营管理、履约管理文件材料 | |
| 6.5.4.1 | 公司年度生产项目经营活动分析报告、重大经营事项报告 | 永久 |
| 6.5.4.2 | 公司季度生产项目经营活动分析报告,年度经营计划,子企业上报重大经营事项报告 | 10年 |
| 6.5.4.3 | 公司重大经营事项报告 | 永久 |
| 6.5.5 | 经营活动分析会、专项治理工作专题会议文件材料 | |
| 6.5.5.1 | 会议通知、方案、领导讲话、纪要等文件材料 | 永久 |
| 6.5.5.2 | 经营管理、履约管理简报 | 10年 |

续表

| 序号 | 归档范围 | 保管期限 |
|---|---|---|
| 6.5.6 | 公司经营情况综合统计报表 | 永久 |
| 6.5.7 | 所属单位年度营业收入和新签合同计划通知 | 30年 |
| 6.5.8 | 经营活动分析会议通知、议程、签到表、领导讲话、记录、纪要等文件材料 | 永久 |
| **6.6** | **公司及所属单位年度经营业绩考核和管理评价考核文件材料** | |
| 6.6.1 | 年度经营业绩考核和管理评价会议通知、议程、签到表、领导讲话、记录、纪要等文件材料 | 30年 |
| 6.6.2 | 所属单位年度经营业绩责任书，年度业绩考核指标执行、完成情况报告等材料 | 永久 |
| **6.7** | **投资与建设项目招标管理工作文件材料** | |
| 6.7.1 | 投资与建设项目招标管理中心设立、撤并，人员任免、调整通知、请示、批复等文件材料 | 永久 |
| 6.7.2 | 年度招标计划、调整、结果的请示、批复、通知等文件材料 | 永久 |
| 6.7.3 | “大额重大”项目招标结果审批文件材料 | 永久 |
| 6.7.4 | 所属单位合同纠纷处理文件材料 | 30年 |
| 6.7.5 | 招标管理工作检查及调研通知、报告、总结等文件材料 | 30年 |
| **6.8** | **工程建设项目关联交易执行情况统计文件材料** | |
| 6.8.1 | 公司年度关联交易执行情况、下年度预计情况文件材料 | 30年 |
| 6.8.2 | 子公司上报关联交易数据报表、关联交易计划通知等文件材料 | 10年 |
| **6.9** | **工程清欠防欠管理工作文件材料** | |
| 6.9.1 | 清欠防欠工作专题会议通知、会议纪要、决议、领导讲话 | 10年 |
| 6.9.2 | 清欠工作专项治理、季度统计情况通报 | 10年 |
| **6.10** | **法律事务工作文件材料** | |
| 6.10.1 | 法务工作规划、规章、制度、办法等 | 30年 |
| 6.10.2 | 法院判决书、调解书等诉讼和仲裁等文件材料 | 永久 |
| 6.10.3 | 一般法律事务工作文件材料 | 30年 |
| 6.10.4 | 案件、纠纷及公证事务中结论性材料 | 永久 |

续表

| 序号 | 归 档 范 围 | 保管期限 |
|---|---|---|
| 6.10.5 | 案件、纠纷及公证事务中调查过程形成的文件 | 30 年 |
| 6.10.6 | 外聘律师选聘评审会、竞争性谈判文件材料 | 30 年 |
| **6.11** | **公司经营、统计、法务培训文件材料** | |
| 6.11.1 | 培训通知、人员名单、签到表、照片、录音、录像、培训成果等文件材料 | 10 年 |
| 6.11.2 | 培训总结等文件材料 | 10 年 |
| **6.12** | **以公司名义获得的奖杯、奖状、证书、奖牌、奖状、锦旗等荣誉文件材料** | 永久 |
| **7** | **财务资金部** | |
| **7.1** | **财务、资金管理文件材料** | |
| 7.1.1 | 财务管理战略、政策、体系文件等文件材料 | 永久 |
| 7.1.2 | 财务、资金管理制度、办法、规定、规范，年度工作报告、总结、工作要点等 | 永久 |
| 7.1.3 | 财务管理工作计划、报告、通知等 | 30 年 |
| **7.2** | **国有资本及国家专项财政资金管理工作文件材料** | |
| 7.2.1 | 国有资本及国家专项财政资金管理制度、办法、方案 | 永久 |
| 7.2.2 | 公司年度国有资本及国家专项财政资金经营预算支出、使用报告 | 永久 |
| 7.2.3 | 国有资本及国家专项财政资金经营预算资金执行进度、经营决算、使用阶段性报告、总结等 | 永久 |
| 7.2.4 | 国有资本及国家专项财政资金收益情况报告、通知 | 30 年 |
| **7.3** | **公司资产管理文件材料** | |
| 7.3.1 | 公司资产管理、评估、转让、处置等管理制度、办法、实施方案、总结、计划 | 永久 |
| 7.3.2 | 资产处置、评估工作文件材料 | |
| 7.3.2.1 | 增资扩股股权发生变动文件材料 | 永久 |
| 7.3.2.2 | 内部产权无偿划转、协议转让、托管等文件材料 | 永久 |
| 7.3.2.3 | 资产评估方案、评估备案表等资产评估文件材料 | 30 年 |

续表

| 序号 | 归档范围 | 保管期限 |
|---|---|---|
| 7.3.2.4 | 公司及所属单位资产处置及转让工作的意见、请示、批复等文件材料 | 永久 |
| 7.3.3 | 资本登记、资本变动文件材料 | |
| 7.3.3.1 | 上级主管单位对公司国有资本金核算、确认、划转、变更文件材料 | 永久 |
| 7.3.3.2 | 其他非国有组织或机构资本对本企业投资、投入核算登记、确认文件材料 | 永久 |
| 7.3.3.3 | 所属单位资本金增减调整方案的意见、请示、批复等文件材料 | 30年 |
| 7.3.4 | 重大对外投资、融资、改制、兼并、重组等重大事项股权投资财务管理意见、报告 | 永久 |
| 7.3.5 | 资产权属证明文件材料 | |
| 7.3.5.1 | 不动产产权、固定资产登记文件材料，自然资源所有权、使用权、收益权申请、批准、登记文件材料 | 永久 |
| 7.3.5.2 | 商标权、专利权、著作权、计算机软件、商业秘密、技术诀窍等知识产权创造、申请、审批、登记、运用、保护等文件材料 | 永久 |
| 7.3.5.3 | 特许经营权证文件材料，企业资质认证、商誉评估、信用评级等文件材料 | 永久 |
| 7.3.5.4 | 其他固定资产和无形资产权属文件材料 | 永久 |
| 7.3.5.5 | 境外资产与产权权属文件材料 | 永久 |
| 7.3.6 | 审计和资产评估中介机构选聘制度、办法、来往函件 | 10年 |
| **7.4** | **财务决算管理工作文件材料** | |
| 7.4.1 | 年度财务决算、固定资产投资决算等工作布置、编报、汇审工作的通知、会议文件材料 | 10年 |
| 7.4.2 | 财务决算报告文件材料 | |
| 7.4.2.1 | 公司年度财务会计报告（合并及母公司）及JIO文件、境外财务决算报告 | 永久 |
| 7.4.2.2 | 半年度（合并及母公司）财务会计报告及JIO文件 | 30年 |
| 7.4.2.3 | 所属单位年度财务决算报告的请示、批复 | 30年 |
| 7.4.3 | 公司年度固定资产投资决算、国有资本经营决算报告等文件 | 10年 |

续表

| 序号 | 归 档 范 围 | 保管期限 |
|---|---|---|
| 7.4.4 | 公司年度审计报告 | 永久 |
| **7.5** | **公司税务登记、交纳、减免、返还等工作文件材料** | 永久 |
| **7.6** | **公司融资管理工作文件材料** | |
| 7.6.1 | 公司融资计划、实施方案的请示、批复、报告 | 永久 |
| 7.6.2 | 银行贷款、发债等相关请示、批复、报告，借款合同 | 永久 |
| 7.6.3 | 担保管理（含转授权业务）相关请示、批复、报告、担保合同等文件材料 | 永久 |
| 7.6.4 | 分离式保函合同等文件材料 | 永久 |
| 7.6.5 | 融资预算、担保预算相关请示、批复、报告 | 永久 |
| 7.6.6 | 金融衍生品相关请示、批复、报告、合同 | 永久 |
| 7.6.7 | 与金融机构签订的授信合同、战略合作协议 | 永久 |
| 7.6.8 | 与银行、保险、证券、基金管理等金融机构业务往来的文件材料 | 30年 |
| 7.6.9 | 对其他单位的资信调查、客户管理形成的文件材料 | |
| 7.6.9.1 | 战略合作单位的资信调查、客户管理 | 30年 |
| 7.6.9.2 | 其他单位的资信调查、客户管理 | 10年 |
| **7.7** | **资金结算管理工作文件材料** | |
| 7.7.1 | 银行账户管理、开销户文件材料 | 永久 |
| 7.7.2 | 资金结算相关票据、结算单等凭证文件材料 | 30年 |
| 7.7.3 | 资金集中管理工作文件材料 | 10年 |
| **7.8** | **资金预算管理工作文件材料** | |
| 7.8.1 | 资金预算执行情况、分析、考核报告、报表 | 永久 |
| 7.8.2 | 与会计、审计、法律事务所等机构往来形成的文件材料 | 30年 |
| **7.9** | **资金风险管理工作文件材料** | |
| 7.9.1 | 投资评审、风险警示函、风险评估报告等资金风险管理体系文件 | 30年 |
| 7.9.2 | 资金内部控制形成的文件材料 | 10年 |
| **7.10** | **财务预算管理工作文件材料** | |

续表

| 序号 | 归 档 范 围 | 保管期限 |
| --- | --- | --- |
| 7.10.1 | 公司及所属单位年度预算申报、调整文件材料 | |
| 7.10.1.1 | 公司年度预算申报、调整报告 | 永久 |
| 7.10.1.2 | 所属单位年度预算预算申报、调整报告 | 10 年 |
| 7.10.2 | 公司财务预算执行情况报告 | |
| 7.10.2.1 | 公司年度预算执行情况报告 | 30 年 |
| 7.10.2.2 | 公司半年度、季度、月度预算执行情况报告 | 10 年 |
| 7.10.3 | 公司年度预算布置、准备、预算调整审核等工作通知、会议文件材料 | 10 年 |
| **7.11** | **公司及所属单位利润分配文件材料** | |
| 7.11.1 | 公司年度利润分配预案 | 30 年 |
| 7.11.2 | 所属单位利润分配预案、决议 | 10 年 |
| **7.12** | **财务资金管理业务培训文件材料** | |
| 7.12.1 | 培训通知、人员名单、日程、讲话、培训成果、录音录像等文件材料 | 30 年 |
| 7.12.2 | 培训总结、简报等文件材料 | 10 年 |
| **7.13** | **以公司名义获得的奖杯、奖状、证书、奖牌、奖状、锦旗等荣誉文件材料** | 永久 |
| 8 | **工程管理部/三防工作办公室** | |
| **8.1** | **工程项目建设管理制度、办法、年度工作计划、规划、总结** | 永久 |
| **8.2** | **施工技术管理工作文件材料** | |
| 8.2.1 | “四新”技术考察、研究、总结及推广记录 | 永久 |
| 8.2.2 | 各在建项目重大专项施工方案及审查记录 | 30 年 |
| 8.2.3 | 各在建项目重难点的技术解决记录 | 30 年 |
| **8.3** | **工程项目管理工作文件材料** | |
| 8.3.1 | 工程项目管理手册、总结 | 永久 |
| 8.3.2 | 各在建项目总体计划及审查记录 | 30 年 |
| 8.3.3 | 对各在建项目的检查计划、通知、方案、通报，整改、专题报告、总结等 | 30 年 |

续表

| 序号 | 归 档 范 围 | 保管期限 |
| --- | --- | --- |
| 8.3.4 | 对各在建项目定期进行考核的记录、结果、通报等 | 30年 |
| 8.3.5 | 工程管理专题会议通知、议程、领导讲话、纪要、培训成果等文件材料 | 30年 |
| 8.3.6 | 公司各在建项目定期提交的工程记录、报表、工作计划及工作总结等文件材料 | 10年 |
| 8.3.7 | 培训通知、人员名单、日程、讲话、培训成果、录音录像等文件材料 | 30年 |
| **8.4** | **公司优质工程、优秀方案、优秀项目经理、职业经理人等评选工作文件材料** | |
| 8.4.1 | 评选工作制度、办法、实施细则、方案、计划 | 永久 |
| 8.4.2 | 评选结果表彰通知、决定 | 永久 |
| 8.4.3 | 评选工作申报、上报通知，评审会议文件材料 | 30年 |
| **8.5** | **工程质量管理工作文件材料** | |
| 8.5.1 | 工程质量专题会议、培训通知、议程、领导讲话、纪要、培训成果等文件材料 | 30年 |
| 8.5.2 | 工程质量专项检查、监管工作方案、情况通报 | 30年 |
| 8.5.3 | 工程质量管理活动工作请示、批复、通知、实施方案、开展情况报告、总结 | 30年 |
| 8.5.4 | 工程质量事故、事件处理调查结果、决定、通报、会议纪要 | 30年 |
| **8.6** | **质量管理培训工作文件材料** | |
| 8.6.1 | 培训通知、人员名单、日程、讲话、培训成果、录音录像等文件材料 | 30年 |
| 8.6.2 | 培训总结、简报等文件材料 | 10年 |
| **8.7** | **三防工作文件材料** | |
| 8.7.1 | 组织机构及职责体系文件材料 | 永久 |
| 8.7.2 | 对所属单位、各在建项目检查的通知、方案、通报、培训、整改等文件材料 | 30年 |
| **8.8** | **以公司名义获得的奖杯、奖状、证书、奖牌、奖状、锦旗等荣誉文件材料** | 永久 |

续表

| 序号 | 归 档 范 围 | 保管期限 |
|---|---|---|
| 9 | **投资管理部** | |
| **9.1** | **公司发展规划、经营战略决策、公司改革、战略研究文件材料** | |
| 9.1.1 | 公司发展规划、经营战略决策、公司改革的制度、办法 | 永久 |
| 9.1.2 | 公司发展规划、经营战略决策、公司改革文件材料 | |
| 9.1.2.1 | 公司五年发展规划、滚动规划及其请示批复文件 | 永久 |
| 9.1.2.2 | 公司经营战略决策、公司改革的文件材料及请示批复文件、总结报告等 | 永久 |
| 9.1.3 | 公司发展规划调整、评价考核文件材料 | |
| 9.1.3.1 | 公司发展规划调整申请、核准文件材料 | 永久 |
| 9.1.3.2 | 公司发展规划执行情况报告、专家评审报告、评价考核文件材料 | 永久 |
| 9.1.4 | 外部战略规划咨询机构对公司战略规划工作出具的意见、报告等 | 30年 |
| 9.1.5 | 公司战略研究文件材料,包括专题研究报告、相关论证材料等 | 30年 |
| **9.2** | **投资管理文件材料** | |
| 9.2.1 | 公司投资管理制度、办法及投资经营管理体系文件材料 | 永久 |
| 9.2.2 | 投资项目评审委员会相关材料 | |
| 9.2.2.1 | 投资项目评审委员会设立、人员调整等文件材料 | 永久 |
| 9.2.2.2 | 投资项目评审委员会会议通知、议程、领导讲话、签到表、会议记录 、会议纪要、录音录像等材料 | 永久 |
| 9.2.3 | 投资业务计划文件材料 | 永久 |
| 9.2.4 | 投资项目文件材料 | |
| 9.2.4.1 | 投资项目的调研论证报告、项目建议书及可行性分析报告等 | 永久 |
| 9.2.4.2 | 投资项目前期工作请示、批复、备案材料等 | 永久 |
| 9.2.4.3 | 投资项目评标会议通知、签到表、会议记录、会议纪要、评标报告等 | 永久 |
| 9.2.4.4 | 投资项目立项申请报告及批复文件 | 永久 |
| 9.2.4.5 | 投资项目后评价工作计划、后评价报告等 | 永久 |

续表

| 序号 | 归档范围 | 保管期限 |
| --- | --- | --- |
| **9.3** | **投资业务经营分析报告、投资项目阶段性进展情况报告、其他统计分析材料等** | 30年 |
| **9.4** | **以公司名义获得的奖杯、奖状、证书、奖牌、奖状、锦旗等荣誉文件材料** | 永久 |
| **10** | **国际合作部** | |
| **10.1** | **国际业务发展战略、规划、计划、总结等文件材料** | |
| 10.1.1 | 国际业务发展战略、三年(含)以上发展规划,年度工作总结与计划 | 永久 |
| 10.1.2 | 国际业务三年以下发展规划 | 30年 |
| 10.1.3 | 有关国际业务发展战略的请示与批复 | 永久 |
| **10.2** | **国际品牌建设,海外宣传文件材料** | |
| 10.2.1 | 国际品牌宣传音像资料及宣传手册 | 永久 |
| 10.2.2 | 海外新闻稿 | 30年 |
| **10.3** | **境外投资管理文件材料** | |
| 10.3.1 | 境外投资项目的初评材料 | 永久 |
| 10.3.2 | 境外投资项目前期工作请示、报告及批复 | 永久 |
| 10.3.3 | 境外投资项目报中国政府部委备案审批材料及备案证书、回函等 | 永久 |
| 10.3.4 | 境外投资项目企业报送的请示、报告 | 30年 |
| **10.4** | **境外设备及技术等物资的采购** | |
| 10.4.1 | 设备、技术材料、服务等物资采购报告、请示 | 10年 |
| 10.4.2 | 委托境外技术试验,测试等报告、请示 | 10年 |
| **10.5** | **国际业务工作会、展览会、博览会、论坛、学术会议、国际性会议文件材料** | |
| 10.5.1 | 主办国际业务工作会议、展览会、博览会、论坛、学术会议文件材料 | |
| 10.5.1.1 | 请示、批复、批示、通知、组委会组建文件材料,主要活动安排、会徽设计,人员名单、议程、报告、领导人贺辞、题词,讲话,纪要、录音录像、新闻报道等文件材料 | 永久 |

续表

| 序号 | 归档范围 | 保管期限 |
|---|---|---|
| 10.5.1.2 | 交流材料、会议简报等文件材料 | 30年 |
| 10.5.1.3 | 筹备工作中形成的文件材料,会议接待安排、代表登记表、总结等文件材料 | 30年 |
| 10.5.2 | 参加国际业务展览会、博览会、论坛、学术会议等文件材料 | 10年 |
| **10.6** | **外事管理工作文件材料** | |
| 10.6.1 | 外事管理工作管理制度、办法、规定、总结等 | 永久 |
| 10.6.2 | 出国(境)任务审批和办理手续、日程安排、工作报告等文件材料 | |
| 10.6.2.1 | 公司领导、高级管理人员出国(境)的 | 永久 |
| 10.6.2.2 | 部门副主任(含)以上出国(境)的 | 30年 |
| 10.6.2.3 | 其他人员出国(境)的 | 10年 |
| **10.7** | **对外宣传、公共关系管理工作文件材料** | |
| 10.7.1 | 专家聘用证书,国际化人才专家委员会及专家名单,国际化人才激励方案、批示及落实材料 | 永久 |
| 10.7.2 | 新闻媒体对国际业务有关的重要活动、重大事件、典型人物宣传报道 | 永久 |
| 10.7.3 | 外文网站建设、维护合同 | 30年 |
| 10.7.4 | 公务接待记录 | 30年 |
| **10.8** | **境外机构管理文件材料** | |
| 10.8.1 | 境外及港澳台机构设立、撤并、变更的审批材料 | 永久 |
| 10.8.2 | 政府相关部门备案、批准材料 | 永久 |
| 10.8.3 | 驻外机构信息统计表 | 永久 |
| **10.9** | **国际化人才培训文件材料** | |
| 10.9.1 | 培训通知、人员名单、日程、讲话、培训成果、录音录像等文件材料 | 30年 |
| 10.9.2 | 培训总结、简报等文件材料 | 10年 |
| **10.10** | **以公司名义获得的奖杯、奖状、证书、奖牌、奖状、锦旗等荣誉文件材料** | 永久 |

续表

| 序号 | 归 档 范 围 | 保管期限 |
|---|---|---|
| **11** | **安全管理部** | |
| **11.1** | **安全生产管理文件材料** | |
| 11.1.1 | 安全生产管理制度、办法、总结、规划、计划、指导意见 | 永久 |
| 11.1.2 | 安全生产管理体系、标准化文件材料 | 永久 |
| 11.1.3 | 安全生产检查考核工作文件材料 | |
| 11.1.3.1 | 安全生产月、安全生产大检查工作、安全生产专项督查通知、总结、检查结果通报及报告 | 30年 |
| 11.1.3.2 | 安全生产先进单位、先进个人、优秀管理人员、优秀项目部等申报、表彰通知 | 30年 |
| 11.1.4 | 安全生产标准化达标评级评审工作通知、评审方案、达标单位通报等文件材料 | 30年 |
| 11.1.5 | 安全生产工作会议、安全生产专题会议通知、会议决议、领导讲话等文件材料 | 30年 |
| 11.1.6 | 生产安全事故抢救、调查、处理通知、通报等文件材料 | 永久 |
| 11.1.7 | 安全事故隐患排查治理情况通报 | 30年 |
| 11.1.8 | 安全生产费用投入、使用监督检查工作文件材料 | 30年 |
| **11.2** | **环境保护、节能工作、职业健康工作文件材料** | |
| 11.2.1 | 环境保护、节能工作、职业健康工作制度、办法、计划、总结、规划、指导意见、工作情况通报 | 永久 |
| 11.2.2 | 环境保护、节能工作费用投入、使用监督检查工作文件材料 | 30年 |
| 11.2.3 | 环境保护调查、监测、防治、污染事故抢救工作等文件材料 | |
| 11.2.3.1 | 环境影响评价书、环保污染防治措施、应急预案、总结、报告 | 永久 |
| 11.2.3.2 | 较大及以上环境污染事故、生态破坏事件抢救、调查、处理文件材料 | 永久 |
| 11.2.4 | 节能减排统计监测总结 | 永久 |
| 11.2.5 | 节能减排统计监测分析报告、报表 | 30年 |
| 11.2.6 | 建设项目和作业场所职业健康检查、督查工作文件材料 | 30年 |
| **11.3** | **安全生产管理委员会、节能减排工作机构管理文件材料** | |

续表

| 序号 | 归档范围 | 保管期限 |
| --- | --- | --- |
| 11.3.1 | 安全生产管理委员会、节能减排工作机构设立、撤并、变更，人员任免、增补通知、批复、请示 | 永久 |
| 11.3.2 | 安全生产管理委员会、节能减排工作会议通知、决议、会议纪要、领导讲话等 | 30年 |
| **11.4** | **三标一体化管理工作文件材料** | |
| 11.4.1 | 三标一体化体系文件 | 永久 |
| 11.4.2 | 外审工作总结、通报、整改意见、会议通知、签到表等 | 永久 |
| 11.4.3 | 三标一体化管理成果证书 | 永久 |
| 11.4.4 | 内审通知、方案、记录、报告、结果通报、整改报告 | 30年 |
| 11.4.5 | 内审工作会议通知、签到表、会议记录、纪要等文件材料 | 30年 |
| 11.4.6 | 管理评审会议通知、方案、会议记录、纪要报告、结果通报、整改报告等文件材料 | 30年 |
| **11.5** | **安全环保业务培训文件材料** | |
| 11.5.1 | 通知、人员名单、议程、讲话、培训成果、录音录像等文件材料 | 30年 |
| 11.5.2 | 培训总结、简报等文件材料 | 10年 |
| **11.6** | **以公司名义获得的奖杯、奖状、证书、奖牌、奖状、锦旗等荣誉文件材料** | 永久 |
| 12 | **纪检监察审计部/纪委办公室/监察部/巡视办公室/审计部** | |
| **12.1** | **纪检监察年度工作总结、计划** | 永久 |
| **12.2** | **反腐倡廉工作文件材料** | |
| 12.2.1 | 反腐倡廉工作制度、办法、细则、总结、会议纪要，体系建设文件材料 | 永久 |
| 12.2.2 | 党员领导人员廉洁从业管理制度、办法、细则、实施意见、总结等文件材料 | 永久 |
| 12.2.3 | 党员违纪案件立案报告、调查依据，审查结论、处理意见等文件材料 | 永久 |
| **12.3** | **联防联控工作文件材料** | |
| 12.3.1 | 联防联控制度、办法、规定、决定、通报、通知，会议记录、纪要，年度计划、总结 | 永久 |

续表

| 序号 | 归档范围 | 保管期限 |
|---|---|---|
| 12.3.2 | 联防联控会议通知、签到表、表决票，经与会监事签字确认的会议记录、会议纪要、决议记录、决议公告，录音录像等文件材料 | 永久 |
| **12.4** | **信访工作文件材料** | |
| 12.4.1 | 信访工作制度、规定、办法、总结等文件材料 | 永久 |
| 12.4.2 | 信访工作计划 | 30 年 |
| 12.4.3 | 信访事件处理文件材料 | |
| 12.4.3.1 | 有公司领导批示及处理结果的人民来信和重要值班、电话记录、突发事件的报告等 | 永久 |
| 12.4.3.2 | 有处理结果的人民来信和重要值班、电话记录 | 30 年 |
| 12.4.4 | 信访信息通报 | 10 年 |
| **12.5** | **监察工作文件材料** | |
| 12.5.1 | 监察工作制度、办法、规定、决定、通报、通知，会议记录、纪要，年度计划、总结 | 永久 |
| 12.5.2 | 违纪立案报告、调查依据，审查结论、处理意见等文件材料 | 永久 |
| 12.5.3 | 受处分党员申诉书、申诉材料、调查材料、复议反馈、决定等申诉工作文件材料 | 永久 |
| 12.5.4 | 效能监察工作、专项治理、检查工作通知、监察报告、意见 | 永久 |
| **12.6** | **纪检监察干部队伍建设、培训工作培训文件材料** | |
| 12.6.1 | 纪检监察干部培训通知、人员名单、日程、讲话、培训成果、录音录像等文件材料 | 30 年 |
| 12.6.2 | 纪检监察干部培训总结、简报等文件材料 | 10 年 |
| **12.7** | **巡视工作管理文件材料** | |
| 12.7.1 | 巡视工作制度、办法、工作手册、年度计划、总结 | 永久 |
| 12.7.2 | 巡视工作统计报表 | 30 年 |
| 12.7.3 | 巡视工作资金管理请示、批复、通知 | 10 年 |
| **12.8** | **有关机关和上级主管部门巡视本公司时形成的文件材料** | |
| 12.8.1 | 巡视进驻工作文件材料 | |
| 12.8.1.2 | 巡视进驻工作通知、计划、方案 | 30 年 |

续表

| 序号 | 归 档 范 围 | 保管期限 |
|---|---|---|
| 12.8.1.3 | 巡视进驻工作动员会、培训会、沟通见面会通知、记录、纪要等文件材料 | 10年 |
| 12.8.2 | 巡视进展工作文件材料 | |
| 12.8.2.1 | 巡视结果及整改落实情况报告 | 永久 |
| 12.8.2.2 | 巡视进展、情况汇报会通知、签到表、代表发言、会议纪要、录音录像等文件材料 | 30年 |
| **12.9** | **公司巡视所属单位工作文件材料** | |
| 12.9.1 | 巡视工作通知、计划、方案 | 30年 |
| 12.9.2 | 巡视工作人员培训、调配、任免通知、方案 | 30年 |
| 12.9.3 | 巡视结果及整改落实情况报告 | 30年 |
| 12.9.4 | 巡视工作启动动员会、培训会通知、签到表、代表发言、会议纪要、录音录像等会议文件材料 | 10年 |
| **12.10** | **审计工作文件材料** | |
| 12.10.1 | 审计工作管理制度、办法,年度审计项目计划,审计工作要点、总结报告等 | 永久 |
| 12.10.2 | 工程结算、竣工决算财务审计,资产负债、损益审计,内部控制审计,领导人任期经济责任审计等审计工作文件材料 | |
| 12.10.2.1 | 审计报告、会议记录、审计意见书等结论文件材料 | 永久 |
| 12.10.2.2 | 举报材料、批示、实施方案、审计通知书等立项文件材料 | 30年 |
| 12.10.2.3 | 书面承诺书、进点会议文件、工作记录、底稿、证明等过程文件材料 | 30年 |
| 12.10.2.4 | 被审计单位整改情况报告等备查文件材料 | 30年 |
| 12.10.3 | 优秀内部审计项目、审计管理评价评选工作文件材料 | |
| 12.10.3.1 | 优秀内部审计项目、审计管理评价获奖名单、表彰通知、通报 | 30年 |
| 12.10.3.2 | 优秀内部审计项目、审计管理评价评选工作通知、计划 | 10年 |
| 12.10.4 | 上报上级主管部门的备案文件 | |
| 12.10.4.1 | 企业负责人经济责任审计报告 | 永久 |
| 12.10.4.2 | 重大违法违纪、重大资产损失、重大经济案件、重大经营风险专项审计报告 | 永久 |

续表

| 序号 | 归 档 范 围 | 保管期限 |
|---|---|---|
| 12.10.5 | 所属单位审计机构报送的文件材料 | |
| 12.10.5.1 | 审计机构负责人选聘、调整方案、请示、报告、批复、批示等文件材料 | 30年 |
| 12.10.5.2 | 年度内部审计工作总结、计划 | 10年 |
| 12.10.5.3 | 年度审计工作报告、重大审计事项报告备案材料 | 10年 |
| 12.10.6 | 上级主管部门对本公司审计检查形成的文件材料 | |
| 12.10.6.1 | 审计报告、整改情况报告 | 永久 |
| 12.10.6.2 | 审计重大事项请示、报告、批复、批示 | 30年 |
| 12.10.7 | 审计工作会议文件材料 | |
| 12.10.7.1 | 请示、批复、批示、通知、人员名单、议程、报告、讲话、纪要、录音录像等文件材料 | 30年 |
| 12.10.7.2 | 交流材料、会议简报等文件材料 | 10年 |
| 12.10.7.3 | 筹备工作中形成的文件材料，会务工作安排、总结等文件材料 | 10年 |
| 12.10.8 | 审计项目招投标、合同、协议及其补充件 | |
| 12.10.8.1 | 签署金额50万元(含)以上的合同、协议及其补充件 | 永久 |
| 12.10.8.2 | 签署金额50万元以下、10万元(含)以上的合同、协议及其补充件，招投标金额50万元(含)以上过程文件 | 30年 |
| 12.10.8.3 | 签署金额10万元以下的合同、协议及其补充件，招投标金额50万元以下、10万元(含)以上过程文件 | 10年 |
| 12.10.9 | 审计业务培训文件材料 | |
| 12.10.9.1 | 培训通知、人员名单、日程、讲话、培训成果、录音录像等文件材料 | 30年 |
| 12.10.9.2 | 培训总结、简报等文件材料 | 10年 |
| **12.11** | **以公司名义获得的奖杯、奖状、证书、奖牌、奖状、锦旗等荣誉文件材料** | 永久 |
| **13** | **设备物资部** | |
| **13.1** | **设备物资管理制度、办法、体系、规程、规范，总结、计划、工作要点** | 永久 |
| **13.2** | **设备物资管理年度工作会议、专题会议文件材料** | |

续表

| 序号 | 归 档 范 围 | 保管期限 |
|---|---|---|
| 13.2.1 | 请示、批复、批示、通知、人员名单、议程、报告、讲话、纪要、录音录像等文件材料 | 30 年 |
| 13.2.2 | 交流材料、会议简报等文件材料 | 10 年 |
| 13.2.3 | 筹备工作中形成的文件材料，会务工作安排、总结等文件材料 | 10 年 |
| **13.3** | **公司及所属单位设备物资采购、优化配置、统筹、协调工作文件材料** | |
| 13.3.1 | 公司设备物资优化配置、统筹、协调工作通知、批复 | 30 年 |
| 13.3.2 | 所属单位设备物资采购计划、重大设备物资处置报告、请示 | 10 年 |
| 13.3.3 | 设备物资采购招标工作文件材料 | |
| 13.3.3.1 | 设备物资集中采购金额 500 万元(含)以上招标、评标、定标文件材料 | 永久 |
| 13.3.3.2 | 设备物资集中采购金额 500 万元以下招标、评标、定标文件材料 | 10 年 |
| 13.3.3.3 | 设备物资招标采购情况自查活动通知、通报 | 10 年 |
| **13.4** | **设备物资考核评价和评优管理工作文件材料** | |
| 13.4.1 | 设备物资考核评价及评优工作通知、方案、管理评价自评报告 | 10 年 |
| 13.4.2 | 公司设备物资管理先进企业和先进工作者的评选通知、评选结果通报 | 10 年 |
| **13.5** | **设备物资安全管理工作文件材料** | |
| 13.5.1 | 设备物资事故调查分析、报告、处理、决定 | 30 年 |
| 13.5.2 | 设备物资安全管理自查自纠整治活动、专项检查、现场抽查等通知、通报 | 10 年 |
| 13.5.3 | 年度采购管理考核评价活动通知、检查方案、结果通报等文件材料 | 10 年 |
| **13.6** | **设备物资管理文件材料** | |
| 13.6.1 | 设备物资台账、统计报表 | 永久 |
| 13.6.2 | 设备物资到货验收报告、开箱清单、说明书等文件材料 | 10 年 |
| 13.6.3 | 设备物资采购计划、记录 | 10 年 |

续表

| 序号 | 归档范围 | 保管期限 |
|---|---|---|
| 13.6.4 | 设备报废及物资处置审批、备案文件材料 | 10年 |
| **13.7** | **供应商及评标专家管理工作文件材料** | |
| 13.7.1 | 供应商库,年度供应商评价工作通知、方案、通报 | 10年 |
| 13.7.2 | 评标专家库管理、维护文件材料 | 10年 |
| **13.8** | **公司设备物资集中采购管理委员会设立、撤并、人员任免、调整文件材料** | 永久 |
| **13.9** | **设备物资采购、管理业务培训文件材料** | |
| 13.9.1 | 培训通知、人员名单、日程、讲话、培训成果、录音录像等文件材料 | 30年 |
| 13.9.2 | 培训总结、简报等文件材料 | 10年 |
| **13.10** | **以公司名义获得的奖杯、奖状、证书、奖牌、奖状、锦旗等荣誉文件材料** | 永久 |
| 14 | **设计管理部** | |
| **14.1** | **公司勘测设计管理的制度、办法、年度计划、总结、报告** | 永久 |
| **14.2** | **公司项目勘测设计、安全技术管理工作和协调工作文件材料** | |
| 14.2.1 | 勘测设计进度、质量管理和控制会、专题讨论会的通知、签到表及会议纪要等 | 30年 |
| 14.2.2 | 勘测设计对外协调的来往文件 | 30年 |
| 14.2.3 | 工程项目总体施工组织设计、工程重大施工技术方案内部评审文件材料 | 永久 |
| **14.3** | **设计管理队伍培训文件材料** | |
| 14.3.1 | 培训通知、人员名单、日程、讲话、培训成果、录音录像等文件材料 | 10年 |
| 14.3.2 | 培训新闻稿、简报等文件材料 | 10年 |
| **14.4** | **以公司名义获得的奖杯、奖状、证书、奖牌、奖状、锦旗等荣誉文件材料** | 永久 |
| 15 | **技术标准部** | |
| **15.1** | **技术标准、定额、工法工作制度、办法,体系建设等文件材料** | 永久 |
| **15.2** | **技术管理委员会管理文件材料** | |

续表

| 序号 | 归 档 范 围 | 保管期限 |
|---|---|---|
| 15.2.1 | 技术管理委员会成立、人员任免通知、决定 | 永久 |
| 15.2.2 | 技术管理委员会会议记录、会议纪要、录音、签到表、审议通过的文件材料 | 10年 |
| **15.3** | **技术标准、定额管理文件材料** | |
| 15.3.1 | 技术标准、定额发布文件材料 | 永久 |
| 15.3.2 | 技术标准与定额立项、计划、起草、征求意见、审查、报批、复审等文件材料 | 30年 |
| 15.3.3 | 技术标准与定额实施、监督过程中形成的文件材料 | 10年 |
| **15.4** | **工法管理文件材料** | |
| 15.4.1 | 工法发布文件材料 | 永久 |
| 15.4.2 | 工法申报表、工法文本、关键技术评价证明、工程应用证明、经济效益证明等文件材料 | 10年 |
| **15.5** | **行业学会、协会管理文件材料** | 10年 |
| **15.6** | **以公司名义获得的奖杯、奖状、证书、奖牌、奖状、锦旗等荣誉文件材料** | 永久 |
| 16 | **技术研发部** | |
| **16.1** | **科技项目管理工作制度、办法、总结、指导书,发展规划、体系建设等文件材料** | 永久 |
| **16.2** | **科技项目管理文件材料** | |
| 16.2.1 | 科研项目验收、评价、成果鉴定文件材料 | 永久 |
| 16.2.2 | 科技项目立项计划及评审会议文件材料 | 30年 |
| 16.2.3 | 科技项目执行情况监督文件材料 | 30年 |
| **16.3** | **科技成果管理文件材料** | |
| 16.3.1 | 科技成果授权、发布文件材料 | 永久 |
| 16.3.2 | 科技成果申请、审批、缴费等过程文件材料 | 10年 |
| **16.4** | **科技奖励管理文件材料** | |
| 16.4.1 | 科技奖励评审与推荐通知、结果通报 | 永久 |
| 16.4.2 | 科技奖励申报、审批等过程文件材料 | 10年 |

续表

| 序号 | 归 档 范 围 | 保管期限 |
| --- | --- | --- |
| **16.5** | **专业技术委员会管理文件材料** | |
| 16.5.1 | 专业技术委员会成立、撤并、人员任免通知、决定 | 永久 |
| 16.5.2 | 专业技术委员会工作总结、计划等文件材料 | 10 年 |
| 16.5.3 | 专业技术委员会工作会议通知、议程、记录、纪要等文件材料 | 10 年 |
| **16.6** | **学术交流活动文件材料** | |
| 16.6.1 | 举办的学术交流活动通知、函、请示、批示、方案、议程、成果等 | 30 年 |
| 16.6.2 | 参加的学术交流活动通知、函、成果等 | 10 年 |
| **16.7** | **科技管理业务培训文件材料** | |
| 16.7.1 | 培训通知、人员名单、日程、培训成果等文件材料 | 30 年 |
| 16.7.2 | 培训计划、总结等文件材料 | 10 年 |
| **16.8** | **科技进步评价与考核评分表、汇总表、报送材料等** | 10 年 |
| **16.9** | **科技信息统计报表** | 30 年 |
| **16.10** | **以公司名义获得的奖杯、奖状、证书、奖牌、奖状、锦旗等荣誉文件材料** | 永久 |
| **17** | **信息管理部** | |
| **17.1** | **公司信息化管理工作制度、总结、办法、标准、规范** | 永久 |
| **17.2** | **公司信息化工作发展规划、计划** | |
| 17.2.1 | 三年(含)以上发展规划、计划、预算 | 30 年 |
| 17.2.2 | 三年以下发展规划、计划、预算、工作要点 | 10 年 |
| **17.3** | **公司信息管理委员会、信息化工作专题会议文件材料** | |
| 17.3.1 | 会议通知、议程、领导讲话、签到表、记录、纪要、录音录像等 | 30 年 |
| 17.3.2 | 代表发言、交流材料、工作简报、新闻报道等 | 10 年 |
| **17.4** | **公司信息化年度费用预算文件材料** | 10 年 |
| **17.5** | **公司信息化项目建设、实施管理、创优评先等文件材料** | |
| 17.5.1 | 公司信息化项目总体设计方案、需求分析报告 | 30 年 |
| 17.5.2 | 信息化项目招投标、合同、协议及其补充件 | |
| 17.5.2.1 | 签署金额 50 万元(含)以上的合同、协议及其补充件 | 永久 |

续表

| 序号 | 归档范围 | 保管期限 |
|---|---|---|
| 17.5.2.2 | 签署金额50万元以下、10万元(含)以上的合同、协议及其补充件,招投标金额50万元(含)以上过程文件 | 30年 |
| 17.5.2.3 | 签署金额10万元以下的合同、协议及其补充件,招投标金额50万元以下、10万元(含)以上过程文件 | 10年 |
| 17.5.2.4 | 招投标金额50万元(含)以上第一未中标文件 | 10年 |
| 17.5.3 | 信息化项目设计、实施、验收管理文件材料 | |
| 17.5.3.1 | 信息化项目设计方案、实施方案、重要节点会议文件材料 | 永久 |
| 17.5.3.2 | 信息化项目验收报告、验收会议文件材料 | 永久 |
| 17.5.4 | 信息化项目评优申报文件材料 | 10年 |
| **17.6** | **信息化基础设施、设备和信息系统的管理、运维和保障文件材料** | |
| 17.6.1 | 信息化基础设施、设备的管理,信息系统运行维护、数据管理、安全保密等的方案、报告 | 30年 |
| 17.6.2 | 信息化基础设施、设备和信息系统的运行维护记录 | 30年 |
| **17.7** | **公司信息化评价体系建设方案、重大信息系统建设进度和应用效果评价报告等文件材料** | 永久 |
| **17.8** | **信息化业务培训文件材料** | |
| 17.8.1 | 培训通知、人员名单、日程、讲话、培训成果、录音录像等文件材料 | 30年 |
| 17.8.2 | 培训总结、简报等文件材料 | 10年 |
| **17.9** | **以公司名义获得的奖杯、奖状、证书、奖牌、奖状、锦旗等荣誉文件材料** | 永久 |
| **18** | **实验中心** | |
| **18.1** | **科学实验管理办法、制度、规程,年度工作计划、总结** | 永久 |
| **18.2** | **实验仪器设备管理文件材料** | |
| 18.2.1 | 仪器设备采购计划、申请、审批等文件材料 | 30年 |
| 18.2.2 | 仪器设备保管、使用、报废维修和年检等统计文件材料 | 10年 |
| 18.2.3 | 仪器设备使用说明书、操作规程、使用台账等文件材料 | 10年 |
| 18.2.4 | 仪器设备检定、校准计划,证书登记台账等 | 10年 |

续表

| 序号 | 归 档 范 围 | 保管期限 |
| --- | --- | --- |
| 18.2.5 | 仪器设备定期检查记录 | 10 年 |
| **18.3** | **试剂、耗材管理文件材料** | |
| 18.3.1 | 试剂、耗材采购计划、申请、审批等文件材料 | 30 年 |
| 18.3.2 | 试剂、耗材出入库记录台账 | 10 年 |
| 18.3.3 | 易制毒化学品、易制爆化学品年度备案、购买备案等文件材料 | 10 年 |
| **18.4** | **检测监测管理工作文件材料** | |
| 18.4.1 | 对内、对外委托检测申请文件材料 | 10 年 |
| 18.4.2 | 在建重点项目、配套污泥处理厂等的试验检测、监测、分析检测数据及报告等 | 永久 |
| **18.5** | **实验安全质量管理文件材料** | |
| 18.5.1 | 实验安全质量管理的办法、规定、条例等 | 永久 |
| 18.5.2 | 实验安全管理、质量体系运行及管理文件 | 30 年 |
| 18.5.3 | 实验安全教育活动文件材料 | 10 年 |
| 18.5.4 | 实验安全生产、消防方面的文件材料 | 10 年 |
| 18.5.5 | 实验质量控制计划、方案、实施记录等文件材料 | 30 年 |
| **18.6** | **实验中心资质申报、年检、提升的请示、方案、审核报告** | 永久 |
| **18.7** | **参与行业联盟、国内外科研院所、大中院校、行业重点实验室、领域知名企业等开展相关合作研究与交流带回的文件材料** | 10 年 |
| **18.8** | **以公司名义获得的奖杯、奖状、证书、奖牌、奖状、锦旗等荣誉文件材料** | 永久 |

# 附录五 中国电建集团成都勘测设计研究院有限公司管理类文件材料归档范围和档案保管期限表

| 序号 | 归档范围 | 保管期限 |
|---|---|---|
| 1 | 公司办公室 | |
| 1.1 | 公司章程报批稿、批准稿、股东决定书、正式发布稿、修订方案、工商登记备案表 | 永久 |
| 1.2 | 公司管理大纲、工作规则、议事规则、授权管理办法、“三重一大”决策制度实施办法 | 永久 |
| 1.3 | “三重一大”重要专项活动工作通知、报告、会议纪要等文件材料 | 永久 |
| 1.4 | 公司年度工作计划及总结,部门年度工作总结 | 永久 |
| 1.5 | 部门年度工作计划 | 30 年 |
| 1.6 | 董事长办公会、总经理办公会会议文件材料 | |
| 1.6.1 | 会议通知、议程、报告、决议、决定、记录、领导讲话、总结、纪要、讨论通过的文件材料、与会人员名单 | 永久 |
| 1.6.2 | 讨论未通过的文件材料 | 10 年 |
| 1.7 | 公司工作会议、专题会议的会议通知、签到表、议程、报告、讲话、总结、决议、决定、纪要、新闻报道、录音录像等 | 永久 |
| 1.8 | 公司上传下达、下情上传过程产生的文件材料 | |
| 1.8.1 | 公司向有关机关、股份公司的请示、报告与有关机关、股份公司的批复、批示等文件材料 | |
| 1.8.1.1 | 有批复的涉及公司治理、资产处理、经营决策、改革改制、人事安排、薪酬待遇等事项的 | 永久 |
| 1.8.1.2 | 有批复的涉及公司日常经营管理事项的,无批复的涉及公司治理、资产处理、经营决策、改革改制、人事安排、薪酬待遇等事项的 | 30 年 |
| 1.8.1.3 | 无批复的涉及公司日常经营管理事项的 | 10 年 |
| 1.8.2 | 公司收到的有关机关、股份公司等相关机构制发的文件材料 | |

续表

| 序号 | 归档范围 | 保管期限 |
|---|---|---|
| 1.8.2.1 | 涉及公司改革发展、重要经营决策事项的 | 永久 |
| 1.8.2.2 | 涉及公司主营业务并应贯彻执行的 | 30年 |
| 1.8.2.3 | 涉及公司日常经营管理事项的 | 10年 |
| 1.8.3 | 公司与有关单位业务联系的函件 | 30年 |
| 1.8.4 | 公司直属单位、全资子公司和控股子公司的请示、报告、函与公司的批复、复函等文件材料 | |
| 1.8.4.1 | 涉及资产处置、人事任免等重要事项的 | 永久 |
| 1.8.4.2 | 涉及日常经营管理事项的 | 30年 |
| **1.9** | **党和国家领导人、股份公司和有关单位领导、社会知名人士等检查、视察、调研本公司工作时形成的文件材料及外事活动文件材料** | |
| 1.9.1 | 党和国家领导人、股份公司和有关单位领导和社会知名人士的批示、指示、讲话、题词、贺词,接待计划、方案,工作汇报、会谈时形成的文件材料,录音录像等 | 永久 |
| 1.9.2 | 公司领导出访考察、参加国际会议等外事活动所形成的文件材料、录音录像 | 永久 |
| **1.10** | **文秘、督办、印章、综合业务文件材料** | |
| 1.10.1 | 公司会议管理、督办管理、公文管理、印章管理、公务接待管理、重大突发事件总体应急预案等制度、办法、规定、总结 | 永久 |
| 1.10.2 | 收、发文登记表 | 永久 |
| 1.10.3 | 公司大事记 | 永久 |
| 1.10.4 | 公司行政印章刻制申请及审批、启用、作废文件材料,印模、印章使用登记、审批表、印章携带外出签到表,发放/回收印章统计表 | 永久 |
| 1.10.5 | 公司所获综合性奖项记录清单,各类证书、奖牌、奖状、奖杯、锦旗等荣誉实物 | 永久 |
| 1.10.6 | 综合业务对标报告、推优评选文件材料 | 10年 |
| 1.10.7 | 公司综合信息报送文件材料 | 10年 |
| 1.10.8 | 公司重大决策、重要事项和重要工作安排的督办清单、督办处理单、督办通报 | 10年 |

续表

| 序号 | 归 档 范 围 | 保管期限 |
|---|---|---|
| 1.10.9 | 文秘工作培训计划、方案、通知、总结、录音录像等 | 10 年 |
| **1.11** | **品牌建设、公共关系管理文件材料** | |
| 1.11.1 | 品牌建设、公共关系管理的制度、办法、规定、总结 | 永久 |
| 1.11.2 | 公司品牌战略规划 | 永久 |
| 1.11.3 | 公司视觉标识文件材料 | 30 年 |
| 1.11.4 | 公司承办的大型展览会、博览会的请示、批复、通知、日程表、签到表、议程、报告,领导人贺词、题词、讲话,纪要、新闻报道、录音录像等 | 永久 |
| 1.11.5 | 公司参加的外部年度重大展会、展览、协会会议等文件材料、录音录像 | 30 年 |
| **1.12** | **公司领导履职待遇和业务支出、公务机票集中采购工作文件材料** | |
| 1.12.1 | 公司领导履职待遇和业务支出管理的制度、办法、规定、总结 | 永久 |
| 1.12.2 | 公司领导履职待遇和业务支出年度预算表、年度预算执行情况总结报告 | 永久 |
| 1.12.3 | 公司机票集中采购服务商的招标、考核、优化工作会议纪要,与服务商签订的合同 | 永久 |
| 1.12.4 | 公司机票集中采购费用月度、年度报表,年度工作总结报告 | 30 年 |
| 2 | **党群工作部** | |
| **2.1** | **部门年度工作计划** | 30 年 |
| **2.2** | **公司党代会、职代会、工代会会议文件材料** | |
| 2.2.1 | 请示、批复、批示、通知、名单、议程、报告、领导人讲话、选举结果、会议记录、讨论通过的文件材料、决议、纪要、公告、录音录像等 | 永久 |
| 2.2.2 | 大会发言、交流、会议简报 | 10 年 |
| 2.2.3 | 重要的贺信、贺电,筹备工作、选举工作中形成的文件材料,小组会议记录、会务工作安排、总结等文件材料 | 10 年 |
| 2.2.4 | 讨论未通过的文件材料 | 10 年 |
| **2.3** | **公司党委会会议文件材料** | |

续表

| 序号 | 归档范围 | 保管期限 |
|---|---|---|
| 2.3.1 | 通知、议程、签到表、报告、决议、决定、会议记录、领导人讲话、总结、纪要、讨论通过的文件材料、录音录像等 | 永久 |
| 2.3.2 | 讨论未通过的文件材料 | 10年 |
| **2.4** | **党建工作会及专题会的会议通知、签到表、议程、报告、讲话、总结、决议、决定、纪要、新闻报道、录音录像等** | **30年** |
| **2.5** | **公司党委上传下达、下情上传过程产生的文件材料** | |
| 2.5.1 | 公司党委向有关机关、股份公司党委的请示、报告与有关机关、股份公司党委的 批复、批示 | |
| 2.5.1.1 | 有批复的涉及公司党建、党务工作决策事项的 | 永久 |
| 2.5.1.2 | 有批复的涉及公司党建、党务工作日常事项的,无批复的涉及党建、党务工作决策事项的 | 30年 |
| 2.5.1.3 | 无批复的涉及公司党建、党务工作日常事项的 | 10年 |
| 2.5.2 | 公司党委收到的有关机关、股份公司党委等机构制发的文件材料 | |
| 2.5.2.1 | 涉及公司党建、党务工作决策事项的 | 永久 |
| 2.5.2.2 | 涉及公司党建、党务工作日常事项的 | 10年 |
| 2.5.3 | 公司基层党支部的请示、报告、函与本公司党委的批复、复函等文件材料 | |
| 2.5.3.1 | 涉及公司基层党支部党建、党务工作决策事项的 | 永久 |
| 2.5.3.2 | 涉及公司基层党支部党建、党务工作日常事项的 | 30年 |
| **2.6** | **党务综合性工作文件材料** | |
| 2.6.1 | 公司党委工作管理制度、办法、规定、总结 | 永久 |
| 2.6.2 | 重要调研文件材料、党务工作大事记 | 永久 |
| 2.6.3 | 情况反映、工作简报 | 30年 |
| **2.7** | **党建及组织工作文件材料** | |
| 2.7.1 | 公司党建工作规划、年度工作目标、工作计划 | 永久 |
| 2.7.2 | 公司基层党建工作的责任制目标、检查报告、考核结果,基层党组织建设情况及换届文件材料 | 永久 |
| 2.7.3 | 党委系统及综合性奖项申报、表彰文件材料 | |

续表

| 序号 | 归档范围 | 保管期限 |
|---|---|---|
| 2.7.3.1 | 表彰决定,奖牌、奖状、奖杯、锦旗等荣誉实物 | 永久 |
| 2.7.3.2 | 评选通知、申报文件材料 | 30年 |
| 2.7.4 | 党群机构设置、调整、人员编制等方面决定及通知 | 永久 |
| 2.7.5 | 入党、转正、退党、转入、转出等文件材料,入党积极分子、发展对象备案表,党组织关系的介绍信及存根,党员统计年报 | 永久 |
| 2.7.6 | 党内学习教育活动、主题实践活动计划、报告、通知、实施方案、会议、总结等文件材料 | |
| 2.7.6.1 | 中央发起的学习教育活动、主题实践活动 | 永久 |
| 2.7.6.2 | 省、市、股份公司、本公司发起的学习教育活动、主题实践活动 | 30年 |
| 2.7.7 | 党委中心组学习计划、安排、记录、总结等文件材料 | 30年 |
| 2.7.8 | 党费收缴文件材料、党费收缴台账 | 30年 |
| 2.7.9 | 党员发展计划、标准 | 30年 |
| **2.8** | **领导班子和干部队伍建设文件材料** | |
| 2.8.1 | 领导干部考察、考核、任免、政审决定等文件材料 | 永久 |
| 2.8.2 | 党员领导干部民主生活会会议通知、签到表、意见反馈及整改措施、民主生活会记录、情况报告、会议总结等文件材料 | 30年 |
| 2.8.3 | 干部教育、培训文件材料 | 10年 |
| **2.9** | **新闻宣传、媒体公关及企业文化建设文件材料** | |
| 2.9.1 | 新闻宣传等管理的制度、办法、规定、总结 | 永久 |
| 2.9.2 | 公司各类宣传片、宣传书、册,报纸、照片、图片等宣传材料 | 永久 |
| 2.9.3 | 新闻媒体对本公司重要活动、重大事件、典型人物的宣传报道 | 永久 |
| 2.9.4 | 公司史、志、鉴等 | 永久 |
| 2.9.5 | 公司纪念、庆典活动中形成的文件材料 | 永久 |
| 2.9.6 | 公司文化建设方案 | 永久 |
| 2.9.7 | 公司企业文化体系建设总体策划书、年度工作计划 | 30年 |
| 2.9.8 | 公司对内对外宣传工作策划书,年度工作目标、工作计划 | 30年 |
| 2.9.9 | 舆情监测记录、舆情事件报告 | 10年 |

续表

| 序号 | 归 档 范 围 | 保管期限 |
|---|---|---|
| 2.9.10 | 精神文明建设工作评优、考核、通知、计划、决定,公司精神文明创建工作考评表 | 10 年 |
| **2.10** | **公司政研成果研究与总结报告** | **永久** |
| **2.11** | **统战工作文件材料** | |
| 2.11.1 | 统战工作管理的制度、办法、规定、总结 | 永久 |
| 2.11.2 | 公司统战工作报告、会议纪要、调研、计划、总结文件材料 | 永久 |
| 2.11.3 | 民主党派、无党派知识分子人员名单、登记表、活动记录 | 永久 |
| 2.11.4 | 各级人大代表、政协委员推荐表、考察文件材料 | 永久 |
| **2.12** | **信访及维稳工作文件材料** | |
| 2.12.1 | 信访及维稳工作管理的制度、办法、规定、总结 | 永久 |
| 2.12.2 | 信访及维稳工作应急预案 | 永久 |
| 2.12.3 | 信访意见信,重要信访事项的调查研究过程及处理结果文件材料 | 永久 |
| 2.12.4 | 群体性上访突发事件处理结果 | 30 年 |
| 2.12.5 | 公司可能存在的影响稳定的因素统计表 | 10 年 |
| **2.13** | **国家安全及保密工作、机要工作文件材料** | |
| 2.13.1 | 国家安全及保密工作、机要工作管理的制度、办法、规定、总结 | 永久 |
| 2.13.2 | 保密工作要点、总结 | 永久 |
| 2.13.3 | 公司商业秘密事项一览表、保密委员会成员名单 | 永久 |
| 2.13.4 | 保密工作承诺书,保密检查通知、方案、汇报、结论、通报等文件材料 | 永久 |
| 2.13.5 | 党委收、发文登记表 | 永久 |
| 2.13.6 | 保密宣传实施方案 | 10 年 |
| **2.14** | **工会工作、民主管理工作文件材料** | |
| 2.14.1 | 工会工作、民主管理工作的制度、办法、规定、总结 | 永久 |
| 2.14.2 | 公司工会委员会任期内工作目标、年度工作目标、工作计划 | 30 年 |

续表

| 序号 | 归 档 范 围 | 保管期限 |
|---|---|---|
| 2.14.3 | 劳动争议调解委员会、劳动法律监督委员会、女工委员会、宣教文体委员会、职工生活福利委员会、大病救助委员会等专门委员会的会议通知、决定、会议纪要、会议记录 | 永久 |
| 2.14.4 | 工会会费与财务管理文件材料、工会统计年报 | 永久 |
| 2.14.5 | 工会系统先进评选、表彰文件材料 | |
| 2.14.5.1 | 表彰决定,公司获得的奖牌、奖状、奖杯、锦旗等荣誉实物 | 永久 |
| 2.14.5.2 | 评选通知、申报文件材料 | 30年 |
| 2.14.6 | 职工民主管理、职工维权、女工工作等文件材料 | 30年 |
| 2.14.7 | 劳动竞赛、文体活动通知、方案、费用预算、请示、批复、活动记录、总计、录音录像等 | 10年 |
| **2.15** | **团委工作文件材料** | |
| 2.15.1 | 团委工作管理的制度、办法、规定、总结 | 永久 |
| 2.15.2 | 公司团委、基层团支部设立、撤并、变更、选举,人员任免、增补的通知、报告、请示、批复等团委组织建设文件材料 | 永久 |
| 2.15.3 | 团委年度工作要点、工作计划 | 30年 |
| 2.15.4 | 团委先进评选、表彰文件材料 | |
| 2.15.4.1 | 表彰决定,奖牌、奖状、奖杯、锦旗等荣誉实物 | 永久 |
| 2.15.4.2 | 评选通知、申报文件材料 | 30年 |
| 2.15.5 | 二级团组织机构及干部队伍考核表 | 30年 |
| 2.15.6 | 团青品牌活动、技能竞赛、知识讲座、文体活动的通知、策划实施方案、签报、过程记录、总结报告、录音录像等 | 10年 |
| 2.15.7 | 执行上级团组织部署的各项活动的策划与实施方案、总结报告 | 10年 |
| **2.16** | **公司社会责任工作文件材料** | |
| 2.16.1 | 扶贫及社会公益管理的制度、办法、规定、总结 | 永久 |
| 2.16.2 | 公司社会责任报告 | 永久 |
| 2.16.3 | 公司参与和投入社会公益、慈善、捐赠事业的记录文件材料 | 永久 |
| 2.16.4 | 赈灾、扶贫、献血、拥军优属等文件材料 | 永久 |

续表

| 序号 | 归 档 范 围 | 保管期限 |
|---|---|---|
| 3 | **纪委办公室/监察审计部/法律与风险管理部** | |
| 3.1 | **部门年度工作计划** | 30年 |
| 3.2 | **纪检工作文件材料** | |
| 3.2.1 | 公司纪检管理制度、办法、规定、总结 | 永久 |
| 3.2.2 | 公司纪委工作会、反腐倡廉联席会、年度反腐倡廉和反腐败工作会、纪检监察专题会的通知、议程、签到表、决定、通报、会议记录、会议纪要、总结、录音录像等 | 永久 |
| 3.2.3 | 公司提交集团公司的纪委书记述职报告,各单位和各二级党组织提交的党风廉政建设和反腐败工作总结,对各单位和各二级党组织的党风廉政建设和反腐败工作责任制考核评价文件材料 | 永久 |
| 3.2.4 | 公司领导干部考核文件材料、领导干部廉洁谈话表、诫勉谈话记录表、日常谈话记录表,干部廉政档案 | 永久 |
| 3.2.5 | 党内违纪案件的立案审批表、核查方案、初核报告、调查报告、处理意见、党员干部惩处文件材料等 | 永久 |
| 3.2.6 | 公司党风廉政建设和反腐败工作要点、计划,党风廉政建设和反腐败责任书、考核指标体系 | 30年 |
| 3.2.7 | 公司党风廉政建设和反腐败工作迎接上级检查、考核、评价的文件材料 | 30年 |
| 3.2.8 | 对党员干部进行党纪、党规宣传教育,对干部职工进行廉洁教育、警示教育等的学习教育通知、学习教育签到表及回执、学习教育报道等文件材料 | 10年 |
| 3.3 | **监察工作文件材料** | |
| 3.3.1 | 公司监察管理制度、办法、规定、总结 | 永久 |
| 3.3.2 | 公司惩防体系工作规划、全面监督规划 | 永久 |
| 3.3.3 | 公司招标计划评审会议纪要、评标监督表、定标签字审批程序表等评标监督文件材料 | 永久 |
| 3.3.4 | 效能监察立项表、效能监察实施方案、效能监察工作报告、效能监察建议书、效能监察决定书、效能监察结果及整改情况等文件材料 | 30年 |
| 3.3.5 | 公司信息公开工作情况报告 | 10年 |

续表

| 序号 | 归档范围 | 保管期限 |
|---|---|---|
| **3.4** | **审计工作文件材料** | |
| 3.4.1 | 公司审计管理制度、办法、规定、总结 | 永久 |
| 3.4.2 | 公司审计工作年度计划 | 永久 |
| 3.4.3 | 公司各类审计、专项审计的审计通知、审计方案、审计报告、审计意见书、审计工作底稿、调查与证明等文件材料 | 永久 |
| 3.4.4 | 审计专题会议通知、议程、报告、签到表、会议文件材料、会议纪要、录音录像等 | 30年 |
| **3.5** | **法律事务工作文件材料** | |
| 3.5.1 | 公司法律事务管理制度、办法、规定、总结 | 永久 |
| 3.5.2 | 公司在合并、分立、破产、投资、资产租赁及转让、改制等重要经营及决策活动中形成的法律意见书、法律尽职调查报告 | 永久 |
| 3.5.3 | 公司法律纠纷案件的法院判决书、调解书等诉讼和仲裁等文件材料 | 永久 |
| 3.5.4 | 案件、纠纷、行政处罚、复议文件材料及公证事务中结论性文件材料 | 永久 |
| 3.5.5 | 案件、纠纷、行政处罚、复议文件材料及公证事务中调查、协调过程形成的文件材料 | 30年 |
| 3.5.6 | 公司法律服务机构选择、委托中形成的文件材料 | |
| 3.5.6.1 | 与法律服务机构的来往函件 | 永久 |
| 3.5.6.2 | 合同谈判会议纪要、签署合同 | 永久 |
| 3.5.7 | 公司普法宣传教育规划,法制工作年度计划 | 30年 |
| 3.5.8 | 重大合同在签署、履约中形成的法律意见书 | 30年 |
| 3.5.9 | 国际业务中有关政治、经济、文化、社会环境等法律风险防范的专题研究报告 | 30年 |
| 3.5.10 | 各单位法制工作年度考核文件材料 | 30年 |
| 3.5.11 | 公司普法培训通知、日程安排、签到表、新闻报道、录音录像等 | 10年 |
| **3.6** | **全面风险与内部控制工作文件材料** | |
| 3.6.1 | 公司全面风险管理与内部控制管理制度、办法、规定、总结 | 永久 |
| 3.6.2 | 公司年度全面风险管理报告、内部控制评价报告 | 永久 |

续表

| 序号 | 归档范围 | 保管期限 |
| --- | --- | --- |
| 3.6.3 | 全面风险与内部控制年度工作计划 | 30年 |
| 3.6.4 | 风险内控工作会通知、议程、报告、签到表、会议纪要、录音录像等 | 30年 |
| 3.6.5 | 风险基础数据库、重大风险警情表、重大风险预警报告 | 30年 |
| 3.6.6 | 专项风险评估报告、风险管理模型 | 30年 |
| 3.6.7 | 内部控制评价方案、内部控制缺陷整改报告 | 10年 |
| 3.6.8 | 风险内控培训通知、签到表、新闻报道、录音录像等 | 10年 |
| 3.7 | **部门业务工作所获得的奖状、奖杯、证书、奖牌、锦旗等荣誉实物** | 永久 |
| 4 | **计划经营发展部** | |
| 4.1 | **公司及分/子公司筹办和设立的申请文件材料、政府相关部门批准设立本公司的相关文件材料** | 永久 |
| 4.2 | **公司及分/子公司合并、分立、改制、上市、破产、解散或其他变更公司形式等过程中形成的文件材料** | 永久 |
| 4.3 | **公司战略与规划管理的制度、办法、规定、总结** | 永久 |
| 4.4 | **公司中长期战略规划** | 永久 |
| 4.5 | **公司职能战略、业务战略、分/子公司战略** | 永久 |
| 4.6 | **部门年度工作计划** | 30年 |
| 4.7 | **公司二级组织机构设立、撤并、变更文件材料** | 永久 |
| 4.8 | **公司管理体系框架书** | 永久 |
| 4.9 | **公司管理提升及管理创新活动方案、通知、报告、总结** | 30年 |
| 4.10 | **改革改制与政策研究文件材料** | |
| 4.10.1 | 与公司管理体制密切相关的研究报告、方案策划、工作总结、会议纪要、情况通报等 | 永久 |
| 4.10.2 | 公司改革改制工作方案策划、工作会议纪要、情况通报、请示、批复、决定、报告、工作总结等 | 永久 |
| 4.10.3 | 与公司改革发展密切相关的政策研究专题报告 | 30年 |
| 4.10.4 | 对标管理报告 | 30年 |

续表

| 序号 | 归档范围 | 保管期限 |
|---|---|---|
| **4.11** | **目标与业务预算管理文件材料** | |
| 4.11.1 | 目标与业务预算管理制度、办法、规定、总结 | 永久 |
| 4.11.2 | 公司年度经营目标、经营业绩目标责任书、年度计划 | 永久 |
| 4.11.3 | 公司年度管理评价目标、重大战略任务分解表 | 30年 |
| 4.11.4 | 目标评价记录、得分情况，自查报告，目标考核报告 | 30年 |
| 4.11.5 | 业务预算编制方案，业务预算分解下达表，业务预算申请表、调整申请及审批文件材料 | 30年 |
| **4.12** | **市场营销管理文件材料** | |
| 4.12.1 | 市场营销管理制度、办法、规定、总结 | 永久 |
| 4.12.2 | 公司各类资质证照、营业性证照，证照变更核准文件材料、证照借用审批登记表 | 永久 |
| 4.12.3 | 企业资质发展规划报告，资质认证文件材料，信用评级文件材料 | 永久 |
| 4.12.4 | 公司客户信息，与客户业务往来的备忘录、会议纪要、框架协议、战略合作协议 | 永久 |
| 4.12.5 | 公司各类委外与外委合同台账、合同文本、协议及其补充文件材料、重要函件 | 永久 |
| 4.12.6 | 一级项目投标评审意见、会议纪要、风险评估报告，投标备案、合同评审文件材料 | 永久 |
| 4.12.7 | 国内市场信息与市场开拓情况报告、战略合作推进报告 | 永久 |
| 4.12.8 | 市场营销计划、市场营销分析报告 | 30年 |
| **4.13** | **生产计划管理文件材料** | |
| 4.13.1 | 公司生产项目计划与费用管理的制度、办法、规定、总结 | 永久 |
| 4.13.2 | 一级、二级生产项目总体进度计划、一级生产项目年度执行进度计划的审批意见 | 永久 |
| 4.13.3 | 一级、二级生产项目总体预算、一级生产项目年度预算审批意见 | 永久 |
| 4.13.4 | 一级项目勘测实物工作量的策划、评审会议纪要 | 30年 |
| 4.13.5 | 项目生产任务书 | 10年 |

续表

| 序号 | 归档范围 | 保管期限 |
|---|---|---|
| **4.14** | **两准则执行管理文件材料** | |
| 4.14.1 | 公司两准则执行管理制度、办法、规定、总结 | 永久 |
| 4.14.2 | 两准则组织机构设置及权责划分文件材料 | 永久 |
| 4.14.3 | 两准则执行成果验收意见 | 永久 |
| 4.14.4 | 一、二级项目的预计总收入与预计总成本成果及评审意见文件材料 | 永久 |
| **4.15** | **业务运营管理文件材料** | |
| 4.15.1 | 公司业务运营管理制度、办法、规定、总结 | 永久 |
| 4.15.2 | 公司生产经营数据库，公司各类生产经营统计报表、报告、台账 | 永久 |
| 4.15.3 | 公司年度生产经营例会通知、议程、签到表、会议纪要、生产经营工作报告 | 永久 |
| 4.15.4 | 业务/专业分公司业务范围划分表、战略主推业务说明书 | 永久 |
| 4.15.5 | 公司月度、季度、半年度生产经营例会通知、议程、签到表、会议纪要、生产经营工作报告，分/子公司生产经营协调会会议通知、签到表、会议纪要 | 30年 |
| 4.15.6 | 分/子公司、板块半年度/年度生产经营工作报告 | 30年 |
| 4.15.7 | 分/子公司及项目巡查报告 | 30年 |
| **4.16** | **组织绩效考核与分配文件材料** | |
| 4.16.1 | 公司绩效考核与评价管理的制度、办法、规定、总结 | 永久 |
| 4.16.2 | 分/子公司年度经营业绩考核结果表 | 30年 |
| 4.16.3 | 分/子公司年度分配方案 | 30年 |
| **4.17** | **部门业务工作所获得的奖状、奖杯、证书、奖牌、锦旗等荣誉实物** | 永久 |
| **5** | **人力资源部** | |
| **5.1** | **部门年度工作计划** | 30年 |
| **5.2** | **组织机构及岗位管理文件材料** | |
| 5.2.1 | 公司组织机构及岗位管理制度、办法、规定、总结 | 永久 |

续表

| 序号 | 归档范围 | 保管期限 |
|---|---|---|
| 5.2.2 | 公司组织机构设置、撤并、名称变更等文件材料 | 永久 |
| 5.2.3 | 公司部门职能说明书、岗位说明书、人员编制文件材料 | 永久 |
| **5.3** | **干部管理文件材料** | |
| 5.3.1 | 公司干部管理制度、办法、规定、总结 | 永久 |
| 5.3.2 | 公司干部队伍建设整体规划 | 永久 |
| 5.3.3 | 向股份公司关于干部管理工作的请示、报告及股份公司的批复、批示等 | 永久 |
| 5.3.4 | 干部选拔任用工作计划、方案、总结、测评等文件材料 | 永久 |
| 5.3.5 | 中层干部的考察、推荐、选拔、考核、聘(任)免、奖惩等文件材料 | 永久 |
| 5.3.6 | 分/子公司干部选任工作计划、请示报告及批复 | 永久 |
| 5.3.7 | 分/子公司科技干部报备文件材料 | 永久 |
| 5.3.8 | 外派人员任免文件材料 | 永久 |
| **5.4** | **劳动用工与职称管理文件材料** | |
| 5.4.1 | 公司劳动用工、职称评审管理制度、办法、规定、总结 | 永久 |
| 5.4.2 | 公司中长期人力资源规划 | 永久 |
| 5.4.3 | 年度人员需求计划、年度人员招聘计划 | 30年 |
| 5.4.4 | 公司人员录用、转正、聘任、调资、定级、定岗、停薪留职、辞职、离退休、死亡、抚恤、安置等文件材料 | 永久 |
| 5.4.5 | 劳动合同的签订、变更、解除、终止等文件材料,公司本部劳动合同管理台账 | 永久 |
| 5.4.6 | 职工调动工作的行政、工资关系的介绍信及存根 | 永久 |
| 5.4.7 | 劳资纠纷、仲裁方面的文件材料 | 永久 |
| **5.5** | **绩效、薪酬与福利管理文件材料** | |
| 5.5.1 | 公司绩效考核、薪酬福利与奖惩管理的制度、办法、规定、总结 | 永久 |
| 5.5.2 | 绩效管理工作计划、绩效考核工作方案 | 30年 |
| 5.5.3 | 公司先进单位、劳动模范、先进工作者等的奖励文件材料 | |
| 5.5.3.1 | 公司及省部级(含)以上表彰、奖励的 | 永久 |

续表

| 序号 | 归档范围 | 保管期限 |
| --- | --- | --- |
| 5.5.3.2 | 其他表彰、奖励的 | 30年 |
| 5.5.4 | 对公司人员的处分文件材料 | |
| 5.5.4.1 | 受到警告(不含)以上处分的 | 永久 |
| 5.5.4.2 | 受到警告处分的 | 30年 |
| 5.5.5 | 股份公司关于本公司工资总额、负责人年薪的批示,各分/子公司关于工资总额、负责人的年薪核定向公司总部的请示、报告、函及公司总部的批复、复函等文件材料,薪酬兑现文件材料 | 永久 |
| 5.5.6 | 员工工资基数核定文件材料、员工津贴补贴管理标准 | 永久 |
| 5.5.7 | 健康体检合同 | 30年 |
| 5.5.8 | 劳保配置计划 | 30年 |
| **5.6** | **社会保险、商业保险文件材料** | |
| 5.6.1 | 公司社会保险、商业保险管理制度、办法、规定、总结 | 永久 |
| 5.6.2 | 公司各项社会保险、企业年金、补充医疗保险征缴、申报管理形成的文件材料 | 永久 |
| 5.6.3 | 企业年金、补充医疗保险个人账户分配管理形成的文件材料 | 永久 |
| 5.6.4 | 商业保险合同,商业保险的策划、申报、理赔工作文件材料 | 永久 |
| **5.7** | **员工培训、资质管理文件材料** | |
| 5.7.1 | 公司培训及个人资质管理的制度、办法、规定、总结 | 永久 |
| 5.7.2 | 公司中长期培训规划、年度培训计划、总结 | 30年 |
| 5.7.3 | 新员工入职培训、职工岗位培训等的通知、报告、总结、简报、新闻报道、录音录像等 | 10年 |
| 5.7.4 | 公司专业技术人员执业资格基本情况表、执业注册工程师注册、继续教育等文件材料 | 10年 |
| **5.8** | **离退休管理文件材料** | |
| 5.8.1 | 公司离退休及人事档案管理的制度、办法、规定、总结 | 永久 |
| 5.8.2 | 向股份公司关于离退休工作的请示、报告及股份公司的批复、批示 | 永久 |
| 5.8.3 | 落实离退休人员统筹外待遇形成的文件材料 | 永久 |

续表

| 序号 | 归 档 范 围 | 保管期限 |
|---|---|---|
| **5.9** | **部门业务工作所获得的奖状、奖杯、证书、奖牌、锦旗等荣誉实物** | 永久 |
| 6 | **财务管理部** | |
| **6.1** | **公司财务发展规划** | 永久 |
| **6.2** | **部门年度工作计划** | 30年 |
| **6.3** | **财务管理文件材料** | |
| 6.3.1 | 公司财务管理、会计综合管理、会计核算制度、办法、规定、总结 | 永久 |
| 6.3.2 | 年度财务会计报告、决算审计报告 | 永久 |
| 6.3.3 | 各分子公司重大财务事项、财务基本制度的报备与审批文件材料 | 30年 |
| 6.3.4 | 公司利润分配预案及分配结果文件材料 | 30年 |
| 6.3.5 | 年度财务工作会议通知、报告、总结、纪要、录音录像、宣传报道等 | 30年 |
| 6.3.6 | 财务队伍建设规划 | 10年 |
| 6.3.7 | 公司财务业务培训的通知、签到表、报告、讲话、总结、纪要、学习交流材料、录音录像、宣传报道等 | 10年 |
| 6.3.8 | 月度快报、月度内参 | 10年 |
| 6.3.9 | 会计审计学会日常管理文件材料 | 10年 |
| **6.4** | **预算管理文件材料** | |
| 6.4.1 | 公司预算管理制度、办法、规定、总结 | 永久 |
| 6.4.2 | 公司年度预算报告、预算调整报告、预算调整方案及股份公司审批文件材料 | 永久 |
| 6.4.3 | 对各分子公司财务预算的申报与审批文件材料 | 30年 |
| 6.4.4 | 财务预算执行分析报告 | 30年 |
| **6.5** | **税务管理文件材料** | |
| 6.5.1 | 公司税务管理制度、办法、规定、总结 | 永久 |
| 6.5.2 | 公司税务登记证、税收优惠认定、中介税收鉴证等文件材料 | 30年 |
| 6.5.3 | 公司税收交纳、返还等工作文件材料 | 10年 |

续表

| 序号 | 归档范围 | 保管期限 |
|---|---|---|
| 6.5.4 | 税务工作计划、筹划、方案等文件材料 | 10年 |
| **6.6** | **产权与评估管理文件材料** | |
| 6.6.1 | 国有产权管理制度、办法、规定、总结 | 永久 |
| 6.6.2 | 公司资产评估方案及批复文件材料、资产评估报告 | 永久 |
| 6.6.3 | 公司产权登记表(证)、产权登记文件材料 | 永久 |
| 6.6.4 | 资本增、减资申请与批复文件材料 | 永久 |
| 6.6.5 | 公司产权年度分析报告 | 30年 |
| **6.7** | **部门业务工作所获得的奖状、奖杯、证书、奖牌、锦旗等荣誉实物** | 永久 |
| **7** | **资产金融部** | |
| **7.1** | **部门年度工作计划** | 30年 |
| **7.2** | **公司年度资金管理工作会会议通知、总结、纪要、宣传报道、录音录像等** | 30年 |
| **7.3** | **公司年度资金管理培训会会议通知、总结、宣传报道、录音录像等** | 10年 |
| **7.4** | **资金管理、融资管理与子公司及外部机构往来形成的文件材料** | 永久 |
| **7.5** | **资金管理文件材料** | |
| 7.5.1 | 公司资金管理制度、办法、规定、总结 | 永久 |
| 7.5.2 | 资金内部调剂申请、签报等审批文件材料、资金内部调剂协议 | 永久 |
| 7.5.3 | 银行开户、变更、注销的申请、批复及备案等文件材料 | 永久 |
| 7.5.4 | 重大资金风险警情表及指标监控文件材料、资金风险评估报告、收益测算方案、资金增值方案等文件材料 | 永久 |
| 7.5.5 | 保函文本 | 永久 |
| 7.5.6 | 资金支付审批文件材料、资金计划汇总报告、资金快报、资金部报表等文件材料 | 30年 |
| **7.6** | **融资及担保管理文件材料** | |
| 7.6.1 | 公司融资及担保管理制度、办法、规定、总结 | 永久 |
| 7.6.2 | 公司年度融资计划、三年融资规划 | 永久 |

续表

| 序号 | 归 档 范 围 | 保管期限 |
| --- | --- | --- |
| 7.6.3 | 公司融资预算、担保预算及金融衍生品的请示、批复、报告 | 永久 |
| 7.6.4 | 银行贷款、提款、发债等请示、批复、报告、借款合同 | 永久 |
| 7.6.5 | 授信协议、评级通知书 | 永久 |
| 7.6.6 | 融资台账 | 永久 |
| 7.6.7 | 对外担保台账、担保批复、担保合同等文件材料 | 永久 |
| 7.6.8 | 合作金融机构信息库 | 永久 |
| 7.6.9 | 融资项目基础文件材料、可研报告、审批文件材料及批复 | 永久 |
| 7.6.10 | 融资方案书、融资谈判纪要、融资成本测算报表等文件材料 | 永久 |
| **7.7** | **保险管理文件材料** | |
| 7.7.1 | 公司商业保险管理制度、办法、规定、总结 | 永久 |
| 7.7.2 | 保险采购申请、投保申请、评审意见、审批意见 | 永久 |
| 7.7.3 | 商业保险招标或邀标文件材料、投标文件材料、定标文件材料,与保险机构合作的协议书、合同、会议纪要等文件材料 | 永久 |
| 7.7.4 | 年度商业保险管理情况报告 | 30年 |
| **7.8** | **公司资产盘活方案,公司整体资产质量、分布、使用效率等的分析报告等文件材料** | 永久 |
| **7.9** | **部门业务工作所获得的奖状、奖杯、证书、奖牌、锦旗等荣誉实物** | 永久 |
| **8** | **科技信息档案部** | |
| **8.1** | **部门年度工作计划** | 30年 |
| **8.2** | **科技综合管理文件材料** | |
| 8.2.1 | 科技发展规划,年度科技工作、经费、报奖计划 | 30年 |
| 8.2.2 | 公司年度科技工作会议、科技工作专题会议、科技学术交流会议通知、纪要、总结、宣传报道、录音录像等 | 30年 |
| 8.2.3 | 科技学会/协会加入审批文件、年鉴 | 30年 |
| 8.2.4 | 科技工作预算、报表、考核等文件材料 | |
| 8.2.4.1 | 企业技术中心年度报表和评价报告,科技信息统计报表 | 30年 |
| 8.2.4.2 | 年度科技综合绩效考核结果表、科技产值分配汇总表 | 30年 |

续表

| 序号 | 归 档 范 围 | 保管期限 |
|---|---|---|
| 8.2.4.3 | 年度科技投入和研发投入预算书、高新技术企业月度报表 | 10 年 |
| **8.3** | **科技研发与技术标准管理文件材料** | |
| 8.3.1 | 科技研发管理、技术标准管理制度、办法、规定、总结 | 永久 |
| 8.3.2 | 科技项目立项通知、评审会会议纪要,计划任务书、计划变更或预算调整审批文件材料、协议书,科技项目(委外)合同、协议及其补充文件材料 | 永久 |
| 8.3.3 | 科技项目成果报告、执行情况报告、鉴定证书、验收意见书 | 永久 |
| 8.3.4 | 技术标准项目的立项通知、立项文件材料、评审、成果上报与发布等文件材料 | |
| 8.3.4.1 | 国家、行业、集团技术标准项目 | 永久 |
| 8.3.4.2 | 公司技术标准项目 | 30 年 |
| 8.3.5 | 科技项目(委外)招投标文件材料 | 10 年 |
| **8.4** | **科技成果与知识产权管理文件材料** | |
| 8.4.1 | 科技成果与知识产权管理制度、办法、规定、总结 | 永久 |
| 8.4.2 | 科技成果评价报告,科技成果获奖证书、专利证书及成果公布、奖励文件材料,技术专著、科技奖励分配方案与奖励发放清单 | 永久 |
| 8.4.3 | 成果申报书、推荐书及附件材料,专有技术、专利、软件著作权、工法及科技著作的技术交底书与申请文件材料、受理通知书、成果登记书、缴费通知书 | 永久 |
| 8.4.4 | 公司内部科技奖项评审会议纪要 | 30 年 |
| 8.4.5 | 专利转让合同会签表、专利转让合同、专利资助结果、专利年费缴纳清单 | 30 年 |
| 8.4.6 | 科技成果及知识产权汇总表 | 10 年 |
| **8.5** | **研发中心、博士后工作站及院士工作站管理文件材料** | |
| 8.5.1 | 研发中心、博士后工作站与院士工作站管理的制度、办法、规定、总结 | 永久 |
| 8.5.2 | 新建研发中心的设立策划书、审核与指导意见书 | 永久 |
| 8.5.3 | 研发中心发展规划、总体建设方案、年度工作计划、经费预算及工作考核记录 | 30 年 |

续表

| 序号 | 归 档 范 围 | 保管期限 |
|---|---|---|
| 8.5.4 | 博士后管理文件材料 | |
| 8.5.4.1 | 博士后申请、录用、进站、在站工作、工作期满及出站文件材料,博士后开题报告、中期报告、出站报告 | 永久 |
| 8.5.4.2 | 博士后人员招收计划、博士后招聘信息 | 10 年 |
| 8.5.5 | 院士进站协议书 | 永久 |
| **8.6** | **信息化建设与管理文件材料** | |
| 8.6.1 | 信息化建设与管理制度、办法、规定、总结 | 永久 |
| 8.6.2 | 公司信息化发展规划、综合信息系统规划,信息化技术标准、数据标准 | 30 年 |
| 8.6.3 | 公司年度信息化工作会议、信息化工作专题会议通知、议程、报告、讲话、总结、记录、纪要、新闻报道、录音录像等 | 30 年 |
| 8.6.4 | 信息化建设业务会议、培训等通知、日程、签到表、报告、讲话、总结、纪要、学习交流文件材料、宣传报道、录音录像等 | 10 年 |
| 8.6.5 | 信息化项目立项报告及审批意见,项目可行性研究报告、项目建设方案,项目需求、建设、设计与实施方案,项目上线文件材料,信息系统安全测评报告,项目上线评审文件材料,项目初验文件材料与初验报告,项目终验文件材料与终验报告,项目后评价报告 | 30 年 |
| 8.6.6 | 信息化项目招投标、合同、协议及其补充文件材料 | |
| 8.6.6.1 | 涉及金额 50 万元(含)以上的 | 30 年 |
| 8.6.6.2 | 涉及金额 50 万元以下的 | 10 年 |
| 8.6.7 | 公司信息化年度经费预算、预算变更记录、预算执行考核记录等文件材料 | 30 年 |
| 8.6.8 | 信息化基础设施、设备和信息系统的管理、运维和保障文件材料 | |
| 8.6.8.1 | 信息化总体设计方案、系统运维方案、报告与记录,信息系统等级保护报告、网络与信息系统安全事故应急预案、网络与信息系统安全事故应急演练文件材料、公司受控软件清单 | 30 年 |
| 8.6.8.2 | 信息化基础设施、设备运行与维护记录 | 10 年 |
| 8.6.9 | IT 绩效考核指标、绩效考核报告;向上级单位报送的数据、报告等文件材料 | 30 年 |

续表

| 序号 | 归 档 范 围 | 保管期限 |
|---|---|---|
| **8.7** | **档案管理文件材料** | |
| 8.7.1 | 档案管理制度、办法、规定、总结，档案工作应急预案 | 永久 |
| 8.7.2 | 档案工作规划、升级达标规划、年度工作计划 | 30 年 |
| 8.7.3 | 档案业务会议、培训的通知、日程、签到表、报告、讲话、总结、纪要、学习交流文件材料、录音录像、宣传报道等 | 10 年 |
| 8.7.4 | 各类归档文件材料移交清单、产品运行卡、档案鉴定销毁请示与审批表、档案鉴定与销毁清册、档案开发与编研成果等文件材料 | 永久 |
| 8.7.5 | 涉密文件材料购买申请表、涉密文件材料安全保密责任书、需购买涉密文件材料的项目合同、涉密文件材料移交清单等文件材料 | 永久 |
| 8.7.6 | 投资建设项目档案验收文件材料 | 永久 |
| 8.7.7 | 公司产品签证盖章审批单、产品发送单及回执 | 永久 |
| 8.7.8 | 档案工作业务指导、检查、考核的方案、通知、结论、通报 | 30 年 |
| 8.7.9 | 收集归档文件材料登记簿、科技档案整编入库登记簿、档案利用及审批单、档案统计年报 | 30 年 |
| 8.7.10 | 承揽外部委托的工程项目竣工档案整编服务的委托书、工作报告、总结等文件材料 | 30 年 |
| 8.7.11 | 数字档案馆建设方案、总结、报告、评审结果等文件材料 | 30 年 |
| 8.7.12 | 档案库房检查记录、库房温湿度记录表 | 10 年 |
| **8.8** | **期刊编审出版发行管理文件材料** | |
| 8.8.1 | 期刊编审出版发行管理制度、办法、规定、总结 | 永久 |
| 8.8.2 | 期刊编审出版发行工作规划及年度实施计划 | 30 年 |
| 8.8.3 | 期刊编辑部营业执照 | 永久 |
| 8.8.4 | 正式出版的期刊样刊及论文集 | 永久 |
| 8.8.5 | 期刊年度核验自查报告、期刊出版年审核验表、核验承诺书、出版单位主要负责人情况表、期刊年报等文件材料 | 30 年 |
| 8.8.6 | 来稿登记及流转信息表、稿件送审单、稿件定版印刷签审单、给付作者及审稿专家稿酬清单 | 30 年 |

续表

| 序号 | 归 档 范 围 | 保管期限 |
|---|---|---|
| 8.8.7 | 混凝土坝情报网管理文件材料 | |
| 8.8.7.1 | 混凝土坝情报网会员单位缴费通知、混凝土坝情报网网长会议及全网大会会议财务预算报告、会议通知、日程安排、签到表、新闻报道等文件材料 | 30年 |
| 8.8.7.2 | 混凝土坝情报网年会论文审稿意见及其出版合同 | 30年 |
| **8.9** | **部门业务工作所获得的奖状、奖杯、证书、奖牌、锦旗等荣誉实物** | 永久 |
| **9** | **安全质量环保部** | |
| **9.1** | **部门年度工作计划** | 30年 |
| **9.2** | **管理体系建设及三体系认证、监督管理文件材料** | |
| 9.2.1 | 公司管理体系建设及三体系认证、监督管理制度、办法、规定、总结 | 永久 |
| 9.2.2 | 公司管理体系文件材料评审会议纪要、评审表,管理体系文件材料清单及管理体系文件材料,管理体系文件材料发布通知 | 永久 |
| 9.2.3 | 职业健康安全管理体系认证证书、管理体系框架书、管理体系建设总体策划书 | 永久 |
| 9.2.4 | 质量、环境、职业健康安全管理体系认证范围确认文件材料,认证合同 | 30年 |
| 9.2.5 | 公司管理体系建设及改进方案,分/子公司管理体系框架及文件材料清单 | 30年 |
| 9.2.6 | 公司内外部审核计划、通知,内部审核记录、内外部审核报告、内外部审核不符合报告及改进建议清单,管理评审输入文件材料、管理评审会议纪要、管理评审报告 | 30年 |
| 9.2.7 | 公司内部审核员培训计划、通知、记录、总结、录音录像,内审员名单 | 10年 |
| **9.3** | **质量管理体系策划、运行监督及改进工作文件材料** | |
| 9.3.1 | 公司质量管理体系文件材料清单、质量管理体系文件材料,各业务质量管理信息、质量管理报告 | 永久 |
| 9.3.2 | 各级质量管理奖评审表彰文件材料 | |
| 9.3.2.1 | 各级行业质量管理类奖项表彰文件材料及其证书、奖牌等荣誉实物,公司年度质量奖表彰文件材料 | 永久 |

续表

| 序号 | 归档范围 | 保管期限 |
| --- | --- | --- |
| 9.3.2.2 | 省部级(含)以上行业质量管理类奖项申报文件材料 | 30年 |
| 9.3.2.3 | 省部级以下行业质量管理奖申报材料及评选过程记录文件材料 | 10年 |
| 9.3.3 | 二级单位质量管理信息、项目质量月报及质量管理报告 | 10年 |
| 9.3.4 | 建设项目、重大勘测设计项目的内外部审核报告、改进建议清单 | 10年 |
| 9.3.5 | QC成果发表、审核及上报文件材料 | |
| 9.3.5.1 | 各级优秀QC成果表彰文件,证书、奖状等荣誉实物,QC成果 | 永久 |
| 9.3.5.2 | 省部级(含)以上优秀QC成果申报文件材料 | 30年 |
| 9.3.5.3 | 省部级以下优秀QC成果申报文件材料 | 10年 |
| 9.3.5.4 | 年度QC小组活动项目发布通知及清单 | 10年 |
| 9.3.6 | 公司第三方满意度测评计划、测评报告 | 30年 |
| 9.3.7 | 质量月、各类质量专项检查活动通知、总结、报告等 | 10年 |
| 9.3.8 | 管理体系会议通知、培训通知及记录、签到表 | 10年 |
| **9.4** | **产品质量管理文件材料** | |
| 9.4.1 | 产品质量管理制度、办法、规定、总结 | 永久 |
| 9.4.2 | 公司产品质量剖析报告、质量管理报告 | 永久 |
| 9.4.3 | 公司产品质量控制过程及质量目标实现情况监督检查记录等文件材料 | 永久 |
| 9.4.4 | 质量事故即时报告文件、质量事故处理结果文件材料 | |
| 9.4.4.1 | 直接经济损失大于100万元及以上的 | 永久 |
| 9.4.4.2 | 直接经济损失小于100万元的 | 30年 |
| 9.4.5 | 公司产品质量目标 | 永久 |
| **9.5** | **职业健康安全、环保及节能减排管理文件材料** | |
| 9.5.1 | 职业健康安全、环保及节能减排管理制度、办法、规定、总结 | 永久 |
| 9.5.2 | 公司职业健康安全、环保及节能减排发展规划、年度工作报告、年度工作目标和工作重点,年度安全生产工作总结 | 永久 |
| 9.5.3 | 公司安全、环保、节能减排奖励表彰文件材料 | 永久 |

续表

| 序号 | 归 档 范 围 | 保管期限 |
|---|---|---|
| 9.5.4 | 安全生产责任书 | 永久 |
| 9.5.5 | 职业健康安全及环保事故处理文件材料 | |
| 9.5.5.1 | 事故即时报告文件材料、事故分析/调查报告、事故处理报告、事故处罚文件材料 | 永久 |
| 9.5.5.2 | 工伤事故登记表及医疗文件材料、工伤保险、意外伤害保险文件材料 | 永久 |
| 9.5.5.3 | 各类事故年度统计报表 | 永久 |
| 9.5.6 | 年度安全工作会、安委会、专题安全会议通知、报告、会议纪要、签到表、总结、宣传报道、录音录像等 | 30 年 |
| 9.5.7 | 公司综合应急预案、专项应急预案与现场处置方案及其修订、评审、签发文件材料 | 30 年 |
| 9.5.8 | 安全生产委员会成立文件材料、四个责任体系框图、安全管理网络表 | 30 年 |
| 9.5.9 | 公司安全检查报告、通报,隐患排查记录,危险因素清单,环境因素清单、年度考核记录、检查考核书面意见、安全检查记录、安全指导记录 | 30 年 |
| 9.5.10 | 安全生产标准化工作文件材料 | |
| 9.5.10.1 | 公司安全标准化自评审报告、体系内外审文件材料、应急能力评估报告 | 30 年 |
| 9.5.10.2 | 安全生产标准化管理评审输入文件材料、安全标准化查评问题整改记录、应急能力查评问题整改记录、安全标准化及应急能力达标评审文件材料 | 30 年 |
| 9.5.10.3 | 各类应急预案的备案、演练记录 | 10 年 |
| 9.5.11 | 年度安全费用预算、台账、报表、安全绩效考核文件材料 | 10 年 |
| 9.5.12 | 安全生产月、安全生产专项整治、世界环境日、节能减排周等专项活动计划、方案、通知、总结 | 10 年 |
| 9.5.13 | 公司职工年度安全教育培训计划、三级教育培训记录、教育培训记录台账 | 10 年 |
| **9.6** | **部门业务工作所获得的奖状、奖杯、证书、奖牌、锦旗等荣誉实物** | 永久 |

续表

| 序号 | 归档范围 | 保管期限 |
|---|---|---|
| 10 | **综合事务部** | |
| **10.1** | **部门年度工作计划** | 30年 |
| **10.2** | **房地产管理文件材料** | |
| 10.2.1 | 公司房地产管理制度、办法、规定、总结 | 永久 |
| 10.2.2 | 公司房地产使用规划 | 永久 |
| 10.2.3 | 公司生产、办公用房的购、建、租文件材料,租房合同 | 永久 |
| 10.2.4 | 公司房地产的租赁、调配、处置、报废文件材料,公司房屋出租合同 | 永久 |
| 10.2.5 | 公司职工承租、购置公司房产的合同、协议和有关手续 | 永久 |
| 10.2.6 | 公司不动产权证、房屋所有权证、国有土地使用证 | 永久 |
| 10.2.7 | 公司房改政策,房改各类申报、核准、住房资金等文件材料 | 永久 |
| 10.2.8 | 公司人防工程文件材料 | 永久 |
| 10.2.9 | 公司房地产台账、实物资产台账、办公室资源台账,办公室资源利用方案 | 10年 |
| **10.3** | **设备管理文件材料** | |
| 10.3.1 | 公司设备管理制度、办法、规定、总结 | 永久 |
| 10.3.2 | 公司总部职能部门设备调拨、台账、处置记录 | 永久 |
| 10.3.3 | 公司特种设备台账、年检报告、事故和检查记录 | 30年 |
| 10.3.4 | 计量器具台账,计量器具使用单位检验、测量和试验设备的检定、校准等工作检查记录 | 30年 |
| 10.3.5 | 公司设备、物资的配置标准,年度设备计划及预算 | 10年 |
| 10.3.6 | 分/子公司设备管理工作的指导、检查和考核记录 | 10年 |
| 10.3.7 | 应急物资库台账及检查记录 | 10年 |
| **10.4** | **基建及维修改造文件材料** | |
| 10.4.1 | 公司基建及维修改造制度、办法、规定、总结 | 永久 |
| 10.4.2 | 基建项目竣工文件材料 | 永久 |
| 10.4.3 | 5万元以上维修改造项目合同,改造工程过程控制、竣工验收文件材料 | 永久 |

续表

| 序号 | 归档范围 | 保管期限 |
|---|---|---|
| 10.4.4 | 5万元(含)以下维修改造项目招标文件材料、竣工验收文件材料 | 10年 |
| 10.4.5 | 办公区维修改造规划、年度维修改造计划及预算 | 10年 |
| **10.5** | **物业管理文件材料** | |
| 10.5.1 | 公司物业管理制度、办法、规定、总结 | 永久 |
| 10.5.2 | 办公区工作环境、职业健康因素、重要危险因素清单、员工岗位安全识别清单 | 永久 |
| 10.5.3 | 计划生育登记、独生子女管理文件材料 | 永久 |
| 10.5.4 | 办公区季度、年度能源用量申报文件材料、能耗预算申报文件材料、年度能耗情况报告 | 10年 |
| 10.5.5 | 办公区公共卫生事件及处理记录、饮用水突发事件及处理记录、火灾突发事件及处理记录 | 10年 |
| 10.5.6 | 游泳馆溺水、突发疾病、食物中毒、消防等救援应急预案 | 10年 |
| 10.5.7 | 办公区物业服务标准、饮用水标准、运动场馆服务标准 | 10年 |
| 10.5.8 | 物业服务合同、饮用水服务合同 | 10年 |
| **10.6** | **餐厅管理文件材料** | |
| 10.6.1 | 公司餐厅管理制度、办法、规定、总结 | 永久 |
| 10.6.2 | 办公区员工餐厅运行管理方案、管理模式方案 | 10年 |
| 10.6.3 | 年度餐厅运行绩效报告 | 10年 |
| **10.7** | **车辆运行管理文件材料** | |
| 10.7.1 | 公司车辆运行管理制度、办法、规定、总结 | 永久 |
| 10.7.2 | 车辆运行数据统计文件材料，车辆运行绩效报告 | 30年 |
| 10.7.3 | 交通事故应急救援预案，车辆设备事故调查报告 | 10年 |
| 10.7.4 | 公司车辆调拨台账 | 10年 |
| **10.8** | **消防保卫文件材料** | |
| 10.8.1 | 公司消防保卫工作制度、办法、规定、总结 | 永久 |
| 10.8.2 | 公司集体户口台账表 | 永久 |
| 10.8.3 | 安全检查、调查方案、记录、通报 | 30年 |

续表

| 序号 | 归 档 范 围 | 保管期限 |
|---|---|---|
| 10.8.4 | 办公区机关治安事件处理应急预案、火灾事故处理及疏散应急预案 | 10 年 |
| 10.8.5 | 公司机关消防隐患清单、重点保护部位清单 | 10 年 |
| **10.9** | **部门业务工作所获得的奖状、奖杯、证书、奖牌、锦旗等荣誉实物** | 永久 |
| **11** | **采购中心** | |
| **11.1** | **采购管理制度、规定、办法** | 永久 |
| **11.2** | **部门年度工作计划** | 30 年 |
| **11.3** | **采购中心工作年报** | 永久 |
| **11.4** | **采购业务管理文件材料** | |
| 11.4.1 | 股份公司制发的关于采购业务的文件材料,公司就采购业务与股份公司的来往文函 | |
| 11.4.1.1 | 需要公司办理、执行的文件材料,工作布置函件,采购中心回复函件,采购年度计划、批复及备案 | 永久 |
| 11.4.1.2 | 普发性的无需公司办理的文件材料,采购季度计划、批复及备案 | 10 年 |
| 11.4.2 | 招标文件范本、合同文件范本 | 永久 |
| 11.4.3 | 供应商入库申请,合格供应商入库审批表,供应商资格审查情况报告、评审记录,供应商履约评价表,合格供应商库名单 | 30 年 |
| 11.4.4 | 采购业务培训计划、通知、总结、录音录像、宣传报道等 | 10 年 |
| **11.5** | **采购计划管理文件材料** | |
| 11.5.1 | 采购立项计划报告、采购立项审批表 | |
| 11.5.1.1 | 综合工程项目>50000 万元;设备成套项目>20000 万元;小型基建、5 万元以上维修改造单标金额>200 万元;勘探、工程监理单标金额>500 万元;测绘、设计、科研、试验委外,评估验收、工程保险、工程咨询、经纪代理、其他技术服务单标金额>200 万元;车辆;固定资产、劳保用品、安全防护用品,资产租赁、物业管理、管理委外单标金额>200 万元;信息化单标金额>400 万元 | 永久 |

续表

| 序号 | 归档范围 | 保管期限 |
|---|---|---|
| 11.5.1.2 | 综合工程项目≤50000万元；设备成套项目≤20000万元；小型基建、5万元以上维修改造单标金额≤200万元；勘探、工程监理单标金额≤500万元；测绘、设计、科研、试验委外，评估验收、工程保险、工程咨询、经纪代理、其他技术服务单标金额≤200万元；车辆；固定资产、劳保用品、安全防护用品，资产租赁、物业管理、管理委外单标金额≤200万元；信息化单标金额≤400万元 | 30年 |
| 11.5.2 | 招标方式、评标办法的评审会议纪要，招标方式审批表 | |
| 11.5.2.1 | 建安类采购单标金额>10000万元；工程设备物资类采购单标金额>1000万元；小型基建、5万元以上维修改造单标金额>200万元；勘探、工程监理单标金额>500万元；测绘、设计、科研、试验委外，评估验收、工程保险、工程咨询、经纪代理、其他技术服务单标金额>200万元；车辆；固定资产、劳保用品、安全防护用品，资产租赁、物业管理、管理委外单标金额>200万元；信息化单标金额>400万元 | 永久 |
| 11.5.2.2 | 建安类采购单标金额≤10000万元；工程设备物资类采购单标金额≤1000万元；小型基建、5万元以上维修改造单标金额≤200万元；勘探、工程监理单标金额≤500万元；测绘、设计、科研、试验委外，评估验收、工程保险、工程咨询、经纪代理、其他技术服务单标金额≤200万元；车辆；固定资产、劳保用品、安全防护用品，资产租赁、物业管理、管理委外单标金额≤200万元；信息化单标金额≤400万元 | 30年 |
| 11.5.3 | 项目采购计划评审文件材料 | |
| 11.5.3.1 | 项目采购计划评审会议纪要 | 永久 |
| 11.5.3.2 | 项目总体采购计划、分标规划报告及批复 | 永久 |
| 11.5.3.3 | 项目年度新增与调整采购计划、紧急采购计划、固定资产类设备年度采购预算及批复 | 30年 |
| 11.5.3.4 | 项目季度采购计划、采购计划完成情况 | 10年 |
| **11.6** | **采购文件管理文件材料** | |
| 11.6.1 | 各单位采购文件材料校审卡、采购文件材料评审会议纪要 | 30年 |
| 11.6.2 | 各单位采购预算评审表、采购预算评审会议纪要 | |

续表

| 序号 | 归 档 范 围 | 保管期限 |
|---|---|---|
| 11.6.2.1 | 建安类采购单标金额>10000 万元；工程设备物资类采购单标金额>1000 万元；小型基建、5 万元以上维修改造单标金额>200 万元；勘探、工程监理单标金额>500 万元；测绘、设计、科研、试验委外，评估验收、工程保险、工程咨询、经纪代理、其他技术服务单标金额>200 万元；车辆；固定资产、劳保用品、安全防护用品，资产租赁、物业管理、管理委外单标金额>200 万元；信息化单标金额>400 万元 | 永久 |
| 11.6.2.2 | 建安类采购单标金额≤10000 万元；工程设备物资类采购单标金额≤1000 万元；小型基建、5 万元以上维修改造单标金额≤200 万元；勘探、工程监理单标金额≤500 万元；测绘、设计、科研、试验委外，评估验收、工程保险、工程咨询、经纪代理、其他技术服务单标金额≤200 万元；车辆；固定资产、劳保用品、安全防护用品，资产租赁、物业管理、管理委外单标金额≤200 万元；信息化单标金额≤400 万元 | 30 年 |
| **11.7** | **采购执行文件材料** | |
| 11.7.1 | 招标文件材料、竞争性谈判文件材料、询价文件材料、招标公告、投标邀请函、响应文件材料 | 30 年 |
| 11.7.2 | 投标文件材料、报价文件材料 | |
| 11.7.2.1 | 中标投标人投标文件材料、报价文件材料 | 永久 |
| 11.7.2.2 | 未中标投标人投标文件材料、报价文件材料 | 30 年 |
| 11.7.3 | 评标报告、评标打分表 | 永久 |
| 11.7.4 | 评标专家抽取名单及审批表 | 30 年 |
| 11.7.5 | 定标评审纪要、定标记录表、定标汇报文件材料 | |
| 11.7.5.1 | 建安类采购单标金额>2000 万元；工程设备物资类采购单标金额>2000 万元；小型基建、5 万元以上维修改造单标金额>200 万元；勘探、工程监理单标金额>200 万元；测绘、设计、科研、试验委外，评估验收、工程保险、工程咨询、经纪代理、其他技术服务单标金额>200 万元；车辆；固定资产、劳保用品、安全防护用品，资产租赁、物业管理、管理委外单标金额>200 万元；信息化单标金额>200 万元 | 永久 |

续表

| 序号 | 归档范围 | 保管期限 |
|---|---|---|
| 11.7.5.2 | 建安类采购单标金额≤2000 万元；工程设备物资类采购单标金额≤2000 万元；小型基建、5 万元以上维修改造单标金额≤200 万元；勘探、工程监理单标金额≤200 万元；测绘、设计、科研、试验委外，评估验收、工程保险、工程咨询、经纪代理、其他技术服务单标金额≤200 万元；车辆；固定资产、劳保用品、安全防护用品，资产租赁、物业管理、管理委外单标金额≤200 万元；信息化单标金额≤200 万元 | 30 年 |
| **11.8** | **采购合同管理文件材料** | |
| 11.8.1 | 合同谈判会议纪要、中标通知书、合同文件、委外合同审批会签表、委外合同评审记录、合同传递表 | 永久 |
| 11.8.2 | 合同台账、经费台账、集中采购标准化管理台账 | 30 年 |
| **11.9** | **合同履约文件材料** | |
| 11.9.1 | 工程类设备物资关键工序及部件检验会议纪要、出厂检验会议纪要、委外合同审批报销单、会签单、付款证书 | 30 年 |
| 11.9.2 | 管理类设备物资委外合同审批报销单、会签单 | 30 年 |
| **11.10** | **部门业务工作所获得的奖状、奖杯、证书、奖牌、锦旗等荣誉实物** | 永久 |
| 12 | **投资与运营管理部** | |
| **12.1** | **投资与运营管理制度、办法、规定、总结** | 永久 |
| **12.2** | **投资业务发展规划报告** | 永久 |
| **12.3** | **投资机会研究报告、投资政策环境研究报告** | 30 年 |
| **12.4** | **部门年度工作计划** | 30 年 |
| **12.5** | **投资评审与立项报批文件材料** | |
| 12.5.1 | 投资项目可行性研究报告、专题报告 | 永久 |
| 12.5.2 | 投资项目初评报告、评审会议纪要、评审报告 | 永久 |
| 12.5.3 | 就投资事项向股份公司的前期工作请示、资格预审请示、投标申请报告、投资申请报告及股份公司的批复文件材料 | 永久 |
| **12.6** | **控股投资项目建设监管文件材料** | |
| 12.6.1 | 子公司设立、变更、解散过程文件材料 | |

续表

| 序号 | 归档范围 | 保管期限 |
| --- | --- | --- |
| 12.6.1.1 | 子公司筹办和设立的申请文件材料、政府相关部门批准设立的文件材料 | 永久 |
| 12.6.1.2 | 子公司章程、合资合同文件材料 | 永久 |
| 12.6.1.3 | 子公司合并、分立、改制、破产、解散或其他变更公司形式等过程中形成的文件材料 | 永久 |
| 12.6.2 | 投资协议、PPP 项目合同 | 永久 |
| 12.6.3 | 控股投资项目建设总体计划、年度计划，投资总体预算、年度预算及其批复 | 永久 |
| 12.6.4 | 控股投资项目后评价报告 | 永久 |
| 12.6.5 | 控股投资项目建设年报 | 永久 |
| 12.6.6 | 控股投资项目建设季报、月报 | 10 年 |
| 12.6.7 | 控股投资项目现场巡视检查报告 | 10 年 |
| **12.7** | **控股子公司运营管理文件材料** | |
| 12.7.1 | 控股子公司运营方案及其评审会会议纪要 | 永久 |
| 12.7.2 | 控股子公司年度生产经营目标、计划、预算及其批复 | 永久 |
| 12.7.3 | 控股子公司年度绩效考核总结评价报告 | 永久 |
| 12.7.4 | 控股子公司生产经营年报 | 永久 |
| 12.7.5 | 控股子公司生产经营季报、月报 | 10 年 |
| **12.8** | **投资股权管理文件材料** | |
| 12.8.1 | 控(参)股子公司的请示、报告、函与本公司的批复、复函等文件材料 | |
| 12.8.1.1 | 涉及控(参)子公司治理、资产处理、经营决策、改革改制、人事安排、薪酬待遇等事项的 | 永久 |
| 12.8.1.2 | 涉及日常管理等其他事项的 | 30 年 |
| 12.8.2 | 控(参)股子公司股东会、董事会、监事会会议文件材料 | |
| 12.8.2.1 | 会议通知、议程、报告、决议、决定、记录、领导人讲话、总结、纪要、讨论通过文件材料、与会人名单 | 永久 |
| 12.8.2.2 | 讨论未通过的文件材料 | 10 年 |
| 12.8.3 | 控(参)股子公司年度资本金投资计划申请及其批复 | 永久 |

续表

| 序号 | 归 档 范 围 | 保管期限 |
|---|---|---|
| 12.8.4 | 控(参)股子公司资产评估、股权收购、资产处置等文件材料 | 永久 |
| 12.8.5 | 控(参)股子公司董事、监事及高管人员推荐、任命函 | 永久 |
| 12.8.6 | 战略合作协议 | 永久 |
| **12.9** | **部门业务工作所获得的奖状、奖杯、证书、奖牌、锦旗等荣誉实物** | 永久 |
| **13** | **建设管理部** | |
| **13.1** | **建设业务管理、建设项目管理等制度、办法、规定、总结** | 永久 |
| **13.2** | **公司建设业务发展规划** | 永久 |
| **13.3** | **部门年度工作计划** | 30 年 |
| **13.4** | **年度建设业务绩效总结报告、各分(子)公司年度绩效总结报告** | 永久 |
| **13.5** | **建设业务年度工作会议、建设工作专题会议、建设业务交流会议通知、会议指南、议程、签到表、报告、讲话、纪要、宣传报道、录音录像等** | 30 年 |
| **13.6** | **基于项目分级原则下的建设项目执行预算、预算变更记录等备案文件材料** | 永久 |
| **13.7** | **建设业务体系及能力管理文件材料** | |
| 13.7.1 | 建设业务标准化、信息化建设文件材料 | |
| 13.7.1.1 | 建设项目实施过程涉及的人工费、材料费、机械费、临时设施费、现场经费、项目管理费和利润、税金等定额标准、成本费用标准 | 永久 |
| 13.7.1.2 | 建设项目管理新方法、新技术、新工具的开发计划、方案、研究论证、应用培训、效果评估文件材料 | 30 年 |
| 13.7.1.3 | 建设业务信息化策划、培训、运行过程文件材料 | 10 年 |
| 13.7.1.4 | 建设项目施工组织设计和施工技术措施、总承包人施工记录、建造合同执行过程报表、施工与经营月报、QHSE 管理记录与总结等专业工程、施工作业活动、施工组织设计或施工技术措施范本文件材料 | 10 年 |
| 13.7.2 | 典型建设项目总结文件材料 | 永久 |

续表

| 序号 | 归 档 范 围 | 保管期限 |
|---|---|---|
| 13.7.3 | 建设业务工程成果奖项申报材料及获奖证书、成果公布、奖励文件材料 | 永久 |
| 13.7.4 | 公司建设业务宣传推广新闻报道、简讯等 | 30 年 |
| 13.7.5 | 各分(子)公司建设项目管理能力测评、考核方案、意见书、通知、通报 | 30 年 |
| 13.7.6 | 建设项目梯级管理人才信息管理文件材料,建设业务领域核心技术专家型人才、合同商务人才、职业经理人、国际商务人才等的培养计划书或建议书 | 30 年 |
| 13.7.7 | 建设项目管理制度实施宣贯与培训、施工组织管理、HSE 履约管理、建造合同经营指标计划与归集等技能培训的计划、通知、签到表、报告、讲话、总结、纪要、学习交流文件材料、宣传报道、录音录像等 | 10 年 |
| **13.8** | **经营配合文件材料** | |
| 13.8.1 | 建设业务生产经营简报,各分(子)公司建设业务生产经营简报,综合信息台账 | |
| 13.8.1.1 | 建设业务生产经营年度简报,各分(子)公司建设业务生产经营年度简报,建设业务综合信息台账 | 30 年 |
| 13.8.1.2 | 建设业务生产经营月/季/半年度简报,各分(子)公司建设业务生产经营月/季/半年度简报,建设项目综合信息台账 | 10 年 |
| 13.8.2 | 建设项目投标文件材料或报告,投标工作资源与成果登记台账,建设项目生产任务通知单或委托函 | 30 年 |
| 13.8.3 | 建设业务经营数据审核、分析、上报、调整过程文件材料 | 10 年 |
| **13.9** | **履约管理与过程监督文件材料** | |
| 13.9.1 | 公司关于建设业务重大经营决策文件材料 | 永久 |
| 13.9.2 | 代表公司与地方政府、重大建设项目业主往来沟通的请示、批复、通知、函、纪要、报告等文件材料 | 永久 |
| 13.9.3 | 公司下达的建设业务年度考核目标、年度关键要素目标 | 永久 |
| 13.9.4 | 建设项目策划书,项目目标责任考核书,进度、费用、QHSE、绩效等审核或评审纪要或报审批报告 | 永久 |
| 13.9.5 | 建设项目事故调查报告、谈话记录、分析材料、处理结果等文件材料 | 永久 |

续表

| 序号 | 归档范围 | 保管期限 |
|---|---|---|
| 13.9.6 | 建设业务风险管理中安全生产、职业健康、环境保护、节能减排各要素管理台账、会议记录、内控与审计工作方案、通知、纪要、报告、批复、结论、调查与证明等文件材料 | 30年 |
| 13.9.7 | 与业主对接的大型生产协调会议通知、议程、签到表、报告、讲话、记录、纪要、宣传报道、录音录像等 | 30年 |
| 13.9.8 | 年度目标完成情况检查分析会议纪要或分析报告、建议措施文件材料 | 30年 |
| 13.9.9 | 业主的投诉、意见及争议函件、通知,处理专题会议纪要、专项报告、回复函 | 30年 |
| 13.9.10 | 一级建设项目年度、半年度顾客满意度调查表、分析报告、设计回访记录、问题改进落实文件材料 | 30年 |
| 13.9.11 | 建设项目HSE管理年度计划、总结,HSE活动专题报告 | 10年 |
| 13.9.12 | 对各级建设项目在执行过程监督中所需的备案文件材料 | 10年 |
| **13.10** | **建设业务运营与绩效考核管理文件材料** | |
| 13.10.1 | 建设板块生产经营工作报告 | |
| 13.10.1.1 | 年度生产经营工作报告 | 永久 |
| 13.10.1.2 | 季度、半年度生产经营工作报告 | 30年 |
| 13.10.2 | 建设项目巡视检查、安全质量环保检查、经营目标执行情况检查、综合履约检查计划、通知、记录、纪要、报告、整改措施及建议等文件材料 | 永久 |
| 13.10.3 | 建设项目半年度、年度生产绩效考核结果公布通知或报告文件材料 | 30年 |
| **13.11** | **建造合同准则执行管理文件材料** | |
| 13.11.1 | 公司建造合同准则年度分析报表及报告,各分(子)公司建造合同准则报表及报告、评审纪要或报告 | 永久 |
| 13.11.2 | 三级项目预计总成本与预计总收入报表审核纪要或报告 | 永久 |
| 13.11.3 | 建造合同准则办公室机构设置任命文件材料、人员分工表 | 永久 |
| **13.12** | **部门业务工作所获得的奖状、奖杯、证书、奖牌、锦旗等荣誉实物** | 永久 |
| **14** | **勘测设计管理部** | |

续表

| 序号 | 归 档 范 围 | 保管期限 |
|---|---|---|
| **14.1** | **勘测设计业务管理及项目管理制度、规定、办法、总结** | 永久 |
| **14.2** | **公司勘测设计业务发展规划** | 永久 |
| **14.3** | **部门年度工作计划** | 30 年 |
| **14.4** | **勘测设计业务年度工作会议、勘测设计工作专题会议、勘测设计业务交流会议通知、会议指南、议程、签到表、报告、讲话、纪要、总结、宣传报道、录音录像等** | 30 年 |
| **14.5** | **勘测设计业务执行预算、预算变更记录备案文件材料** | 30 年 |
| **14.6** | **勘测设计业务生产经营年度报告** | 永久 |
| **14.7** | **勘测设计管理体系及能力建设文件材料** | |
| 14.7.1 | 勘测设计咨询项目管理经验教训库、项目管理总结 | 永久 |
| 14.7.2 | 勘测设计咨询项目信息特性表、勘测设计咨询项目部成员综合信息库 | 永久 |
| 14.7.3 | 勘测设计业务工程成果奖项申报文件材料及获奖证书、成果公布、奖励文件材料 | 永久 |
| 14.7.4 | 勘测设计业务宣传推广新闻报道、简讯等 | 30 年 |
| **14.8** | **履约管理与过程监督文件材料** | |
| 14.8.1 | 公司下达的勘测设计业务年度考核目标、年度关键要素目标 | 永久 |
| 14.8.2 | 预算评审文件材料,合同额 500 万元以上的综合项目、专业项目年度执行预算上报评审的函,专业项目年度执行预算的函 | 永久 |
| 14.8.3 | 代表公司与地方政府、重大建设项目业主往来沟通的请示、批复、通知、函、纪要、报告等文件材料 | 永久 |
| 14.8.4 | 勘测设计产品质量抽查总结报告 | 永久 |
| 14.8.5 | 勘测设计业务安全生产、职业健康、环境保护、节能减排、风险管理的年度总结报告、重要活动专题报告、风险管理台账,内控与审计工作方案、通知、纪要、报告、批复 | 永久 |
| 14.8.6 | 勘测设计项目事故调查报告、谈话记录、分析文件材料、裁定书等 | 永久 |
| 14.8.7 | 勘测设计业务生产协调会会议纪要 | 30 年 |
| 14.8.8 | 年度目标完成情况检查分析会议纪要或分析报告、建议措施文件材料 | 30 年 |

续表

| 序号 | 归档范围 | 保管期限 |
| --- | --- | --- |
| 14.8.9 | 与业主对接的大型生产协调会议通知、议程、签到表、报告、讲话、记录、纪要、新闻报道、录音录像等 | 30年 |
| 14.8.10 | 业主的投诉、意见及争议函件、通知,处理专题会议纪要、专项报告、回复函等文件材料 | 30年 |
| 14.8.11 | 顾客满意度调查表、分析报告、设计回访记录、问题改进落实文件材料等 | 30年 |
| **14.9** | **勘测设计业务运营与绩效考核管理文件材料** | |
| 14.9.1 | 年度目标完成情况检查分析报告、勘测设计板块生产经营工作报告 | 永久 |
| 14.9.2 | 月度、季度、半年度目标完成情况检查分析报告 | 30年 |
| 14.9.3 | 勘测设计生产履约报告 | 永久 |
| 14.9.4 | 重点项目巡查计划、通知、方案、记录、报告、总结等 | 永久 |
| 14.9.5 | 生产经营会议纪要、整改建议书、整改报告、生产经营月报 | 30年 |
| **14.10** | **勘测设计类业务收入与成本管理文件材料** | |
| 14.10.1 | 公司勘测设计类业务收入与成本结算管理细则、总结分析报告 | 永久 |
| 14.10.2 | 勘测设计项目预计总收入初始确认表、预计总收入调整表,勘测设计项目预计总成本初始确认表、预计总成本调整表 | 永久 |
| 14.10.3 | 各分公司勘测设计类业务收入与成本结算表、总结分析报告 | 30年 |
| **14.11** | **部门业务工作所获得的奖状、奖杯、证书、奖牌、锦旗等荣誉实物** | 永久 |
| **15** | **海外事业部** | |
| **15.1** | **公司国际化经营发展战略规划、战略合作协议** | 永久 |
| **15.2** | **部门年度工作计划** | 30年 |
| **15.3** | **国际市场营销管理文件材料** | |
| 15.3.1 | 公司国际市场营销管理制度、办法、规定、总结 | 永久 |
| 15.3.2 | 国际业务生产经营报告 | 永久 |
| 15.3.3 | 国际项目风险评估报告、合同评审报告,国际市场营销专题会会议纪要 | 永久 |

续表

| 序号 | 归 档 范 围 | 保管期限 |
|---|---|---|
| 15.3.4 | 国际项目合同信息台账表、合同文件材料及评审表、传递表 | 永久 |
| 15.3.5 | 海外事业部业务经营月报、经营统计表 | 30 年 |
| **15.4** | **国际项目履约管理文件材料** | |
| 15.4.1 | 国际项目履约管理制度、办法、规定、总结 | 永久 |
| 15.4.2 | 国际项目启动表、生产任务书 | 永久 |
| 15.4.3 | 双重项目专题文函、双重项目专题会议纪要 | 永久 |
| 15.4.4 | 国际项目履约授权委托书 | 30 年 |
| 15.4.5 | 国际项目工作检查报告 | 30 年 |
| **15.5** | **国际业务预算管理文件材料** | |
| 15.5.1 | 国际业务预算管理的制度、办法、规定、总结 | 永久 |
| 15.5.2 | 国际项目预算评审会议纪要 | 30 年 |
| 15.5.3 | 分/子公司国际业务预算分解表 | 30 年 |
| 15.5.4 | 分/子公司国际业务经营月报、经营数据统计表 | 10 年 |
| **15.6** | **国际业务运营与绩效考核管理文件材料** | |
| 15.6.1 | 国际业务运营与绩效考核管理制度、办法、规定、总结 | 永久 |
| 15.6.2 | 国际业务风险预警清单及对策建议书 | 永久 |
| 15.6.3 | 国际项目绩效考核准则、经营指标考核表、分公司经营责任书 | 永久 |
| 15.6.4 | 国际重点项目巡查计划、通知、总结、记录、会议纪要、经营例会报告 | 永久 |
| **15.7** | **外事管理文件材料** | |
| 15.7.1 | 外事管理制度、办法、规定、总结 | 永久 |
| 15.7.2 | 申请执行出国(境)任务内部签报 | 永久 |
| 15.7.3 | 因公出国(境)人员手册,出国人员教育培训签到表,出国(境)因公护照借出/归还登记表,回国工作报告 | 10 年 |
| 15.7.4 | 公司接待国外来访人员(代表团)一览表、外事接待活动文件材料 | 10 年 |
| **15.8** | **对外宣传文件材料** | |
| 15.8.1 | 国际业务对外宣传管理制度、办法、规定、总结 | 永久 |

续表

| 序号 | 归档范围 | 保管期限 |
| --- | --- | --- |
| 15.8.2 | 国际业务英文宣传片、英文画册等 | 永久 |
| 15.8.3 | 舆情监测记录、舆情事件处理报告 | 10年 |
| 15.9 | 海外党建文件材料 | |
| 15.9.1 | 海外党建管理制度、办法、规定、总结 | 永久 |
| 15.9.2 | 海外党组织设立及撤销、海外联合党工委设立方案等海外党建文件材料 | 30年 |
| 15.10 | 部门业务工作所获得的奖状、奖杯、证书、奖牌、锦旗等荣誉实物 | 永久 |
| 16 | 专家委员会 | |
| 16.1 | 项目勘测设计技术质量、外聘专家技术管理制度、办法、规定，专家委员会年度工作总结 | 永久 |
| 16.2 | 部门年度工作计划 | 30年 |
| 16.3 | 专家委员会技术策划、评审、咨询指导会议及现场巡查活动的通知、纪要、专家意见书，专家委员会技术评审意见反馈表 | 永久 |
| 16.4 | 外部专家库信息 | 永久 |
| 16.5 | 部门业务工作所获得的奖状、奖杯、证书、奖牌、锦旗等荣誉实物 | 永久 |

# 附录六 ××银行××市分行本级管理类文件材料归档范围和档案保管期限表(按部门)

| 序号 | 归档范围 | 保管期限 |
|---|---|---|
| 1 | 办公室(公共关系与企业文化部) | |
| 1.1 | 综合科(含共性材料) | |
| 1.1.1 | 本部门规划、年度工作计划、要点等文件材料 | 30年 |
| 1.1.2 | 本部门年度工作总结 | 永久 |
| 1.1.3 | 本部门经办的行领导讲话情况通报(共性材料) | 永久 |
| 1.1.4 | 行内外各项评比和表彰活动中获得的奖杯、奖状、奖牌、奖章、锦旗、荣誉证书等(共性材料) | 永久 |
| 1.1.5 | 本部门各类内部事务、财务管理、员工管理及业绩管理等文件材料(共性材料) | 10年 |
| 1.1.6 | 本部门业务培训通知、计划、课件等培训文件材料(共性材料) | 10年 |
| 1.1.7 | 由本部门负责接待的有关机关和上级主管部门领导、社会知名人士检查、视察、调研工作时形成的文件材料(共性材料) | |
| 1.1.7.1 | 副厅级(含)以上级别领导干部检查、视察、调研的有关文件材料 | 永久 |
| 1.1.7.2 | 副厅级以下领导干部以及社会知名人士检查、视察、调研的有关文件材料 | 30年 |
| 1.1.8 | 收到的有关机关、上级主管单位等相关机构制发的文件材料(共性材料) | |
| 1.1.8.1 | 涉及本行或部门有关人事、机构、案件和业务办理依据的文件材料 | 永久 |
| 1.1.8.2 | 与本行业务有关的一般性文件材料或涉及本行方针、政策、法律规章和指导要求等文件材料 | 10年 |
| 1.1.9 | 部门承办会议或专业条线会议的会议材料(共性材料) | |
| 1.1.9.1 | 会议请示、批复、通知、议程、参会名单、报告、领导讲话、总结、决定、纪要、新闻报道、照片、录音、录像等 | 永久 |

续表

| 序号 | 归 档 范 围 | 保管期限 |
| --- | --- | --- |
| 1.1.9.2 | 会议代表发言、经验交流、会议讨论记录、简报等 | 10 年 |
| **1.2** | **秘书一科** | |
| 1.2.1 | 会议管理工作、公文管理工作、办公信息系统管理工作的制度、办法、规定等文件材料 | 永久 |
| 1.2.2 | 督查督办管理工作的制度、办法、规定等文件材料 | 永久 |
| 1.2.3 | 行领导参加、出席的会议和活动的资料(含影音、图片和文档) | 永久 |
| 1.2.4 | 值班动态 | 永久 |
| 1.2.5 | 重要值班电话记录、经办的突发事件和重要事项的有关材料 | 永久 |
| 1.2.6 | 全行性会议的计划安排、报批及会议费用的使用管理文件材料 | 30 年 |
| 1.2.7 | 督查情况通报 | 10 年 |
| 1.2.8 | 每日动态 | 10 年 |
| 1.2.9 | 分行年度工作会议、季度工作会议等全行性会议文件材料 | |
| 1.2.9.1 | 会议材料(包括但不限于请示、批复、通知、议程、参会名单、报告、领导讲话、总结、决定、纪要、新闻报道、照片、录音、录像等) | 永久 |
| 1.2.9.2 | 会议代表发言、经验交流、会议讨论记录、简报等 | 10 年 |
| **1.3** | **秘书二科** | |
| 1.3.1 | 党委会、行务会、行长办公会、经营形势分析会会议记录、纪要等文件材料 | 永久 |
| 1.3.2 | 分行发展战略、规划等文件材料 | 永久 |
| 1.3.3 | 党务工作规章制度、总结,党务工作大事记等文件材料 | 永久 |
| 1.3.4 | 中央及地方党政机关领导人对本行有关工作的题词、讲话、指示、批示等文件材料 | 永久 |
| 1.3.5 | 经办的媒体访谈、外部论坛演讲以及署名文章等文稿 | 永久 |
| **1.4** | **机要保密科** | |
| 1.4.1 | 保密、印章管理、密码工作的制度、办法、规定等文件材料 | 永久 |
| 1.4.2 | 印模,作废行政印章、行领导名章 | 永久 |

续表

| 序号 | 归 档 范 围 | 保管期限 |
| --- | --- | --- |
| 1.4.3 | 定点扶贫年度工作总结及考核材料 | 永久 |
| 1.4.4 | 定点扶贫工作实施方案、工作要点、推进计划等文件材料 | 30 年 |
| 1.4.5 | 保密工作检查方案、通知、通报等文件材料 | 30 年 |
| 1.4.6 | 失、泄密事件调查处理文件材料 | 30 年 |
| 1.4.7 | 分行用印审批单、用印签字样本表、用印登记簿（内页）、印章行外使用审批单等文件材料 | 30 年 |
| 1.4.8 | 领导干部保密责任书，保密承诺书、保密协议书等文件材料 | 30 年 |
| 1.4.9 | 国务院、省委、省政府文件清理回收和废弃文件销毁清册 | 10 年 |
| 1.4.10 | 收文登记簿 | 10 年 |
| **1.5** | **档案科** | |
| 1.5.1 | 档案管理工作、档案信息系统管理工作的制度、办法、规定、标准等文件材料 | 永久 |
| 1.5.2 | 档案开发、编研成果，档案移交清单、档案销毁清册、档案鉴定销毁报告等文件材料 | 永久 |
| 1.5.3 | 分行大事记、组织沿革、年鉴、行史等文件材料 | 永久 |
| 1.5.4 | 档案考评、检查等工作相关文件材料 | 30 年 |
| 1.5.5 | 档案统计年报 | 30 年 |
| 1.5.6 | 档案借阅、权限审批单等 | 30 年 |
| 1.5.7 | 档案管理突发事件应急预案 | 10 年 |
| 1.5.8 | 行史馆相关文件材料 | |
| 1.5.8.1 | 行史馆建设、设计等相关文件材料 | 永久 |
| 1.5.8.2 | 行史馆布展、日常管理等相关文件材料 | 30 年 |
| **1.6** | **行政科** | |
| 1.6.1 | 全省视频会议系统管理办法 | 永久 |
| 1.6.2 | 全省办公设备类实物资产管理办法 | 永久 |
| 1.6.3 | 分行办公楼物业合同、协议等有关文件材料 | 永久 |
| 1.6.4 | 分行能源台账管理文件材料（包括水、电等） | 永久 |

续表

| 序号 | 归 档 范 围 | 保管期限 |
|---|---|---|
| 1.6.5 | 分行办公年度预算文件材料(包括能源、办公用房租赁、物业、绿化、费用类维修项目、资本性支出改造项目等费用) | 永久 |
| 1.6.6 | 分行固定资产及办公用品、办公家具、办公设备等购置与管理文件材料 | 30 年 |
| 1.6.7 | 分行办公楼物业管理文件材料 | 30 年 |
| 1.6.8 | 分行重大采购事项签报、备忘录、合同等文件材料 | 30 年 |
| 1.6.9 | 分行办公楼应急预案、应急演练报告 | 10 年 |
| **1.7** | **房管科** | |
| 1.7.1 | 分行办公楼建设、购置、租赁的合同、协议等有关文件材料 | 永久 |
| 1.7.2 | 分行房产的购置、分配、出售、出租、房改等有关文件材料 | 永久 |
| 1.7.3 | 办公用房基本建设工作管理制度、规定、办法、总结等文件材料 | 永久 |
| 1.7.4 | 分行员工公积金、住房津贴规定等文件材料 | 永久 |
| 1.7.5 | 分行员工住宅物业费、供暖费规定等文件材料 | 永久 |
| 1.7.6 | 办公用房基本建设工作规划、计划,专项工作通知等文件材料 | 30 年 |
| 1.7.7 | 资本性改造、维修、更新项目的合同文件(包括立项、设计、采购谈判、竣工结算、竣工验收) | |
| 1.7.7.1 | 项目金额≥50 万元 | 永久 |
| 1.7.7.2 | 项目金额<50 万元 | 30 年 |
| **1.8** | **机关保障科** | |
| 1.8.1 | 餐饮服务规章、制度、手册、操作规程等文件材料 | 永久 |
| 1.8.2 | 分行接待管理规章、制度等文件材料 | 永久 |
| 1.8.3 | 计划生育、独生子女管理等文件材料 | 30 年 |
| 1.8.4 | 食堂外委协议 | 10 年 |
| 1.8.5 | 餐饮突发事件应急预案(同突发公共卫生事件应急预案) | 10 年 |
| 1.8.6 | 餐饮服务、设备、耗材、设备维保等采购合同 | 10 年 |
| **1.9** | **车辆管理科** | |
| 1.9.1 | 分行公务车购置的文件材料 | 30 年 |

续表

| 序号 | 归档范围 | 保管期限 |
|---|---|---|
| 1.9.2 | 分行公务车管理、调拨、使用、报废、处置等文件材料 | 30年 |
| **1.10** | **医务室** | |
| 1.10.1 | 医疗机构执业许可证校验、更换等证件材料 | 永久 |
| 1.10.2 | 分行员工医疗保险报销规章制度 | 永久 |
| 2 | **人力资源部** | |
| **2.1** | **综合科(含共性材料)** | |
| 2.1.1 | 本部门规划、年度工作计划、要点等文件材料 | 30年 |
| 2.1.2 | 本部门年度工作总结 | 永久 |
| 2.1.3 | 本部门经办的行领导讲话情况通报(共性材料) | 永久 |
| 2.1.4 | 行内外各项评比和表彰活动中获得的奖杯、奖状、奖牌、奖章、锦旗、荣誉证书等(共性材料) | 永久 |
| 2.1.5 | 人力资源战略、规划类文件材料 | 永久 |
| 2.1.6 | 全行岗位体系管理、职务体系管理方案 | 永久 |
| 2.1.7 | 人力资源统计年报 | 永久 |
| 2.1.8 | 人力资源统计季报 | 30年 |
| 2.1.9 | 本部门各类内部事务、财务管理、员工管理及业绩管理等文件材料(共性材料) | 10年 |
| 2.1.10 | 本部门业务培训通知、计划、课件等培训文件材料(共性材料) | 10年 |
| 2.1.11 | 由本部门负责接待的有关机关和上级主管部门领导、社会知名人士检查、视察、调研工作时形成的文件材料(共性材料) | |
| 2.1.11.1 | 副厅级(含)以上级别领导干部检查、视察、调研的有关文件材料 | 永久 |
| 2.1.11.2 | 副厅级以下领导干部以及社会知名人士检查、视察、调研的有关文件材料 | 30年 |
| 2.1.12 | 收到的有关机关、上级主管单位等相关机构制发的文件材料(共性材料) | |

续表

| 序号 | 归档范围 | 保管期限 |
|---|---|---|
| 2.1.12.1 | 涉及本行或部门有关人事、机构、案件和业务办理依据的文件材料 | 永久 |
| 2.1.12.2 | 与本行业务有关的一般性文件材料或涉及本行方针、政策、法律规章和指导要求等文件材料 | 10年 |
| 2.1.13 | 部门承办会议或专业条线会议的会议材料(共性材料) | |
| 2.1.13.1 | 会议请示、批复、通知、议程、参会名单、报告、领导讲话、总结、决定、纪要、新闻报道、照片、录音、录像等 | 永久 |
| 2.1.13.2 | 会议代表发言、经验交流、会议讨论记录、简报等 | 10年 |
| **2.2** | **组织科** | |
| 2.2.1 | 全行党内统计信息报表 | 永久 |
| 2.2.2 | 年度党员领导干部民主生活会情况的报告 | 永久 |
| 2.2.3 | 党委(党组)组织工作规章制度等文件材料 | 永久 |
| 2.2.4 | 党员组织关系介绍信 | 永久 |
| 2.2.5 | 党费收缴、管理、使用情况的报告 | 30年 |
| 2.2.6 | 指导全行各级党组织执行民主生活会制度的通知及下级行报送的报告 | 10年 |
| **2.3** | **监督管理科** | |
| 2.3.1 | 行领导任职考察、资格核准、兼职报批等文件材料 | 永久 |
| 2.3.2 | “一报告两评议”工作文件材料 | 30年 |
| 2.3.3 | 分行直接管理的领导人员兼职报批(备)等文件材料 | 30年 |
| 2.3.4 | 行级领导及省分行管理的特定岗位人员请休假、因私出境申请等请示和批复文件材料 | 30年 |
| 2.3.5 | 全行干部管理制度执行情况的监督检查文件材料 | 10年 |
| **2.4** | **人才管理科** | |
| 2.4.1 | 分行本部人才选拔任用、人才交流等文件材料 | 永久 |
| 2.4.2 | 分行党委管理的领导班子及领导人员选拔任用、绩效考核、职位调整、免职退休等相关文件材料 | 永久 |
| 2.4.3 | 有关管理岗位职务、专业技术岗位职务、专业技术资格等工作的制度、办法、规定、批复等文件材料 | 永久 |

续表

| 序号 | 归 档 范 围 | 保管期限 |
| --- | --- | --- |
| 2.4.4 | 有关管理岗位职务、专业技术岗位职务、专业技术资格等工作的通知、通报、请示、报告、意见、会议记录、群众来信等文件材料 | 30 年 |
| **2.5** | **员工管理科** | |
| 2.5.1 | 员工招募、录用、转正、聘任、交流轮岗、辞职、离退休、跨机构调配等文件材料 | 永久 |
| 2.5.2 | 全行营业机构、内设机构、直营机构及业务中心的设立、升格、调整的批复文件 | 永久 |
| 2.5.3 | 分支机构有关用工管理制度、规范、指引等文件材料及上报的劳务转制人员名单、辅助性岗位人员名单 | 永久 |
| 2.5.4 | 劳动争议案例、处理结果、历年信访信件 | 30 年 |
| **2.6** | **薪酬管理科** | |
| 2.6.1 | 全行员工绩效管理制度、办法、规定等文件材料 | 永久 |
| 2.6.2 | 全行薪酬分配政策制度、办法、规定等文件材料 | 永久 |
| 2.6.3 | 企业年金方案及政策变化等文件材料 | 永久 |
| 2.6.4 | 提交党委会审议的绩效与薪酬相关议题的文件材料、人才、薪酬与组织机构统筹委员会绩效与薪酬相关议题的会议纪要 | 永久 |
| 2.6.5 | 员工参加养老保险、医疗保险、失业保险、工伤保险、生育保险、企业年金、调资、定级、死亡、抚恤、工伤等文件材料 | 永久 |
| 2.6.6 | 全行员工费用总量计划安排与配置文件材料 | 30 年 |
| 2.6.7 | 分行本部部门年度绩效考核结果文件材料 | 30 年 |
| 2.6.8 | 员工公积金、住房津贴管理等文件材料 | 30 年 |
| 2.6.9 | 员工体检、医疗保健方面的管理性文件材料 | 10 年 |
| **2.7** | **培训管理科** | |
| 2.7.1 | 全行培训规划、培训费用政策、培训体系建设等文件材料 | 永久 |
| 2.7.2 | 全行培训计划、培训管理、经费管理、培训总结等文件材料 | 30 年 |
| 3 | **财务会计部** | |
| **3.1** | **综合科(含共性材料)** | |

续表

| 序号 | 归 档 范 围 | 保管期限 |
|---|---|---|
| 3.1.1 | 本部门年度工作计划、要点等文件材料 | 30 年 |
| 3.1.2 | 本部门年度工作总结 | 永久 |
| 3.1.3 | 本部门经办的行领导讲话情况通报(共性材料) | 永久 |
| 3.1.4 | 行内外各项评比和表彰活动中获得的奖杯、奖状、奖牌、奖章、锦旗、荣誉证书等(共性材料) | 永久 |
| 3.1.5 | 财务管理制度、操作规程、细则、开支标准等文件材料 | 永久 |
| 3.1.6 | 本部门业务培训通知、计划、课件等培训文件材料(共性材料) | 10 年 |
| 3.1.7 | 收到的有关机关、上级主管单位等相关机构制发的文件材料(共性材料) | |
| 3.1.7.1 | 涉及本行或部门有关人事、机构、案件和业务办理依据的文件材料 | 永久 |
| 3.1.7.2 | 与本行业务有关的一般性文件材料或涉及本行方针、政策、法律规章和指导要求等文件材料 | 10 年 |
| 3.1.8 | 部门承办会议或专业条线会议的会议材料(共性材料) | |
| 3.1.8.1 | 会议请示、批复、通知、议程、参会名单、报告、领导讲话、总结、纪要、新闻报道、照片、录音、录像 | 永久 |
| 3.1.8.2 | 会议代表发言、经验交流、会议讨论记录、简报等 | 10 年 |
| **3.2** | **计划考核科** | |
| 3.2.1 | 年度综合经营计划文件及报表 | 永久 |
| 3.2.2 | 年度绩效考核管理办法、规定等文件材料 | 永久 |
| 3.2.3 | 报党委会经营计划议案文件材料 | 30 年 |
| 3.2.4 | 各季度经营运行分析文件材料 | 30 年 |
| 3.2.5 | 年度等级行、KPI 等考核结果通报文件材料 | 10 年 |
| **3.3** | **产品定价科** | |
| 3.3.1 | 产品定价制度、办法、规定、细则等文件材料 | 永久 |
| **3.4** | **系统财务科** | |
| 3.4.1 | 成本管理、固定资产管理、闲置资产清理、营业办公用房购建、装修相关制度、办法、规定等文件材料 | 永久 |

续表

| 序号 | 归 档 范 围 | 保管期限 |
| --- | --- | --- |
| 3.4.2 | 根据财务授权管理规定受理的请示、批复等审批文件材料 | 永久 |
| 3.4.3 | 转发总行涉及财务核算制度的监管政策文件材料 | 10 年 |
| 3.4.4 | 财务会计内部检查文件材料 | 10 年 |
| 3.4.5 | 税务管理政策文件材料 | 10 年 |
| **3.5** | **资金科** | |
| 3.5.1 | 资金管理制度、办法等文件材料 | 永久 |
| 3.5.2 | 流动性危机管理应急预案 | 10 年 |
| **3.6** | **信息统计科** | |
| 3.6.1 | 全行统计报表制度管理、监督和检查文件材料 | 10 年 |
| **3.7** | **集中采购中心** | |
| 3.7.1 | 涉及集中采购管理的制度、办法、规定等文件材料 | 永久 |
| 3.7.2 | 有关供应商管理、合同执行管理、采购档案管理工作的制度、办法、规定等文件材料 | 永久 |
| 3.7.3 | 有关采购授权管理的制度、办法、规定等文件材料 | 永久 |
| 3.7.4 | 有关评委管理、采购人员培训等管理工作的制度、办法、规定等文件材料 | 永久 |
| 3.7.5 | 采购项目采购结果文件材料 | 30 年 |
| 3.7.6 | 集中采购商品目录 | 30 年 |
| 3.7.7 | 对下级行采购工作检查的文件材料 | 10 年 |
| 3.7.8 | 供应商处罚情况通知 | 10 年 |
| **3.8** | **经费共享中心** | |
| 3.8.1 | 涉及经费管理的制度、办法、规定等文件材料 | 永久 |
| 3.8.2 | 省分行本部财务制度及管理办法 | 永久 |
| 4 | **资金结算业务部** | |
| **4.1** | **综合科(含共性材料)** | |
| 4.1.1 | 本部门规划、年度工作计划、要点等文件材料 | 30 年 |
| 4.1.2 | 本部门年度工作总结 | 永久 |

续表

| 序号 | 归档范围 | 保管期限 |
|---|---|---|
| 4.1.3 | 本部门经办的行领导讲话情况通报(共性材料) | 永久 |
| 4.1.4 | 行内外各项评比和表彰活动中获得的奖杯、奖状、奖牌、奖章、锦旗、荣誉证书等(共性材料) | 永久 |
| 4.1.5 | 本部门业务培训通知、计划、课件等培训文件材料(共性材料) | 10年 |
| 4.1.6 | 由本部门负责接待的有关机关和上级主管部门领导、社会知名人士检查、视察、调研工作时形成的文件材料(共性材料) | |
| 4.1.6.1 | 副厅级(含)以上级别领导干部检查、视察、调研的有关文件材料 | 永久 |
| 4.1.6.2 | 副厅级以下领导干部以及社会知名人士检查、视察、调研的有关文件材料 | 30年 |
| 4.1.7 | 收到的有关机关、上级主管单位等相关机构制发的文件材料(共性材料) | |
| 4.1.7.1 | 涉及本行或部门有关人事、机构、案件和业务办理依据的文件材料 | 永久 |
| 4.1.7.2 | 与本行业务有关的一般性文件材料或涉及本行方针、政策、法律规章和指导要求等文件材料 | 10年 |
| 4.1.8 | 部门承办会议或专业条线会议的会议材料(共性材料) | |
| 4.1.8.1 | 会议请示、批复、通知、议程、参会名单、报告、领导讲话、总结、决定、纪要、新闻报道、照片、录音、录像等 | 永久 |
| 4.1.8.2 | 会议代表发言、经验交流、会议讨论记录、简报等 | 10年 |
| **4.2** | **小企业无贷户管理科** | |
| 4.2.1 | 全行小企业无贷户营销维护指引、实施方案文件材料 | 30年 |
| 4.2.2 | 客户相关的产品套餐管理、各种营销手段等文件材料 | 10年 |
| 4.2.3 | 全行小企业无贷户业务统计数据分析通报文件材料 | 10年 |
| **4.3** | **产品管理科** | |
| 4.3.1 | 各类结算及现金管理产品业务管理制度、办法、操作规程、规定等文件材料 | 永久 |
| 4.3.2 | 结算与现金管理产品批复文件材料 | 永久 |

续表

| 序号 | 归 档 范 围 | 保管期限 |
|---|---|---|
| 4.3.3 | 结算与现金管理条线考核、规章制度、管理办法、工作标准等文件材料 | 永久 |
| 4.3.4 | 年度经营情况分析、经营情况通报等文件材料 | 30 年 |
| 4.3.5 | 报送总行客户组建现金管理网络的请示 | 30 年 |
| 4.3.6 | 对公现金管理、综合签约和代收代付的操作规程、操作手册、产品手册等文件材料 | 30 年 |
| 4.3.7 | 各类产品营销竞赛活动方案 | 30 年 |
| 4.3.8 | 报送人民银行、银监会等监管机构的报告、报表等文件材料 | 30 年 |
| 4.3.9 | 对公现金管理组件和代收代付业务版本切换上线通知等文件材料 | 10 年 |
| 4.3.10 | 结算与现金管理产品试点、推广的通知、报告等文件材料 | 10 年 |
| 4.3.11 | 价格减免等批复文件 | 10 年 |
| 4.3.12 | 季度、月度经营情况分析、经营情况通报等文件材料 | 10 年 |
| **4.4** | **核算管理科** | |
| 4.4.1 | 支付结算及账户管理的制度、办法、规定等文件材料 | 永久 |
| 4.4.2 | 会计政策性文件材料 | 永久 |
| 4.4.3 | 代理建投业务的会计政策性文件材料 | 永久 |
| 4.4.4 | 清理内部账户、表外账务等专项清理的文件材料 | 永久 |
| 4.4.5 | 票据订购系统、结算业务用章、票据鉴别仪及电子验印设备等结算机具管理的制度、办法、规定等文件材料 | 永久 |
| 4.4.6 | 报送人民银行、支付清算协会的报告、报表等文件材料 | 30 年 |
| 4.4.7 | 票据订购系统、结算业务用章、票据鉴别仪及电子验印设备等结算机具管理的通知、通报等文件材料 | 10 年 |
| 4.4.8 | 转发监管机构发布的涉及核算制度的监管政策文件材料 | 10 年 |
| 4.4.9 | 定期编制的全行总账及内部账审核监控情况文件材料 | 10 年 |
| **4.5** | **检查督导科** | |
| 4.5.1 | 柜面业务检查通知、检查发现问题整改通知、检查通报、整改报告等文件材料 | 10 年 |

续表

| 序号 | 归档范围 | 保管期限 |
|---|---|---|
| 4.5.2 | 柜面业务风险防控工作动态 | 10年 |
| 4.5.3 | 柜面业务检查制度及风险管理文件材料 | 10年 |
| 5 | **风险管理部** | |
| **5.1** | **综合科(含共性材料)** | |
| 5.1.1 | 本部门规划、年度工作计划、要点等文件材料 | 30年 |
| 5.1.2 | 本部门年度工作总结 | 永久 |
| 5.1.3 | 本部门经办的行领导讲话情况通报(共性材料) | 永久 |
| 5.1.4 | 行内外各项评比和表彰活动中获得的奖杯、奖状、奖牌、奖章、锦旗、荣誉证书等(共性材料) | 永久 |
| 5.1.5 | 本部门各类内部事务、财务管理、员工管理及业绩管理等文件材料(共性材料) | 10年 |
| 5.1.6 | 本部门业务培训通知、计划、课件等培训文件材料(共性材料) | 10年 |
| 5.1.7 | 风控委会议记录、参阅材料等文件材料 | 10年 |
| 5.1.8 | 由本部门负责接待的有关机关和上级主管部门领导、社会知名人士检查、视察、调研工作时形成的文件材料(共性材料) | |
| 5.1.8.1 | 副厅级(含)以上级别领导干部检查、视察、调研的有关文件材料 | 永久 |
| 5.1.8.2 | 副厅级以下领导干部以及社会知名人士检查、视察、调研的有关文件材料 | 30年 |
| 5.1.9 | 部门承办会议或专业条线会议的会议材料(共性材料) | |
| 5.1.9.1 | 部门承办会议请示、批复、通知、议程、参会名单、报告、领导讲话、总结、决定、纪要、新闻报道、照片、录音、录像等 | 永久 |
| 5.1.9.2 | 会议代表发言、经验交流、会议讨论记录、简报等 | 10年 |
| 5.1.10 | 收到的有关机关、上级主管单位等相关机构制发的文件材料(共性材料) | |
| 5.1.10.1 | 涉及本行或部门有关人事、机构、案件和业务办理依据的文件材料 | 永久 |

续表

| 序号 | 归 档 范 围 | 保管期限 |
|---|---|---|
| 5.1.10.2 | 与本行业务有关的一般性文件材料或涉及本行方针、政策、法律规章和指导要求等文件材料 | 10 年 |
| **5.2** | **计量科** | |
| 5.2.1 | 风险报告管理制度、报告、机制等文件材料 | 永久 |
| 5.2.2 | 涉及本行零售信用风险计量、压力测试实施的方针、政策、法律规章和指导要求等文件材料 | 永久 |
| 5.2.3 | 非零售客户评级与违约管理制度、办法、规定等文件材料 | 永久 |
| 5.2.4 | 关于非零售计量工作向行领导报送的请示、报告及行领导批复、批示 | 永久 |
| 5.2.5 | 银行账户信用风险暴露分类情况的制度、办法、规定等文件材料 | 永久 |
| 5.2.6 | 市场风险管理政策、制度、办法等文件材料 | 永久 |
| 5.2.7 | 金融市场业务新产品、交易员风险管理制度、办法、规定等文件材料 | 永久 |
| 5.2.8 | 人民币债券投资风险管理政策、制度、办法、规定等文件材料 | 永久 |
| 5.2.9 | 债券投资减值准备政策、制度等文件材料 | 永久 |
| 5.2.10 | 关于市场风险监控报告工作向行领导报送的请示及行领导的批复、批示 | 永久 |
| 5.2.11 | 重大风险和突发事件报告管理办法、制度等文件材料 | 永久 |
| 5.2.12 | 组合风险管理政策、制度、程序、原则等文件材料 | 永久 |
| 5.2.13 | 全面风险评估制度、办法、规定等文件材料 | 永久 |
| 5.2.14 | 关于组合风险管理及经济资本计量工作向行领导报送的请示、报告及行领导批复、批示 | 永久 |
| 5.2.15 | 涉及本行零售信用风险计量、压力测试实施的报告、请示等文件材料 | 30 年 |
| 5.2.16 | 年度金融市场业务风险政策和交易性市场风险限额方案 | 30 年 |
| 5.2.17 | 涉及信贷资产准备金年度计划编制、执行、监控的文件材料 | 30 年 |
| 5.2.18 | 涉及准备金测算、计提建议、账务处理的文件材料 | 30 年 |

续表

| 序号 | 归档范围 | 保管期限 |
|---|---|---|
| 5.2.19 | 客户评级与违约管理的监测与分析报告、应对计划等文件材料 | 10年 |
| 5.2.20 | 市场风险日常监控和分析报告,包括各类业务风险日报、市场风险及交易业务风险分析月度报告等文件材料 | 10年 |
| 5.2.21 | 市场风险专项检查报告、调研报告、风险评估报告等专题报告 | 10年 |
| 5.2.22 | 市场风险分析简报、市场风险管理参阅材料 | 10年 |
| 5.2.23 | 信息系统运行与维护中岗位、角色申请表及维护记录等文件材料 | 10年 |
| **5.3** | **监控科** | |
| 5.3.1 | 非信贷和并表风险管理制度、办法、规定等文件材料 | 永久 |
| 5.3.2 | 关于非信贷和并表风险管理工作向行领导报送的请示、报告及行领导的批复、批示 | 永久 |
| 5.3.3 | 信贷管理政策、区域差别化政策及推进和管理工作文件材料 | 永久 |
| 5.3.4 | 涉及信贷业务政策等的重要的文件材料 | 永久 |
| 5.3.5 | 信贷产品、信贷管理制度、办法、规定等文件材料 | 永久 |
| 5.3.6 | 有关信贷制度的专题会议纪要 | 永久 |
| 5.3.7 | 信贷资产质量管理制度、办法、规定等文件材料 | 永久 |
| 5.3.8 | 重大信用风险管理与监控的制度、办法、规定等文件材料 | 永久 |
| 5.3.9 | 总行、监管机构、行领导批示的重大信用风险事件汇总与单户报告 | 永久 |
| 5.3.10 | 向总行、监管部门报送的重大信用风险事件报告材料 | 永久 |
| 5.3.11 | 贸易融资业务信贷管理的制度、办法、规定等文件材料 | 永久 |
| 5.3.12 | 国别风险管理的制度、办法、规定等文件材料 | 永久 |
| 5.3.13 | 涉及权限内信贷资产风险分类、损失认定和审批的文件材料 | 30年 |
| 5.3.14 | 涉及全行信贷资产质量和风险分类准确性风险排查的文件材料 | 30年 |
| 5.3.15 | 行业、客户群、产品等信贷组合结构摆布方案及相应政策措施文件材料 | 30年 |

续表

| 序号 | 归 档 范 围 | 保管期限 |
| --- | --- | --- |
| 5.3.16 | 跨行业客户群、机构类客户、小企业客户等信贷业务相关信贷政策、准入标准和风险管控要求等文件材料 | 30年 |
| 5.3.17 | 涉及权限内按个别方式评估的贷款减值损失、表外信贷资产预计负债的认定和审批的文件材料 | 30年 |
| 5.3.18 | 涉及全行信贷资产质量监控有关的通报、通知、预警等文件材料 | 30年 |
| 5.3.19 | 行业信贷政策、行业信贷准入标准及行业信贷准入底线要求等文件材料 | 30年 |
| 5.3.20 | 贸易融资业务信贷政策、业务标准等文件材料 | 30年 |
| 5.3.21 | 信贷、非信贷资产风险分类审批批复 | 30年 |
| 5.3.22 | 信贷、非信贷资产风险分类审批会议会议纪要 | 30年 |
| 5.3.23 | 各类行业、产品、客户、区域的风险预警提示建议文件材料 | 10年 |
| 5.3.24 | 信贷业务研究及信贷政策执行情况分析文件材料 | 10年 |
| 5.3.25 | 调研各二级分行信贷管理工作和信贷制度执行落实情况形成的汇报材料 | 10年 |
| 5.3.26 | 转发总行、监管部门有关信贷管理要求的文件材料 | 10年 |
| 5.3.27 | 涉及与外部监管机构、中介机构信贷审计调整相关事宜的文件材料 | 10年 |
| 5.3.28 | 转发总行、监管部门有关信贷资产质量要求的文件材料 | 10年 |
| 5.3.29 | 信贷资产质量管理执行情况等相关文件材料 | 10年 |
| 5.3.30 | 重大信用风险事件报告 | 10年 |
| 5.3.31 | 部领导批示的CRMS客户准入退出材料 | 10年 |
| 5.3.32 | 行业风险排查报告、风险事项预警书和风险提示书 | 10年 |
| 5.3.33 | 行业研究分析报告 | 10年 |
| 5.3.34 | 超授权报告、超限额报告、风险提示书、风险预警书等文件材料 | 10年 |
| 5.3.35 | 组合风险管理模型监测报表 | 10年 |
| **5.4** | **处置科** | |
| 5.4.1 | 公司类不良贷款、关注三级贷款经营管理制度、办法、规定等文件材料 | 永久 |

续表

| 序号 | 归 档 范 围 | 保管期限 |
|---|---|---|
| 5.4.2 | 受理审查的公司类不良贷款处置项目相关文件材料 | 永久 |
| 5.4.3 | 向监管部门报送的关于公司类不良贷款相关的各类业务报告 | 永久 |
| 5.4.4 | 不良贷款审批授权制度、办法、规定等文件材料 | 永久 |
| 5.4.5 | 资产保全审批会议纪要 | 永久 |
| 5.4.6 | 不良资产批量转让、已核销资产管理处置和不良非信贷资产管理处置制度、办法、规定等文件材料 | 永久 |
| 5.4.7 | 受理审查的不良资产批量转让、已核销资产项目和不良非信贷资产项目批复文件材料 | 永久 |
| 5.4.8 | 不良资产批量转让方案、批复等文件材料 | 永久 |
| 5.4.9 | 已核销资产项目处置方案、批复等文件材料 | 永久 |
| 5.4.10 | 抵债资产、政策性债转股资产和其他非信贷不良资产处置方案、批复等文件材料 | 永久 |
| 5.4.11 | 向监管部门报送的关于不良资产批量转让、不良非信贷资产管理处置的各类业务报告 | 永久 |
| 5.4.12 | 呆账核销业务管理制度、办法、规定等文件材料 | 永久 |
| 5.4.13 | 信贷类、非信贷类资产呆账核销项目的受理和合规性审核文件材料 | 永久 |
| 5.4.14 | 资产保全年度工作总结 | 30 年 |
| 5.4.15 | 全行资产保全业务中长期发展规划 | 30 年 |
| 5.4.16 | 个人类不良贷款处置政策文件材料 | 30 年 |
| 5.4.17 | 资产保全业务年度综合经营计划和费用配置计划 | 10 年 |
| **5.5** | **押品科** | |
| 5.5.1 | 押品管理制度、办法、规定等文件材料 | 永久 |
| 5.5.2 | 押品管理的专题会议纪要 | 永久 |
| 5.5.3 | 对二级分行押品制度执行落实情况调研形成的汇报材料 | 10 年 |
| 5.5.4 | 转发有关机关、上级监管部门有关押品管理要求的文件材料 | 10 年 |
| 5.5.5 | 对合作评估机构管理过程中形成的具有保存价值的各类文件资料 | 10 年 |

续表

| 序号 | 归 档 范 围 | 保管期限 |
|---|---|---|
| **5.6** | **贷后科** | |
| 5.6.1 | 贷后管理制度、办法、规定等文件材料 | 永久 |
| 5.6.2 | 贷后管理的专题会议纪要 | 永久 |
| 5.6.3 | 授信业务责任认定报告、相关材料 | 永久 |
| 5.6.4 | 调研各二级分行信贷管理工作和贷后制度执行落实情况形成的汇报材料 | 10 年 |
| 5.6.5 | 转发有关机关、上级监管部门有关贷后管理要求的文件材料 | 10 年 |
| **5.7** | **放款中心** | |
| 5.7.1 | 放款中心的制度、办法、规定等文件材料 | 永久 |
| 5.7.2 | 放款后形成的合同通知书和放款通知书 | 30 年 |
| 5.7.3 | 放款过程中的业务沟通书及回函 | 30 年 |
| 5.7.4 | 放款台账、二级行报送的情况说明等业务材料 | 30 年 |
| 5.7.5 | 放款中心工作简报 | 30 年 |
| 5.7.6 | 放款中心工作总结、放款业务情况通报、工作动态类报告材料 | 10 年 |
| 6 | **授信审批部** | |
| **6.1** | **综合科(含共性材料)** | |
| 6.1.1 | 本部门规划、年度工作计划、要点等文件材料 | 30 年 |
| 6.1.2 | 本部门年度工作总结 | 永久 |
| 6.1.3 | 本部门经办的行领导讲话情况通报(共性材料) | 永久 |
| 6.1.4 | 行内外各项评比和表彰活动中获得的奖杯、奖状、奖牌、奖章、锦旗、荣誉证书等(共性材料) | 永久 |
| 6.1.5 | 本部门各类内部事务、财务管理、员工管理及业绩管理等文件材料(共性材料) | 10 年 |
| 6.1.6 | 本部门业务培训通知、计划、课件等培训文件材料(共性材料) | 10 年 |
| 6.1.7 | 授信业务审批授权方案 | 10 年 |
| 6.1.8 | 授信业务审批情况通报 | 10 年 |

续表

| 序号 | 归 档 范 围 | 保管期限 |
|---|---|---|
| 6.1.9 | 由本部门负责接待的有关机关和上级主管部门领导、社会知名人士检查、视察、调研工作时形成的文件材料(共性材料) | |
| 6.1.9.1 | 副厅级(含)以上级别领导干部检查、视察、调研的有关文件材料 | 永久 |
| 6.1.9.2 | 副厅级以下领导干部以及社会知名人士检查、视察、调研的有关文件材料 | 30年 |
| 6.1.10 | 收到的有关机关、上级主管单位等相关机构制发的文件材料(共性材料) | |
| 6.1.10.1 | 涉及本行或部门有关人事、机构、案件和业务办理依据的文件材料 | 永久 |
| 6.1.10.2 | 与本行业务有关的一般性文件材料或涉及本行方针、政策、法律规章和指导要求等文件材料 | 10年 |
| 6.1.11 | 部门承办会议或专业条线会议的会议材料(共性材料) | |
| 6.1.11.1 | 会议请示、批复、通知、议程、参会名单、报告、领导讲话、总结、决定、纪要、新闻报道、照片、录音、录像等 | 永久 |
| 6.1.11.2 | 会议代表发言、经验交流、会议讨论记录、简报等 | 10年 |
| **6.2** | **审批结论及报告科** | |
| 6.2.1 | 信贷业务、理财业务、民企审核信贷审批文件材料 | 永久 |
| 6.2.2 | 审批会议录像 | 永久 |
| 6.2.3 | 一票否决意见审批表 | 30年 |
| **6.3** | **项目评估科** | |
| 6.3.1 | 项目评估业务管理制度、办法、规定等文件材料 | 永久 |
| 6.3.2 | 项目评估业务受理审批事宜的相关会议记录、决议、批复等文件材料 | 永久 |
| 6.3.3 | 项目评估业务实施方案、指导意见、操作规程、实施细则等文件材料 | 30年 |
| 6.3.4 | 行业研究分析报告等研究性文件 | 10年 |
| **6.4** | **评级授信科** | |
| 6.4.1 | 综合授信业务管理制度、办法、规定、实施细则等文件材料 | 永久 |

续表

| 序号 | 归 档 范 围 | 保管期限 |
| --- | --- | --- |
| 6.4.2 | 综合授信业务受理审批事宜的相关批复等文件材料 | 永久 |
| 6.4.3 | 综合授信业务的审批受理与合规审查的相关会议记录、决议和批复等文件材料 | 永久 |
| 6.4.4 | 集团客户管理制度、办法、规定、实施细则等文件材料 | 永久 |
| 6.4.5 | 集团客户管理认定相关批复等文件材料 | 永久 |
| 6.4.6 | 客户评级业务管理制度、办法、规定、实施细则等文件材料 | 永久 |
| 6.4.7 | 客户评级业务受理审批事宜的相关批复等文件材料 | 30 年 |
| 6.4.8 | 客户行业属性审批批复等文件材料 | 30 年 |
| **6.5** | **业务受理科** | |
| 6.5.1 | 授信业务的审批受理与合规审查的政策、制度、办法等文件材料 | 永久 |
| 6.5.2 | 授信业务的审批受理与合规审查的相关会议记录、决议和批复等文件材料 | 永久 |
| 6.5.3 | 对授信业务的相关制度、流程、规范等提出完善优化建议的文件材料 | 10 年 |
| 6.5.4 | 授信审批工作检查相关文件材料 | 10 年 |
| 7 | **公司业务部** | |
| **7.1** | **综合科(含共性材料)** | |
| 7.1.1 | 本部门规划、年度工作计划、要点等文件材料 | 30 年 |
| 7.1.2 | 本部门年度工作总结 | 永久 |
| 7.1.3 | 本部门经办的行领导讲话情况通报(共性材料) | 永久 |
| 7.1.4 | 行内外各项评比和表彰活动中获得的奖杯、奖状、奖牌、奖章、锦旗、荣誉证书等(共性材料) | 永久 |
| 7.1.5 | 公司业务运营情况季度分析报告 | 10 年 |
| 7.1.6 | 公司客户经理发展规划和年度计划等相关文件材料 | 10 年 |
| 7.1.7 | 本部门业务培训通知、计划、课件等相关文件材料(共性材料) | 10 年 |

续表

| 序号 | 归 档 范 围 | 保管期限 |
|---|---|---|
| 7.1.8 | 由本部门负责接待的有关机关和上级主管部门领导、社会知名人士检查、视察、调研工作时形成的文件材料(共性材料) | |
| 7.1.8.1 | 副厅级(含)以上级别领导干部检查、视察、调研的有关文件材料 | 永久 |
| 7.1.8.2 | 副厅级以下领导干部以及社会知名人士检查、视察、调研的有关文件材料 | 30年 |
| 7.1.9 | 收到的有关机关、上级主管单位等相关机构制发的文件材料(共性材料) | |
| 7.1.9.1 | 涉及本行可部门有关人事、机构、案件和业务办理依据的文件材料 | 永久 |
| 7.1.9.2 | 与本行业务有关的一般性文件材料或涉及本行方针、政策、法律规章和指导要求等文件材料 | 10年 |
| 7.1.10 | 部门承办会议或专业条线会议的会议材料 | |
| 7.1.10.1 | 会议请示、批复、通知、议程、参会名单、报告、领导讲话、总结、决定、纪要、新闻报道、照片、录音、录像等 | 永久 |
| 7.1.10.2 | 会议代表发言、经验交流、会议讨论记录、简报等 | 10年 |
| **7.2** | **行业与客户一科** | |
| 7.2.1 | 高层会晤、银企交流相关图片、宣传报道等文件材料 | 永久 |
| 7.2.2 | 客户拜访纪要、团组会会议纪要、会议照片等文件材料 | 永久 |
| 7.2.3 | 银企战略合作协议、银团合同、合作备忘录、现金管理系统使用协议、现金管理业务合作协议、现金管理服务操作规程等业务协议、合同等文件材料 | 30年 |
| 7.2.4 | 客户业务经营管理信息统计及业务分析的文件材料 | 10年 |
| 7.2.5 | 客户综合金融服务方案、一户一策相关的文件材料 | 10年 |
| 7.2.6 | 客户和业务综合利益调整相关的文件材料 | 10年 |
| 7.2.7 | 重点创新项目的立项申报书、项目任务书及结项申报文件材料 | 10年 |
| 7.2.8 | 行业研究报告、调查报告、行业管理的营销指引等文件材料 | 10年 |
| 7.2.9 | 客户意向性贷款承诺书材料 | 10年 |

续表

| 序号 | 归 档 范 围 | 保管期限 |
| --- | --- | --- |
| 7.2.10 | 客户可重复出具信用等级结论证书的批复材料 | 10 年 |
| 7.2.11 | 客户出具公开信用等级结论证书的批复材料 | 10 年 |
| 7.2.12 | 客户利率下浮批复单及相关文件材料 | 10 年 |
| 7.2.13 | 客户专题研究报告、客户资产质量管控、风险事项报告、行业分析、营销建议、项目申报等文件材料 | 10 年 |
| **7.3** | **行业与客户二科** | |
| 7.3.1 | 高层会晤、银企交流相关图片、宣传报道等文件材料 | 永久 |
| 7.3.2 | 分管行业的营销指引、综合金融服务方案等文件材料 | 30 年 |
| 7.3.3 | 行业核准相关文件材料 | 30 年 |
| 7.3.4 | 银企战略合作协议、银团合同、合作备忘录、银企直联系统、现金管理系统等协议、合同等文件材料 | 30 年 |
| 7.3.5 | 分管行业的信贷分析报告、行业风险报告等文件材料 | 10 年 |
| 7.3.6 | 分管行业报送总行和外部监管部门的报表报告等文件材料 | 10 年 |
| 7.3.7 | 向总行报送的申请差别化政策、产品创新等各类申请事项文件材料 | 10 年 |
| 7.3.8 | 客户拜访纪要等文件材料 | 10 年 |
| 7.3.9 | 专题研究报告、风险事项报告、行业分析、营销建议等文件材料 | 10 年 |
| 7.3.10 | 信用方式例外办理核准相关文件材料 | 10 年 |
| **7.4** | **行业与客户三科** | |
| 7.4.1 | 行业管理(有色、化工、钢铁、冶金、制造、采矿、食品、农业等)的营销指引、综合金融服务方案等文件材料 | 30 年 |
| 7.4.2 | 银企战略合作协议、银团合同、合作备忘录、现金管理系统使用协议、现金管理业务合作协议、现金管理服务操作规程等业务协议、合同等文件材料 | 30 年 |
| 7.4.3 | 行业管理(有色、化工、钢铁、冶金、制造、采矿、食品、农业等)的专题研究报告、风险事项报告、行业分析、信贷分析报告、待业风险报告等文件材料 | 10 年 |
| 7.4.4 | 名单制管理行业名单、核准资料文件材料 | 10 年 |

续表

| 序号 | 归档范围 | 保管期限 |
|---|---|---|
| 7.4.5 | 可重复出具信用等级结论证书的批复材料 | 10年 |
| 7.4.6 | 出具公开信用等级结论证书的批复材料 | 10年 |
| **7.5** | **行业与客户四科** | |
| 7.5.1 | 高层会晤、银企交流相关图片、宣传报道等文件材料 | 永久 |
| 7.5.2 | 银企战略合作协议、合作备忘录等文件材料 | 30年 |
| 7.5.3 | 客户拜访纪要等文件材料 | 10年 |
| 7.5.4 | 客户综合金融服务方案、产品建议书等文件材料 | 10年 |
| 7.5.5 | 信用方式例外办理核准意见 | 10年 |
| 7.5.6 | 非政府融资平台客户认定说明 | 10年 |
| 7.5.7 | 报送总行及外部监管部门的报告、报表 | 10年 |
| **7.6** | **行业与客户五科** | |
| 7.6.1 | 与客户签订的战略合作协议文本原件 | 30年 |
| 7.6.2 | 各类信贷业务申报请示、申报书 | 10年 |
| 7.6.3 | 信贷业务补充说明、补充材料 | 10年 |
| **7.7** | **内控管理科** | |
| 7.7.1 | 与公司业务相关的内控制度、办法、规定等文件材料 | 永久 |
| 7.7.2 | 公司业务系统管理应用操作规程(实施细则)的文件材料(包括对公信贷业务流程管理(CLPM)、对公客户关系管理(OCRM)、新一代对公客户信息管理等) | 30年 |
| 7.7.3 | 关于对公资产质量计划、执行情况、分析的文件材料 | 10年 |
| 7.7.4 | 对公信贷业务授权相关文件材料 | 10年 |
| 7.7.5 | 对公信贷内控名单调整相关文件材料 | 10年 |
| 7.7.6 | 公司业务系统相关参数审核、设置以及业务运行管理、维护的文件材料 | 10年 |
| 7.7.7 | 公司业务系统机构、用户管理、维护的文件材料 | 10年 |
| **7.8** | **产品管理科** | |
| 7.8.1 | 与客户签订的合作协议文本原件 | 30年 |

续表

| 序号 | 归 档 范 围 | 保管期限 |
| --- | --- | --- |
| **7.9** | **业务管理科** | |
| 7.9.1 | 综合营销制度、办法、规定等文件材料 | 永久 |
| 7.9.2 | 区域差别化政策、制度、办法等文件材料 | 永久 |
| 7.9.3 | 产品推介的宣传材料(含影音、图册等) | 永久 |
| 7.9.4 | 区域联动例会的会议纪要、总结表彰等文件 | 永久 |
| 7.9.5 | 公司中间业务、表外业务发展规划、年度计划等相关文件材料 | 30年 |
| 7.9.6 | 企业存款业务、金融资产总量发展规划、年度计划(含企业存款新增、金融资产总量,企业存款付息率等)文件材料 | 30年 |
| 7.9.7 | 公司及机构业务部门客户界定标准 | 30年 |
| 7.9.8 | 公司及机构客户、客户经理发展规划和年度计划等相关文件材料 | 30年 |
| 7.9.9 | 客户综合金融服务方案、营业网点对公服务标准及基本功能配置方案 | 30年 |
| 7.9.10 | 重点区域公司业务发展规划和营销策略等文件材料 | 30年 |
| 7.9.11 | 对公贷款定价、公司及机构客户综合定价管理等相关文件材料 | 10年 |
| 7.9.12 | 贷款利率执行情况通报 | 10年 |
| 7.9.13 | 公司中间业务、表外业务发展指导意见、发展情况通报等相关文件材料 | 10年 |
| 7.9.14 | 中间业务、表外业务检查报告、调研报告、客户营销记录等文件材料 | 10年 |
| 7.9.15 | 中间业务运营情况分析文件材料 | 10年 |
| 7.9.16 | 企业存款营销方案、营销指引等文件材料 | 10年 |
| 7.9.17 | 关于对公存款的市场价格及内转价格的文件材料 | 10年 |
| 7.9.18 | 关于对公存款的统计分析、调研报告 | 10年 |
| 7.9.19 | 对公存款的业务运营情况分析文件材料 | 10年 |
| 7.9.20 | 公司及机构客户运营情况分析文件材料 | 10年 |
| 7.9.21 | 公司业务营销机遇指导性文件材料 | 10年 |

续表

| 序号 | 归档范围 | 保管期限 |
|---|---|---|
| **7.10** | **造价咨询中心** | |
| 7.10.1 | 系统管理科 | |
| 7.10.1.1 | 造价咨询业务政策、制度、办法、规定、操作规程等文件材料 | 永久 |
| 7.10.1.2 | 造价咨询业务发展规划、年度计划、市场策略等文件材料 | 30年 |
| 7.10.1.3 | 全行造价咨询业务检查的文件材料 | 10年 |
| 7.10.1.4 | 工程造价咨询业务类文件材料 | 10年 |
| 7.10.2 | 集团管理科 | |
| 7.10.2.1 | 总行级重点客户、总行级主办银行客户认定重检、名单等相关文件及分行级主办银行客户管理办法等文件材料 | 永久 |
| 8 | **机构业务部** | |
| **8.1** | **运营管理科(含共性材料)** | |
| 8.1.1 | 本部门规划、年度工作计划、要点等文件材料 | 30年 |
| 8.1.2 | 本部门年度工作总结 | 永久 |
| 8.1.3 | 本部门经办的行领导讲话情况通报(共性材料) | 永久 |
| 8.1.4 | 行内外各项评比和表彰活动中获得的奖杯、奖状、奖牌、奖章、锦旗、荣誉证书等(共性材料) | 永久 |
| 8.1.5 | 机构业务内控合规事项的相关制度、办法、规定等文件材料 | 永久 |
| 8.1.6 | 机构业务经营形势分析文件材料 | 30年 |
| 8.1.7 | 与机构类客户签订的各类合作协议文本原件 | 30年 |
| 8.1.8 | 机构业务推广等文件材料 | 10年 |
| 8.1.9 | 本部门业务培训通知、计划、课件等培训文件材料(共性材料) | 10年 |
| 8.1.10 | 由本部门负责接待的有关机关和上级主管部门领导、社会知名人士检查、视察、调研工作时形成的文件材料(共性材料) | |
| 8.1.10.1 | 副厅级(含)以上级别领导干部检查、视察、调研的有关文件材料 | 永久 |
| 8.1.10.2 | 副厅级以下领导干部以及社会知名人士检查、视察、调研的有关文件材料 | 30年 |

续表

| 序号 | 归 档 范 围 | 保管期限 |
| --- | --- | --- |
| 8.1.11 | 收到的有关机关、上级主管单位等相关机构制发的文件材料(共性材料) | |
| 8.1.11.1 | 涉及本行或部门有关人事、机构、案件和业务办理依据的文件材料 | 永久 |
| 8.1.11.2 | 与本行业务有关的一般性文件材料或涉及本行方针、政策、法律规章和指导要求等文件材料 | 10年 |
| 8.1.12 | 部门承办会议或专业条线会议的会议材料(共性材料) | |
| 8.1.12.1 | 会议请示、批复、通知、议程、参会名单、报告、总结、决定、纪要、新闻报道、照片、录音、录像等 | 永久 |
| 8.1.12.2 | 会议代表发言、经验交流、会议讨论记录、简报等 | 10年 |
| **8.2** | **事业法人科** | |
| 8.2.1 | 事业法人单位(教育、卫生、科学研究、地质勘查、水利管理、新闻出版、广电传媒、文化、旅游景区、会展、“民本通达”综合性品牌所涉及到的领域(社保除外),下同)业务管理相关制度、办法、规定、营销指引等文件材料 | 永久 |
| 8.2.2 | 事业法人客户相关系统的业务需求、组织立项、实施、优化升级及管理过程中所形成的文件材料 | 10年 |
| **8.3** | **财政社保科** | |
| 8.3.1 | 制定的与财政社保业务相关的制度、办法、规定、指引等文件材料 | 永久 |
| 8.3.2 | 财政社保业务相关系统的业务需求、组织立项、实施、优化升级及管理过程中所形成的文件材料 | 10年 |
| 8.3.3 | 由分行签订的省级财政代理银行资格的招标文件材料 | 10年 |
| **8.4** | **政府机构科** | |
| 8.4.1 | 制定的与政府客户业务相关的制度、办法、规定、指引等文件材料 | 永久 |
| 8.4.2 | 政府客户业务相关系统的业务需求、组织立项、实施、优化升级及管理过程中所形成的文件材料 | 10年 |
| **8.5** | **同业业务中心** | |
| 8.5.1 | 同业业务相关的相关制度、办法、规定、指引等文件材料 | 永久 |

续表

| 序号 | 归 档 范 围 | 保管期限 |
|---|---|---|
| 8.5.2 | 资产托管相关的相关制度、办法、规定、指引等文件材料 | 永久 |
| 9 | 个人金融部 | |
| 9.1 | **综合科(含共性材料)** | |
| 9.1.1 | 本部门规划、年度工作计划、要点等文件材料 | 30年 |
| 9.1.2 | 本部门年度工作总结 | 永久 |
| 9.1.3 | 本部门经办的行领导讲话情况通报(共性材料) | 永久 |
| 9.1.4 | 行内外各项评比和表彰活动中获得的奖杯、奖状、奖牌、奖章、锦旗、荣誉证书等(共性材料) | 永久 |
| 9.1.5 | 机构业务内控合规事项的相关制度、办法、规定等文件材料 | 30年 |
| 9.1.6 | 本部门业务培训通知、计划、课件等培训文件材料 | 10年 |
| 9.1.7 | 本部门各类内部事务、财务管理、员工管理及业绩管理等文件材料 | 10年 |
| 9.1.8 | 由本部门负责接待的有关机关和上级主管部门领导、社会知名人士检查、视察、调研工作时形成的文件材料(共性材料) | |
| 9.1.8.1 | 副厅级(含)以上级别领导干部检查、视察、调研的有关文件材料 | 永久 |
| 9.1.8.2 | 副厅级以下领导干部以及社会知名人士检查、视察、调研的有关文件材料 | 30年 |
| 9.1.9 | 收到的有关机关、上级主管单位等相关机构制发的文件材料(共性材料) | |
| 9.1.9.1 | 涉及本行或部门有关人事、机构、案件和业务办理依据的文件材料 | 永久 |
| 9.1.9.2 | 与本行业务有关的一般性文件材料或涉及本行方针、政策、法律规章和指导要求等文件材料 | 10年 |
| 9.1.10 | 部门承办会议或专业条线会议的会议材料(共性材料) | |
| 9.1.10.1 | 会议请示、批复、通知、议程、参会名单、报告、总结、决定、纪要、新闻报道、照片、录音、录像等 | 永久 |
| 9.1.10.2 | 会议代表发言、经验交流、会议讨论记录、简报等 | 10年 |

续表

| 序号 | 归档范围 | 保管期限 |
| --- | --- | --- |
| **9.2** | **市场营销科** | |
| 9.2.1 | 产品及业务管理制度、办法、规定等文件材料 | 永久 |
| 9.2.2 | 与外部公司开展合作签署的销售代理协议 | 30 年 |
| 9.2.3 | 与财政部、人民银行签署的国债承销合同等法律性文件材料 | 30 年 |
| 9.2.4 | 业务的营销规划、年度计划和营销策略等文件材料 | 30 年 |
| 9.2.5 | 相关产品业务营销、检查文件材料 | 10 年 |
| **9.3** | **产品管理科** | |
| 9.3.1 | 个人投资组合业务、PBCS 相关制度、办法等文件材料 | 永久 |
| 9.3.2 | 个人业务产品研发的统筹规划、年度计划、产品定价和收费等文件材料 | 30 年 |
| 9.3.3 | 与卡组织、制卡公司等的合作协议、合同等文件材料 | 30 年 |
| 9.3.4 | 全行联名卡产品卡样报送及审批文件材料 | 30 年 |
| 9.3.5 | 银行卡新产品业务管理性的文件材料 | 30 年 |
| 9.3.6 | 产品统筹与创新相关会议材料、项目申报材料 | 10 年 |
| 9.3.7 | 银行卡新业务、新产品的研究、开发、推广和管理等文件材料 | 10 年 |
| **9.4** | **客户管理科** | |
| 9.4.1 | 个人客户数据分析有关制度、办法、规定等文件材料 | 永久 |
| 9.4.2 | 个人客户发展、维护和管理的制度、办法和规定等文件材料 | 永久 |
| 9.4.3 | 客户、产品、渠道、贡献等多维度的个人客户数据分析报告 | 30 年 |
| 9.4.4 | 分析型客户关系管理系统（ACRM）和企业级客户信息系统（对私）（ECIFP）开发的业务需求、优化需求等文件材料 | 30 年 |
| 9.4.5 | 个人理财中心客户岗位设置、服务规范、服务流程等文件材料 | 30 年 |
| 9.4.6 | 全行个人客户的中长期发展规划和年度计划等文件材料 | 30 年 |
| 9.4.7 | 全行个人理财中心的中长期发展规划和年度建设计划等文件材料 | 30 年 |
| 9.4.8 | 个人业务条线提供数据分析支持，培训、指导个人业务条线开展数据分析工作的文件材料 | 10 年 |

续表

| 序号 | 归档范围 | 保管期限 |
|---|---|---|
| 9.4.9 | 个人客户经理、理财师等个人业务从业人员队伍建设、规划、评价、资格认证、培训等文件材料 | 10年 |
| 9.4.10 | 个人客户关系管理相关系统建设与优化的需求、业务测试案例、培训的文件材料 | 10年 |
| **9.5** | **个人商户管理科** | |
| 9.5.1 | 业务管理的制度、办法、规定等文件材料 | 永久 |
| 9.5.2 | 向监管部门报告、报备类文件以及监管部门的业务批复 | 永久 |
| 9.5.3 | 对银行卡业务请示事项的批复 | 永久 |
| 9.5.4 | 全行银行卡业务规划、计划等文件材料 | 30年 |
| 9.5.5 | 与外部公司签订的协议、合同等文件材料 | 30年 |
| 9.5.6 | 银行卡业务统计与分析相关文件材料 | 10年 |
| 9.5.7 | 银行卡网络及跨行交易入网卡表及路由管理等文件材料 | 10年 |
| 9.5.8 | 全行银行卡异地交易和跨行交易业务检查、指导性文件材料 | 10年 |
| 9.5.9 | 银行卡新业务、新产品的研究、开发、推广和管理等文件材料 | 10年 |
| 9.5.10 | 全行银行卡业务营销活动、市场拓展、指导和管理等方面的文件材料 | 10年 |
| **9.6** | **电话银行中心** | |
| 9.6.1 | 电话银行业务管理的制度、办法、规定等文件材料 | 永久 |
| 9.6.2 | 全行个人客户问题受理和处理的制度、办法、规定等文件材料 | 永久 |
| 9.6.3 | 电话银行运营管理及审批制度、办法、规定等文件材料 | 永久 |
| 9.6.4 | 全行电话银行业务发展规划和年度经营计划等文件材料 | 30年 |
| 9.6.5 | 全行电话银行品牌建设和渠道整合等文件材料 | 30年 |
| 9.6.6 | 全行电话银行渠道产品营销的审批与管理文件材料 | 30年 |
| 9.6.7 | 全行个人客户问题受理和处理的工单等文件材料 | 30年 |
| 9.6.8 | 电话银行产品及服务设计、开发、布放及资源配置等文件材料 | 10年 |
| 9.6.9 | 电话银行安全管理、业务外包管理、风险及合规性控制等文件材料 | 10年 |

续表

| 序号 | 归 档 范 围 | 保管期限 |
| --- | --- | --- |
| 9.6.10 | 电话银行队伍建设、培训、考核等管理工作的文件材料 | 10 年 |
| **9.7** | **客户管理团队** | |
| 9.7.1 | 私人银行专属服务渠道(含私人银行专营机构、电子渠道等)发展策略与计划 | 永久 |
| 9.7.2 | 财富管理与私人银行业务转型发展的制度、办法等文件材料 | 永久 |
| 9.7.3 | 私人银行业务风险管理政策、基本制度等文件材料 | 永久 |
| 9.7.4 | 私人银行专属服务渠道经营管理的制度、办法、规定、标准、指导意见等文件材料 | 永久 |
| 9.7.5 | 私人银行专营机构岗位人员能力提升培训方案、大纲、年度预算等文件材料 | 30 年 |
| **9.8** | **客户理财团队** | |
| 9.8.1 | 个人理财、私人银行综合金融产品、私人银行代理信托计划等产品、服务的管理制度、办法、操作规程 | 永久 |
| 9.8.2 | 相关业务的检查、培训、管理等文件材料 | 10 年 |
| **9.9** | **客户营销团队** | |
| 9.9.1 | 私人银行专属服务渠道经营管理的制度、办法、规定、标准、指导意见等文件材料 | 永久 |
| 9.9.2 | 个人中高端客户非金融服务、私人银行客户专享增值服务等各服务项目的体系建设、制度、办法、操作规程等文件材料 | 永久 |
| 9.9.3 | 私人银行专属服务渠道发展策略与计划 | 30 年 |
| 9.9.4 | 私人银行专营机构、私人银行电子渠道相关的业务通报、经验交流简报等文件材料 | 10 年 |
| 10 | **住房金融业务部** | |
| **10.1** | **综合科(含共性材料)** | |
| 10.1.1 | 本部门发展战略规划、业务转型及年度工作计划、工作要点等文件材料 | 30 年 |
| 10.1.2 | 本部门年度工作总结 | 永久 |
| 10.1.3 | 本部门经办的行领导讲话情况通报(共性材料) | 永久 |

续表

| 序号 | 归档范围 | 保管期限 |
|---|---|---|
| 10.1.4 | 行内外各项评比和表彰活动中获得的奖杯、奖状、奖牌、奖章、锦旗、荣誉证书等(共性材料) | 永久 |
| 10.1.5 | 住房金融业务的政策研究、市场分析报告、课题研究等文件材料(共性材料) | 永久 |
| 10.1.6 | 本部门各类内部事务、财务管理、员工管理及业绩管理等文件材料(共性材料) | 10年 |
| 10.1.7 | 本部门业务培训通知、计划、课件等培训文件材料(共性材料) | 10年 |
| 10.1.8 | 经营情况通报、考核结果通报等 | 10年 |
| 10.1.9 | 由本部门负责接待的有关机关和上级主管部门领导、社会知名人士检查、视察、调研工作时形成的文件材料(共性材料) | |
| 10.1.9.1 | 副厅级(含)以上级别领导干部检查、视察、调研的有关文件材料 | 永久 |
| 10.1.9.2 | 副厅级以下领导干部以及社会知名人士检查、视察、调研的有关文件材料 | 30年 |
| 10.1.10 | 收到的有关机关、上级主管单位等相关机构制发的文件材料(共性材料) | |
| 10.1.10.1 | 涉及本行或部门有关人事、机构、案件和业务办理依据的文件材料 | 永久 |
| 10.1.10.2 | 与本行业务有关的一般性文件材料或涉及本行方针、政策、法律规章和指导要求等文件材料 | 10年 |
| 10.1.11 | 部门承办会议或专业条线会议的会议材料(共性材料) | |
| 10.1.11.1 | 会议请示、批复、通知、议程、参会名单、报告、总结、决定、纪要、新闻报道、照片、录音、录像等 | 永久 |
| 10.1.11.2 | 会议代表发言、经验交流、会议讨论记录、简报等 | 10年 |
| **10.2** | **个人贷款科** | |
| 10.2.1 | 个人住房贷款产品管理制度、办法、规定等文件材料 | 永久 |
| 10.2.2 | 个人住房贷款信贷政策及业务管理文件材料 | 30年 |
| 10.2.3 | 全行个人住房贷款业务和客户的发展规划、计划等文件材料 | 30年 |

续表

| 序号 | 归档范围 | 保管期限 |
| --- | --- | --- |
| 10.2.4 | 快贷白名单申报审批相关文件材料 | 30 年 |
| 10.2.5 | 楼盘申报准入文件材料 | 30 年 |
| 10.2.6 | 全行个人住房贷款业务的营销策划、市场推进、业务宣传、营销和广告推介文件材料 | 10 年 |
| **10.3** | **监测督导科** | |
| 10.3.1 | 个人贷款贷后管理工作制度、办法、操作规程等文件材料 | 永久 |
| 10.3.2 | 个人贷款及楼盘项目重大风险事项的处理情况、报告、处置等文件材料 | 永久 |
| 10.3.3 | 贷后管理工作的请示、批复、批示等文件材料 | 30 年 |
| 10.3.4 | 个人贷款贷后管理项目需求、应用推广、培训、管理文件等相关文件材料 | 10 年 |
| 10.3.5 | 个人贷款内部控制和资产质量运行状况分析报告、通报等文件材料 | 10 年 |
| 10.3.6 | 个人贷款贷后检查等文件材料 | 10 年 |
| **11** | **小企业业务部** | |
| **11.1** | **综合管理科(含共性材料)** | |
| 11.1.1 | 本部门规划、年度工作计划、要点等文件材料 | 30 年 |
| 11.1.2 | 本部门年度工作总结 | 永久 |
| 11.1.3 | 本部门经办的行领导讲话情况通报(共性材料) | 永久 |
| 11.1.4 | 行内外各项评比和表彰活动中获得的奖杯、奖状、奖牌、奖章、锦旗、荣誉证书等(共性材料) | 永久 |
| 11.1.5 | 本部门各类内部事务、财务管理、员工管理及业绩管理等文件材料(共性材料) | 10 年 |
| 11.1.6 | 本部门培训通知、计划、课件等培训文件材料(共性材料) | 10 年 |
| 11.1.7 | 由本部门负责接待的有关机关和上级主管部门领导、社会知名人士检查、视察、调研工作时形成的文件材料(共性材料) | |
| 11.1.7.1 | 副厅级(含)以上级别领导干部检查、视察、调研的有关文件材料 | 永久 |

续表

| 序号 | 归档范围 | 保管期限 |
|---|---|---|
| 11.1.7.2 | 副厅级以下领导干部以及社会知名人士检查、视察、调研的有关文件材料 | 30年 |
| 11.1.8 | 收到的有关机关、上级主管单位等相关机构制发的文件材料（共性材料） | |
| 11.1.8.1 | 涉及本行或部门有关人事、机构、案件和业务办理依据的文件材料 | 永久 |
| 11.1.8.2 | 与本行业务有关的一般性文件材料或涉及本行方针、政策、法律规章和指导要求等文件材料 | 10年 |
| 11.1.9 | 部门承办会议或专业条线会议的会议材料（共性材料） | |
| 11.1.9.1 | 会议请示、批复、通知、议程、参会名单、报告、领导讲话、总结、决定、纪要、新闻报道、照片、录音、录像等 | 永久 |
| 11.1.9.2 | 会议代表发言、经验交流、会议讨论记录、简报等 | 10年 |
| **11.2** | **产品及市场管理科** | |
| 11.2.1 | 小企业业务营销的制度、办法、方案、规定等文件材料 | 永久 |
| 11.2.2 | 与政府部门、行业协会等第三方机构签署的战略合作协议 | 永久 |
| 11.2.3 | 小企业产品的管理办法、操作流程及实施方案等文件材料 | 永久 |
| 11.2.4 | 全行小企业业务报批批复文件材料 | 永久 |
| 11.2.5 | 小企业业务市场规划、营销规划、行业营销指引 | 30年 |
| 11.2.6 | 小企业业务年度营销、创新计划 | 10年 |
| **11.3** | **信贷督导科** | |
| 11.3.1 | 小企业信贷业务风险管理制度、办法、规定等文件材料 | 永久 |
| 11.3.2 | 小企业业务风险管理工作请示、批复、批示文件材料 | 永久 |
| 11.3.3 | 小企业业务风险管理相关通知、通报、报告等文件材料 | 10年 |
| 12 | **投资银行业务部** | |
| **12.1** | **综合内控团队（含共性材料）** | |
| 12.1.1 | 本部门规划、年度工作计划、要点等文件材料 | 30年 |
| 12.1.2 | 本部门年度工作总结 | 永久 |
| 12.1.3 | 本部门经办的行领导讲话情况通报（共性材料） | 永久 |

续表

| 序号 | 归 档 范 围 | 保管期限 |
|---|---|---|
| 12.1.4 | 行内外各项评比和表彰活动中获得的奖杯、奖状、奖牌、奖章、锦旗、荣誉证书等(共性材料) | 永久 |
| 12.1.5 | 本部门各类内部事务、财务管理、员工管理及业绩管理等文件材料(共性材料) | 10年 |
| 12.1.6 | 本部门业务培训通知 、计划、课件等培训文件材料(共性材料) | 10年 |
| 12.1.7 | 由本部门负责接待的有关机关和上级主管部门领导、社会知名人士检查、视察、调研工作时形成的文件材料(共性材料) | |
| 12.1.7.1 | 副厅级(含)以上级别领导干部检查、视察、调研的有关文件材料 | 永久 |
| 12.1.7.2 | 副厅级以下领导干部以及社会知名人士检查、视察、调研的有关文件材料 | 30年 |
| 12.1.8 | 收到的有关机关、上级主管单位等相关机构制发的文件材料(共性材料) | |
| 12.1.8.1 | 涉及本行或部门有关人事、机构、案件和业务办理依据的文件材料 | 永久 |
| 12.1.8.2 | 与本行业务有关一般性文件材料或涉及本行方针、政策、法律规章和指导要求等文件材料 | 10年 |
| 12.1.9 | 部门承办会议或专业条线会议的会议材料(共性材料) | |
| 12.1.9.1 | 会议请示、批复、通知、议程、参会名单、报告、领导讲话、总结、决定、纪要、新闻报道、照片、录音、录像等 | 永久 |
| 12.1.9.2 | 会议代表发言、经验交流、会议讨论记录、简报等 | 10年 |
| **12.2** | **金融市场团队** | |
| 12.2.1 | 债券投资业务的管理制度、办法、规程等文件材料 | 永久 |
| 12.2.2 | 对公贵金属及大宗商品套保业务的制度、办法、规定等文件材料 | 永久 |
| 12.2.3 | 债务融资业务管理制度、办法、规定等文件材料 | 永久 |
| 12.2.4 | 债券销售业务管理制度、办法、规定等文件材料 | 永久 |
| 12.2.5 | 财务顾问业务、资产证券化业务管理制度、办法、规定等文件材料 | 永久 |

续表

| 序号 | 归档范围 | 保管期限 |
| --- | --- | --- |
| 12.2.6 | 并购类业务、基金类业务管理制度、办法、规定和操作规程等文件材料 | 永久 |
| 12.2.7 | 上报总行的并购项目、基金项目的请示、批复、报告等文件材料 | 永久 |
| 12.2.8 | 债务融资业务管理制度产品操作指引 | 30年 |
| 12.2.9 | 并购类业务、基金类业务中总行签署的金融服务方案投标标书、合作协议、保密协议、顾问协议、资金监管服务协议及尽职调查报告等法律性文件材料 | 30年 |
| 12.2.10 | 财务顾问项目、资产证券化项目申请表、尽调报告(如有)、协议、内容、审批材料(如有)、服务日志、记录、方案等文件材料 | 10年 |
| **12.3** | **投资理财团队** | |
| 12.3.1 | 资产管理业务制度、办法、操作指引、规定等文件材料 | 永久 |
| 12.3.2 | 项目申报材料、尽调报告(如有)、协议、内部审批材料(如有)、存续期管理、风险处置等文件材料 | 10年 |
| 12.3.3 | 资产管理业务的流程管理、业务推广、营销组织、品牌宣传等文件材料 | 10年 |
| **12.4** | **企业年金团队** | |
| 12.4.1 | 养老金投资托管运营业务管理制度、办法、规定和操作规程等文件材料 | 永久 |
| 12.4.2 | 养老金投资托管运营备忘录、协议、合同等法律性文件材料 | 30年 |
| **13** | **信用卡业务部** | |
| **13.1** | **综合科(含共性材料)** | |
| 13.1.1 | 本部门规划、年度工作计划、要点等文件材料 | 30年 |
| 13.1.2 | 本部门年度工作总结 | 永久 |
| 13.1.3 | 本部门经办的行领导讲话情况通报(共性材料) | 永久 |
| 13.1.4 | 行内外各项评比和表彰活动中获得的奖杯、奖状、奖牌、奖章、锦旗、荣誉证书等(共性材料) | 永久 |
| 13.1.5 | 本部门用印审核单、用印签字样本、登记簿(内页)等 | 30年 |
| 13.1.6 | 客服中心的运行管理、服务质量管理、培训管理等文件材料 | 10年 |

续表

| 序号 | 归档范围 | 保管期限 |
|---|---|---|
| 13.1.7 | 本部门员工绩效管理及年度考核相关材料 | 10年 |
| 13.1.8 | 由本部门负责接待的有关机关和上级主管部门领导、社会知名人士检查、视察、调研工作时形成的文件材料(共性材料) | |
| 13.1.8.1 | 副厅级(含)以上级别领导干部检查、视察、调研的有关文件材料 | 永久 |
| 13.1.8.2 | 副厅级以下领导干部以及社会知名人士检查、视察、调研的有关文件材料 | 30年 |
| 13.1.9 | 收到的有关机关、上级主管单位等相关机构制发的文件材料(共性材料) | |
| 13.1.9.1 | 涉及本行或部门有关人事、机构、案件和业务办理依据的文件材料 | 永久 |
| 13.1.9.2 | 与本行业务有关的一般性文件材料或涉及本行方针、政策、法律规章和指导要求等文件材料 | 10年 |
| 13.1.10 | 本部门承办会议或专业条线会议的会议材料(共性材料) | |
| 13.1.10.1 | 会议请示、批复、通知、议程、参会名单、报告、领导讲话、总结、决定、纪要、新闻报道、照片、录音、录像等 | 永久 |
| 13.1.10.2 | 会议代表发言、经验交流、会议讨论记录、简报等 | 10年 |
| **13.2** | **市场拓展科** | |
| 13.2.1 | 邮购、消费、专项分期、商场分期等相关业务材料 | 30年 |
| 13.2.2 | 全行信用卡年度营销发卡计划 | 10年 |
| 13.2.3 | 产品开发设计方案 | 10年 |
| 13.2.4 | 重点产品营销推广活动、发卡仪式等形成的文件材料 | 10年 |
| 13.2.5 | 联名卡项目建设书(产品类合作协议) | 10年 |
| 13.2.6 | 涉及客户权益变动的业务联系单、权限变更表等文件材料 | 10年 |
| **13.3** | **运营服务科** | |
| 13.3.1 | 信用卡服务运营的相关管理文件材料 | 10年 |
| 13.3.2 | 柜面交易的操作规程或管理文件材料 | 10年 |
| 13.3.3 | 客户严重投诉、危机投诉等文件材料 | 10年 |

续表

| 序号 | 归 档 范 围 | 保管期限 |
| --- | --- | --- |
| **13.4** | **消费信贷科** | |
| 13.4.1 | 消费信贷业务中长期发展战略规划、年度经营计划 | 30 年 |
| 13.4.2 | 供应商管理文件材料 | 30 年 |
| 13.4.3 | 专项信贷、循环信贷产品研发文件材料 | 10 年 |
| 13.4.4 | 分行 CCIMS 消费信贷管理系统用户权限设置申请单 | 10 年 |
| 13.4.5 | 专项分期商户审批表单 | 10 年 |
| 13.4.6 | 一般分期商户审批表单 | 10 年 |
| **13.5** | **风险内控科** | |
| 13.5.1 | 信用卡资产保全相关规章制度等管理文件材料 | 永久 |
| 13.5.2 | 信用卡风险管理政策、新客户及已有客户授信政策等文件材料 | 30 年 |
| 13.5.3 | 全行信用卡审批人员的资格认定、审批与考核文件材料 | 30 年 |
| 13.5.4 | 司法协查相关文件材料 | 30 年 |
| 13.5.5 | SARM 系统用户新增、变更申请表 | 10 年 |
| 13.5.6 | 分行 CISS 催收子系统用户权限设置申请单 | 10 年 |
| 14 | **信息技术部** | |
| **14.1** | **综合科(含共性材料)** | |
| 14.1.1 | 本部门规划、年度工作计划、要点等文件材料 | 30 年 |
| 14.1.2 | 本部门年度工作总结 | 永久 |
| 14.1.3 | 本部门经办的行领导讲话情况通报(共性材料) | 永久 |
| 14.1.4 | 行内外各项评比和表彰活动中获得的奖杯、奖状、奖牌、奖章、锦旗、荣誉证书等(共性材料) | 永久 |
| 14.1.5 | 部门内部事务管理等文件材料(部务会、总经理办公会等) | 10 年 |
| 14.1.6 | 本部门承办的培训通知、课件和专业条线会议发言、讨论记录等文件材料(共性材料) | 10 年 |
| 14.1.7 | 由本部门负责接待的有关机关和上级主管部门领导、社会知名人士检查、视察、调研工作时形成的文件材料(共性材料) | |

续表

| 序号 | 归 档 范 围 | 保管期限 |
| --- | --- | --- |
| 14.1.7.1 | 副厅级(含)以上级别领导干部检查、视察、调研的有关文件材料 | 永久 |
| 14.1.7.2 | 副厅级以下领导干部以及社会知名人士检查、视察、调研的有关文件材料 | 30 年 |
| 14.1.8 | 收到的有关机关、上级主管单位等相关机构制发的文件材料(共性材料) | |
| 14.1.8.1 | 涉及本行或部门有关人事、机构、案件和业务办理依据的文件材料 | 永久 |
| 14.1.8.2 | 与本行业务有关的一般性文件材料或涉及本行方针、政策、法律规章和指导要求等文件材料 | 10 年 |
| 14.1.9 | 部门承办会议或专业条线会议的会议材料(共性材料) | |
| 14.1.9.1 | 会议请示、批复、通知、议程、参会名单、报告、领导讲话、总结、决定、纪要、新闻报道、照片、录音、录像等 | 永久 |
| 14.1.9.2 | 会议代表发言、经验交流、会议讨论记录、简报等 | 10 年 |
| **14.2** | **安全科** | |
| 14.2.1 | 安全技术策略、安全技术规范等文件材料 | 30 年 |
| 14.2.2 | 安全技术架构、实施工艺、规划等文件材料 | 30 年 |
| 14.2.3 | 检查报告、评估报告、月报、季报等文件材料 | 10 年 |
| **14.3** | **总工办** | |
| 14.3.1 | 信息技术产品管理制度、办法、实施规范等文件材料 | 永久 |
| 14.3.2 | 项目审批、会议纪要等文件材料 | 30 年 |
| 14.3.3 | 各实施责任单位按要求报送的项目实施过程报告等文件材料 | 30 年 |
| 14.3.4 | 项目及非项目开发任务申请材料 | 30 年 |
| 14.3.5 | 项目实施过程中的项目立项说明书、应用分析说明书、整体方案设计说明书、应用设计说明书、应用细化设计说明书、投产部署方案等关键文件材料 | 30 年 |
| 14.3.6 | 合作公司的公司入场、退场、签到、承诺书等文件材料 | 30 年 |
| 14.3.7 | 项目验收过程中的验收申请书、预算执行及支出情况表、用户验收测试报告、系统测试报告、试运行报告、项目总结报告、验收报告等文件材料以及非项目开发任务验收报告等文件材料 | 30 年 |

续表

| 序号 | 归 档 范 围 | 保管期限 |
|---|---|---|
| 14.3.8 | 项目基础设施技术方案的审定文件材料 | 30年 |
| 14.3.9 | 应用技术基础、系统、网络、技术环境的模板、规范和标准等文件材料 | 30年 |
| 14.3.10 | 信息技术产品选型过程相关需求分析、测试方案、测试指标、测试报告以及测试记录等文件材料 | 30年 |
| **14.4** | **设备管理科** | |
| 14.4.1 | 中心机房基础环境运行管理制度 | 永久 |
| 14.4.2 | 部门归口管理的固定资产及费用计划的编制、审核、申报文件材料；执行及结算支付文件材料 | 10年 |
| 14.4.3 | 总行信息项目资本性支出计划的编制、审核及申报文件材料；执行及结算支付文件材料 | 10年 |
| 14.4.4 | 中心机房基础环境运行维护记录、运行维护总结报告等文件材料 | 10年 |
| 14.4.5 | 中心机房基础环境应急预案、应急演练记录、应急演练总结报告等文件材料 | 10年 |
| **14.5** | **数据管理科** | |
| 14.5.1 | 数据类项目及非项目资料（含申请、需求、设计、测试等内容） | 10年 |
| 15 | **渠道与运营管理部** | |
| **15.1** | **综合科（含共性材料）** | |
| 15.1.1 | 本部门规划、年度工作计划、要点等文件材料 | 30年 |
| 15.1.2 | 本部门年度工作总结 | 永久 |
| 15.1.3 | 本部门经办的行领导讲话情况通报（共性材料） | 永久 |
| 15.1.4 | 行内外各项评比和表彰活动中获得的奖杯、奖状、奖牌、奖章、锦旗、荣誉证书等（共性材料） | 永久 |
| 15.1.5 | 本部门各类内部事务、财务管理、员工管理及业绩管理等文件材料 | 10年 |
| 15.1.6 | 本部门业务培训通知、计划、课件等培训文件材料 | 10年 |
| 15.1.7 | 由本部门负责接待的有关机关和上级主管部门领导、社会知名人士检查、视察、调研工作时形成的文件材料（共性材料） | |

续表

| 序号 | 归 档 范 围 | 保管期限 |
| --- | --- | --- |
| 15.1.7.1 | 副厅级(含)以上级别领导干部检查、视察、调研的有关文件材料 | 永久 |
| 15.1.7.2 | 副厅级以下领导干部以及社会知名人士检查、视察、调研的有关文件材料 | 30 年 |
| 15.1.8 | 收到的有关机关、上级主管单位等相关机构制发的文件材料(共性材料) | |
| 15.1.8.1 | 涉及部门有关人事、机构、案件和业务办理依据的文件材料 | 永久 |
| 15.1.8.2 | 与本行业务有关的一般性文件材料或涉及本行方针、政策、法律规章和指导要求等文件材料 | 10 年 |
| 15.1.9 | 部门承办会议或专业条线会议的会议材料(共性材料) | |
| 15.1.9.1 | 会议请示、批复、通知、议程、参会名单、报告、领导讲话、总结、决定、纪要、新闻报道、照片、录音、录像等 | 永久 |
| 15.1.9.2 | 会议代表发言、经验交流、会议讨论记录、简报等 | 10 年 |
| **15.2** | **制度与风险管理科** | |
| 15.2.1 | 营运管理有关制度、办法、规定等文件材料 | 永久 |
| 15.2.2 | 运营体系规划与建设文件材料 | 永久 |
| 15.2.3 | 年度营运工作要点、工作总结等文件材料 | 30 年 |
| 15.2.4 | 年度营运工作考评材料 | 10 年 |
| 15.2.5 | 年度全行营运工作考评结果的通报 | 10 年 |
| 15.2.6 | 营运及柜面风险管理相关文件资料 | 10 年 |
| 15.2.7 | 营运及柜面业务检查通知、通报、报告等资料 | 10 年 |
| **15.3** | **现金出纳科** | |
| 15.3.1 | 新建(租赁)金库、改造金库的请示、批复文件材料 | 30 年 |
| 15.3.2 | 金库建设验收报告及附属文件材料 | 30 年 |
| 15.3.3 | 金库特别检查的检查报告 | 10 年 |
| **15.4** | **稽核管理科** | |
| 15.4.1 | 所辖系统业务运行管理通知、会议纪要 | 30 年 |
| 15.4.2 | 所辖部分系统的建设、测试、优化、维护、管理等文件材料 | 30 年 |

续表

| 序号 | 归 档 范 围 | 保管期限 |
|---|---|---|
| 15.4.3 | 所辖部分系统的部门应急预案 | 10 年 |
| **15.5** | **运行业务科** | |
| 15.5.1 | 有关员工响应和知识管理的规章、制度、办法、规范、报告、指引等文件材料 | 永久 |
| 15.5.2 | 核心系统员工响应与知识管理应用操作手册、操作规程等文件材料 | 30 年 |
| 15.5.3 | 核心系统员工响应与知识管理平台的建设、测试、优化、维护、管理等文件材料 | 30 年 |
| **15.6** | **渠道建设科** | |
| 15.6.1 | 境内营业网点的管理办法、建设指引等文件材料 | 永久 |
| 15.6.2 | 人民银行、银监会等管理机构下发的关于境内营业网点有关文件材料 | 10 年 |
| 15.6.3 | 境内营业网点的请示、通知等文件材料 | 10 年 |
| **15.7** | **网点管理科** | |
| 15.7.1 | 网点服务管理有关的制度、规章、办法等文件材料 | 永久 |
| 15.7.2 | 网点服务相关的行签报、请示、通报、通知、简报等文件材料 | 10 年 |
| **15.8** | **柜面业务科** | |
| 15.8.1 | 网点综合化建设、柜面业务管理有关的制度、办法、规定等文件材料 | 永久 |
| 15.8.2 | 柜面设备及重要单证采购合同 | 30 年 |
| **15.9** | **现金出纳科** | |
| 15.9.1 | 柜面现钞业务、机构现金调拨业务的管理制度、办法、规定等文件材料 | 永久 |
| **15.10** | **自助设备运营科** | |
| 15.10.1 | 自助业务的管理制度、办法、操作规程等文件材料 | 永久 |
| 15.10.2 | 涉及营运条线集中维护自助业务的管理办法、规章、制度等文件材料 | 永久 |
| 15.10.3 | 自助设备采购合同 | 30 年 |

续表

| 序号 | 归 档 范 围 | 保管期限 |
| --- | --- | --- |
| 15.10.4 | 自助业务运营控管系统的建设、测试、优化、维护、管理等文件材料 | 30 年 |
| 15.10.5 | 自助业务的相关行签报、请示、通知、业务处理单等文件材料 | 10 年 |
| **15.11** | **集中业务处理科** | |
| 15.11.1 | 柜面业务集中处理系统建设、测试、优化、维护、管理相关的规章、制度、办法等文件材料 | 永久 |
| 15.11.2 | 柜面业务集中处理生产运营月度情况通报 | 10 年 |
| **15.12** | **账户集中管理科** | |
| 15.12.1 | 账户管理的制度、办法、规定等文件材料 | 永久 |
| 15.12.2 | 账户管理相关工作的通知、通报等文件材料 | 10 年 |
| 16 | **网络金融部** | |
| **16.1** | **综合管理科(含共性材料)** | |
| 16.1.1 | 本部门规划、年度工作计划、要点等文件材料 | 30 年 |
| 16.1.2 | 本部门年度工作总结 | 永久 |
| 16.1.3 | 本部门经办的行领导讲话情况通报(共性材料) | 永久 |
| 16.1.4 | 行内外各项评比和表彰活动中获得的奖杯、奖状、奖牌、奖章、锦旗、荣誉证书等(共性材料) | 永久 |
| 16.1.5 | 本部门各类内部事务、财务管理、员工管理及业绩管理等文件材料(共性材料) | 永久 |
| 16.1.6 | 本部门业务培训通知、计划、课件等培训文件材料(共性材料) | 10 年 |
| 16.1.7 | 全行电子银行业务发展情况的通报 | 10 年 |
| 16.1.8 | 本部门年度预算执行情况有关文件材料 | 10 年 |
| 16.1.9 | 第三方业务合作协议、合同等文件材料 | 10 年 |
| 16.1.10 | 由本部门负责接待的有关机关和上级主管部门领导、社会知名人士检查、视察、调研工作时形成的文件材料(共性材料) | |
| 16.1.10.1 | 副厅级(含)以上级别领导干部检查、视察、调研的有关文件材料 | 永久 |

续表

| 序号 | 归 档 范 围 | 保管期限 |
| --- | --- | --- |
| 16.1.10.2 | 副厅级以下领导干部以及社会知名人士检查、视察、调研的有关文件材料 | 30 年 |
| 16.1.11 | 收到的有关机关、上级主管单位等相关机构制发的文件材料(共性材料) | |
| 16.1.11.1 | 涉及本行或部门有关人事、机构、案件和业务办理依据的文件材料 | 永久 |
| 16.1.11.2 | 与本行业务有关的一般性文件材料或涉及本行方针、政策、法律规章和指导要求等文件材料 | 10 年 |
| 16.1.12 | 部门承办会议或专业条线会议的会议材料(共性材料) | |
| 16.1.12.1 | 会议请示、批复、通知、议程、参会名单、报告、领导讲话、总结、决定、纪要、新闻报道、照片、录音、录像等 | 永久 |
| 16.1.12.2 | 会议代表发言、经验交流、会议讨论记录、简报等 | 10 年 |
| **16.2** | **个人业务管理科** | |
| 16.2.1 | 网银业务制度、办法、规定等文件材料 | 永久 |
| 16.2.2 | 手机银行、短信银行、微信银行、支付产品相关产品规则制度、办法、规定的文件材料 | 永久 |
| 16.2.3 | 电子渠道理财产品销售管理相关管理制度、办法、规定等文件材料 | 永久 |
| 16.2.4 | 网银营销推广、业务管理文件材料 | 10 年 |
| 16.2.5 | 电子银行一体化签约和移动签约业务管理文件材料 | 10 年 |
| 16.2.6 | 市场营销活动的海报、视频等宣传材料 | 10 年 |
| 16.2.7 | 与外部公司签署的合同、协议、函件等文件材料 | 10 年 |
| **17** | **国际业务部** | |
| **17.1** | **外汇业务管理科(含共性材料)** | |
| 17.1.1 | 本部门规划、年度工作计划、要点等文件材料 | 30 年 |
| 17.1.2 | 本部门年度工作总结 | 永久 |
| 17.1.3 | 本部门经办的行领导讲话情况通报(共性材料) | 永久 |
| 17.1.4 | 行内外各项评比和表彰活动中获得的奖杯、奖状、奖牌、奖章、锦旗、荣誉证书等(共性材料) | 永久 |

续表

| 序号 | 归档范围 | 保管期限 |
| --- | --- | --- |
| 17.1.5 | 全行因公外事出访及邀请外国人管理工作规章、制度、办法等文件材料 | 永久 |
| 17.1.6 | 本行分支机构外汇业务市场准入管理相关规章、制度、办法等文件材料 | 永久 |
| 17.1.7 | 本行分支机构外汇业务市场准入请示、批复、备案等文件材料 | 永久 |
| 17.1.8 | 本行分支机构外汇业务政策管理员岗位管理办法、人员名单等文件材料 | 永久 |
| 17.1.9 | 本条线业务收费、价格的规范、调整等文件材料 | 永久 |
| 17.1.10 | 本条线评优评先方案、表彰决定、通报等文件材料 | 永久 |
| 17.1.11 | 本条线统筹营销活动指导意见、收入分配通知等文件材料 | 永久 |
| 17.1.12 | 本行组团的因公外事出访请示、总行批复、出访报告等文件材料 | 30 年 |
| 17.1.13 | 本行人员因公出国/赴港澳证照办理表单、扫描图片、登记台账等材料 | 30 年 |
| 17.1.14 | 本条线业务情况的数据监测、形势分析、情况通报等文件材料 | 30 年 |
| 17.1.15 | 本部门各类内部事务、财务管理、员工管理及业绩管理等文件材料(共性材料) | 10 年 |
| 17.1.16 | 本部门业务培训通知、计划、课件等培训文件材料(共性材料) | 10 年 |
| 17.1.17 | 本条线业务收费、价格超权限浮动的申请、审批等文件材料 | 10 年 |
| 17.1.18 | 有关外汇监管信息报送工作的文件材料 | 10 年 |
| 17.1.19 | 由本部门负责接待的有关机关和上级主管部门领导、社会知名人士检查、视察、调研工作时形成的文件材料(共性材料) | |
| 17.1.19.1 | 副厅级(含)以上级别领导干部检查、视察、调研的有关文件材料 | 永久 |
| 17.1.19.2 | 副厅级以下领导干部以及社会知名人士检查、视察、调研的有关文件材料 | 30 年 |
| 17.1.20 | 收到的有关机关、上级主管单位等相关机构制发的文件材料(共性材料) | |

续表

| 序号 | 归 档 范 围 | 保管期限 |
|---|---|---|
| 17.1.20.1 | 涉及本行或部门有关人事、机构、案件和业务办理依据的文件材料 | 永久 |
| 17.1.20.2 | 与本部门业务有关的一般性文件材料或涉及本行方针、政策、法律规章和指导要求等文件材料 | 10年 |
| 17.1.21 | 部门承办会议或专业条线会议的会议材料(共性材料) | |
| 17.1.21.1 | 会议请示、批复、通知、议程、参会名单、报告、领导讲话、总结、决定、纪要、新闻报道、照片、录音、录像等 | 永久 |
| 17.1.21.2 | 会议代表发言、经验交流、会议讨论记录、简报等 | 10年 |
| **17.2** | **外汇经营科** | |
| 17.2.1 | 贸易融资(含国内信用证)、国外保函等产品管理制度、办法、规定、操作规程等文件材料 | 永久 |
| 17.2.2 | 贸易融资(含国内信用证)专题会议纪要 | 永久 |
| 17.2.3 | 总行级国际结算重点客户的客户认定、名单重检等文件材料 | 30年 |
| 17.2.4 | 本行外汇贷款、贸易融资业务情况的通报 | 30年 |
| 17.2.5 | 经办行超权限受理国际融资、贸易融资产品(含国内信用证)或国外保函业务的核准批复文件材料 | 30年 |
| 17.2.6 | 涉及宏观审慎等贸易项下短期外债申请、管理等文件材料 | 10年 |
| 17.2.7 | 涉及贸易融资(含国内信用证)产品信息数据的采集、整理和分析的文件材料 | 10年 |
| 17.2.8 | 涉及贸易融资系统的建设、测试、优化、维护、管理过程中所形成的文件材料 | 10年 |
| **17.3** | **外汇产品科** | |
| 17.3.1 | 部门涉及的金融市场业务资格准入、批复等文件材料 | 永久 |
| 17.3.2 | 部门涉及的金融市场产品管理制度、办法、规定、操作规程等文件材料 | 永久 |
| 17.3.3 | 二级分(支)行金融市场资格准入、批复等文件材料 | 永久 |
| 17.3.4 | 本行代客结售汇及贸易融资业务情况的通报 | 30年 |
| 17.3.5 | 上报总行的例外事项核准及批复 | 30年 |
| 17.3.6 | 泛亚跨境金融中心相关请示、批复、通报、报告等文件材料 | 30年 |

续表

| 序号 | 归 档 范 围 | 保管期限 |
| --- | --- | --- |
| 17.3.7 | 与国外和国内外资金融机构客户签署的人民币和外币业务合作协议、边贸相关协议 | 30 年 |
| 17.3.8 | 涉及本行国际结算与贸易融资（含国内信用证）及国外保函收费、价格的规范、调整等文件材料 | 10 年 |
| 17.3.9 | 部门涉及的金融市场业务检查、反馈报告、最终结论等文件材料 | 10 年 |
| **17.4** | **国际结算科** | |
| 17.4.1 | 跨境人民币业务政策、制度、办法等文件材料 | 永久 |
| 17.4.2 | 与境内金融机构客户签署的代理外汇清算、代理国际结算、代理远期结售汇等文件材料 | 30 年 |
| 17.4.3 | 跨境人民币业务发展规划和年度工作计划 | 30 年 |
| 17.4.4 | 本行国际结算、结售汇、跨境人民币业务内控手册、管理通知等文件材料 | 10 年 |
| 17.4.5 | 有关外汇监管信息报送工作的文件材料 | 10 年 |
| 17.4.6 | 涉及全行国际结算收费、价格的规范、调整等文件材料 | 10 年 |
| 17.4.7 | 转发人民银行、外汇局等监管部门有关外汇管理政策等相关文件材料 | 10 年 |
| 18 | **内控合规部（法律事务部）** | |
| **18.1** | **综合科（含共性材料）** | |
| 18.1.1 | 本部门规划、年度工作计划、要点等文件材料 | 30 年 |
| 18.1.2 | 本部门年度工作总结 | 永久 |
| 18.1.3 | 本部门经办的行领导讲话情况通报（共性材料） | 永久 |
| 18.1.4 | 行内外各项评比和表彰活动中获得的奖杯、奖状、奖牌、奖章、锦旗、荣誉证书等（共性材料） | 永久 |
| 18.1.5 | 本部门各类内部事务、财务管理、员工管理及业绩管理等文件材料（共性材料） | 10 年 |
| 18.1.6 | 本部门业务培训通知、计划、课件等培训文件材料（共性材料） | 10 年 |
| 18.1.7 | 由本部门负责接待的有关机关和上级主管部门领导、社会知名人士检查、视察、调研工作时形成的文件材料（共性材料） | |

续表

| 序号 | 归档范围 | 保管期限 |
|---|---|---|
| 18.1.7.1 | 副厅级(含)以上级别领导干部检查、视察、调研的有关文件材料 | 永久 |
| 18.1.7.2 | 副厅级以下领导干部以及社会知名人士检查、视察、调研的有关文件材料 | 30年 |
| 18.1.8 | 收到的有关机关、上级主管单位等相关机构制发的文件材料(共性材料) | |
| 18.1.8.1 | 涉及本行或部门有关人事、机构、案件和业务办理依据的文件材料 | 永久 |
| 18.1.8.2 | 与本部门业务有关的一般性文件材料或涉及本行方针、政策、法律规章和指导要求等文件材料 | 10年 |
| 18.1.9 | 部门承办会议或专业条线会议的会议材料(共性材料) | |
| 18.1.9.1 | 会议请示、批复、通知、议程、参会名单、报告、领导讲话、总结、决定、纪要、新闻报道、照片、录音、录像等 | 永久 |
| 18.1.9.2 | 会议代表发言、经验交流、会议讨论记录、简报等 | 10年 |
| **18.2** | **内控管理科** | |
| 18.2.1 | 内控合规业务的制度、办法、规定等文件材料 | 永久 |
| **18.3** | **合规管理科** | |
| 18.3.1 | 有关操作风险管理、业务连续性管理及合规性审查的制度、办法等文件材料 | 永久 |
| 18.3.2 | 操作风险管理、业务连续性管理相关的报告、分析等文件材料 | 10年 |
| 18.3.3 | 向总行报送的操作风险管理及业务连续性管理相关工作报告 | 10年 |
| 18.3.4 | 操作风险、业务连续性管理及合规性审查相关报告通知、方案、通报等文件材料 | 10年 |
| 18.3.5 | 向人行报送的合规审核自查报告、总结报告和整改报告等文件材料 | 10年 |
| 18.3.6 | 外部门监管机构综合执法检查通知书、检查结论等文件材料 | 10年 |
| **18.4** | **非诉讼科** | |
| 18.4.1 | 法律性文件审查工作有关制度、规章、办法等文件材料 | 永久 |
| 18.4.2 | 授权管理工作有关制度、规章、办法等文件材料 | 永久 |

续表

| 序号 | 归档范围 | 保管期限 |
|---|---|---|
| 18.4.3 | 知识产权管理工作有关制度、规章、办法等文件材料 | 永久 |
| 18.4.4 | 营业执照管理工作有关制度等文件材料 | 永久 |
| 18.4.5 | 非诉讼法律顾问管理有关制度等文件材料 | 永久 |
| 18.4.6 | 涉及全辖法律纠纷管理及律师管理工作的规范性文件材料 | 永久 |
| 18.4.7 | 省分行审批或经办的法律纠纷和解及盗刷盗取类被诉案件调解相关文件材料(包括:法律纠纷和解需求表;和解评审会议纪要;调解方案;批示(复)文件;其他应当归档的文件材料) | 永久 |
| 18.4.8 | 接待并办理法院、海关、税务、银监、证监、审计、民政7类有权机关的司法和执法查询以及遗产继承公证查询过程中,收到的有权机关文书原件和证件复印件 | 永久 |
| 18.4.9 | 普法宣传工作五年规划文件材料 | 30年 |
| 18.4.10 | 行长授权书、转授权书等文件材料 | 30年 |
| 18.4.11 | 涉及全辖性律师管理工作形成的相关文件材料(包括全省律师库考评材料及更新发文、统一采购相关文件,框架协议等) | 30年 |
| 18.4.12 | 可能增加的义务或减少的权利涉及的处分金额超出省分行审批权的和解及调解事项形成的文件材料 | 30年 |
| 18.4.13 | 涉诉的民事诉讼(仲裁)案件过程中形成的各种法律文件材料(如司法机关裁判文书;起诉状、上诉状等法律文书;答辩状、代理词等分析意见;财务凭证等) | |
| 18.4.13.1 | 标的额在2000万元(含)以上的诉讼(仲裁)案件、涉外诉讼(仲裁)案件以及其他具有重大影响的诉讼(仲裁)案件 | 永久 |
| 18.4.13.2 | 其他一般性民事诉讼(仲裁)案件 | 10年 |
| **19** | **纪检监察部** | |
| **19.1** | **综合科(含共性材料)** | |
| 19.1.1 | 本部门规划、年度工作计划、要点等文件材料 | 30年 |
| 19.1.2 | 本部门年度工作总结 | 永久 |
| 19.1.3 | 本部门经办的行领导讲话情况通报(共性材料) | 永久 |
| 19.1.4 | 行内外各项评比和表彰活动中获得的奖杯、奖状、奖牌、奖章、锦旗、荣誉证书等(共性材料) | 永久 |

续表

| 序号 | 归档范围 | 保管期限 |
| --- | --- | --- |
| 19.1.5 | 省分行纪委会议形成的会议纪要、决定等文件材料 | 永久 |
| 19.1.6 | 省分行纪检监察部的请示、报告,以及领导及上级领导机关的批复 | 永久 |
| 19.1.7 | 对下级机构纪检监察工作请示、报告的批复 | 30年 |
| 19.1.8 | 全行纪检监察工作专题活动或检查工作中形成的相关文件材料,包括工作方案、工作底稿、报告及通报等 | 30年 |
| 19.1.9 | 全行纪检监察工作相关的工作简报、统计报表,在媒体上发表的重要宣传稿件等文件材料 | 30年 |
| 19.1.10 | 全行纪检监察组织建设相关文件材料,包括省分行纪检监察部(巡视办)组织机构、人员队伍变化情况的文件材料、统计报表、主办培训的相关材料等 | 30年 |
| 19.1.11 | 纪检监察信息化建设规划、办法等文件材料 | 30年 |
| 19.1.12 | 转发上级单位有关纪检监察工作的有关文件材料 | 10年 |
| 19.1.13 | 本部门各类内部事务、财务管理、员工管理及业绩管理等文件材料(共性材料) | 10年 |
| 19.1.14 | 本部门业务培训通知、计划、课件等培训文件材料(共性材料) | 10年 |
| 19.1.15 | 纪检监察信息系统运行维护中的质量检查通报、系统搬迁通知等文件材料 | 10年 |
| 19.1.16 | 收到的有关机关、上级主管单位等相关机构制发的文件材料(共性材料) | |
| 19.1.16.1 | 涉及本行或部门有关人事、机构、案件和业务办理依据的文件材料 | 永久 |
| 19.1.16.2 | 与本行业务有关的一般性文件材料或涉及本行方针、政策、法律规章和指导要求等文件材料 | 10年 |
| 19.1.17 | 部门承办会议或专业条线会议的会议材料(共性材料) | |
| 19.1.17.1 | 会议请示、批复、通知、议程、参会名单、报告、领导讲话、总结、决定、纪要、新闻报道、照片、录音、录像等 | 永久 |
| 19.1.17.2 | 会议代表发言、经验交流、会议讨论记录、简报等 | 10年 |

续表

| 序号 | 归 档 范 围 | 保管期限 |
| --- | --- | --- |
| **19.2** | **党风监督科** | |
| 19.2.1 | 党风廉政建设方面、特派员管理方面的制度、办法、规定等文件材料 | 永久 |
| 19.2.2 | 反腐倡廉工作部署、宣传教育文件材料 | 10年 |
| 19.2.3 | 对重大决策权力运行监督检查文件材料 | 10年 |
| **19.3** | **执纪审查科** | |
| 19.3.1 | 案件及严重违规违纪管理的规章、制度、办法等文件材料 | 永久 |
| **19.4** | **审理问责科** | |
| 19.4.1 | 责任追究、违规处理工作方面的规章、制度、办法等文件材料 | 永久 |
| 19.4.2 | 责任人处理决定、复审复核决定等责任追究文件材料 | 永久 |
| **19.5** | **信访科** | |
| 19.5.1 | 信访工作管理制度、办法、规定等文件材料 | 永久 |
| 19.5.2 | 向有关机关、上级机构报送的信访工作情况报告、情况反映、建议等文件材料 | 30年 |
| 19.5.3 | 信访工作会议文件材料 | 30年 |
| 19.5.4 | 来信、来访数据统计及分析研究材料 | 10年 |
| 19.5.5 | 重要信访事项核查、督办、反馈等文件材料 | 10年 |
| **19.6** | **问题线索管理科** | |
| 19.6.1 | 省行审核意见、核查报告等相关文件材料(包括但不限于:落实整改材料,与反映人、被反映人、申诉人反馈材料,核查笔录,谈话记录,外部机构出具的证明,取证材料,个人说明,被反映人简历等) | 30年 |
| 19.6.2 | 下级分行调查报告等相关文件材料(包括但不限于:落实整改材料,与反映人、被反映人、申诉人反馈材料,核查笔录,谈话记录,外部机构出具的证明,取证材料,个人说明,被反映人简历等) | 30年 |
| 19.6.3 | 纪检监察信访举报转办函、呈阅单、领导批示,上级机关交办函等文件材料 | 30年 |

续表

| 序号 | 归 档 范 围 | 保管期限 |
|---|---|---|
| 19.6.4 | 信访举报登记表,原信(含信封)、来访接待处理单、来电记录单、网上举报信息登记表等文件材料 | 30年 |
| **19.7** | **巡视工作办公室** | |
| 19.7.1 | 有关巡视工作的制度、办法、规定等文件材料 | 永久 |
| 19.7.2 | 省分行巡视办的请示、报告,以及领导及上级领导机关的批复 | 永久 |
| 19.7.3 | 涉及全行巡视工作的年度计划、工作规划、方案、进展情况、工作总结等文件材料 | 30年 |
| 19.7.4 | 巡视工作领导小组会议记录、纪要等文件材料 | 30年 |
| 19.7.5 | 被巡视单位领导人员个人信息、考核考评情况、综合竞争力监测情况等文件材料 | 30年 |
| 19.7.6 | 巡视发现问题清单、专题报告等文件材料 | 10年 |
| 19.7.7 | 收到外部单位及总行关于巡视相关工作的文件材料 | 10年 |
| 19.7.8 | 巡视工作培训的相关文件材料,包括会议(培训)册、交流材料及相关课件 | 10年 |
| 19.7.9 | 申请巡视费用预算的请示、台账等文件材料 | 10年 |
| 19.7.10 | 向总行、外部机构报送的宣传稿件,及被巡视单位及下级机构上报的巡视相关文件材料 | 10年 |
| 20 | **安全保卫部** | |
| **20.1** | **综合科(含共性材料)** | |
| 20.1.1 | 本部门规划、年度工作计划、要点等文件材料 | 30年 |
| 20.1.2 | 本部门年度工作总结 | 永久 |
| 20.1.3 | 本部门经办的行领导讲话情况通报(共性材料) | 永久 |
| 20.1.4 | 行内外各项评比和表彰活动中获得的奖杯、奖状、奖牌、奖章、锦旗、荣誉证书等(共性材料) | 10年 |
| 20.1.5 | 本部门内部培训通知、计划、课件等培训文件材料(共性材料) | 10年 |
| 20.1.6 | 本部门员工绩效管理及年度考核相关材料 | 10年 |
| 20.1.7 | 由本部门负责接待的有关机关和上级主管部门领导、社会知名人士检查、视察、调研工作时形成的文件材料(共性材料) | |

续表

| 序号 | 归 档 范 围 | 保管期限 |
| --- | --- | --- |
| 20.1.7.1 | 副厅级(含)以上级别领导干部检查、视察、调研的有关文件材料 | 永久 |
| 20.1.7.2 | 副厅级以下领导干部以及社会知名人士检查、视察、调研的有关文件材料 | 30年 |
| 20.1.8 | 收到的有关机关、上级主管单位等相关机构制发的文件材料(共性材料) | |
| 20.1.8.1 | 涉及本行或部门有关人事、机构、案件和业务办理依据的文件材料 | 永久 |
| 20.1.8.2 | 与本行业务有关一般性文件材料或涉及本行方针、政策、法律规章和指导要求等文件材料 | 10年 |
| 20.1.9 | 部门承办会议或专业条线会议的会议材料(共性材料) | |
| 20.1.9.1 | 会议请示、批复、通知、议程、参会名单、报告、领导讲话、总结、决定、纪要、新闻报道、照片、录音、录像等 | 永久 |
| 20.1.9.2 | 会议代表发言、经验交流、会议讨论记录、简报等 | 10年 |
| **20.2** | **本级安全管理科** | |
| 20.2.1 | 省分行本部安全保卫工作相关规章制度类文件材料 | 永久 |
| 20.2.2 | 省分行本部社会管理综合治理和维稳方面的文件材料 | 30年 |
| 20.2.3 | 分行本部消防安全管理的文件材料 | 30年 |
| 20.2.4 | 分行本部防护装备、防卫器材、安全防护设施等管理的文件材料 | 30年 |
| **20.3** | **调查处置科** | |
| 20.3.1 | 涉及全行案件管理的规章制度文件材料 | 永久 |
| 20.3.2 | 涉及全行安全事故预防和处置的规章制度文件材料 | 永久 |
| **20.4** | **系统管理科** | |
| 20.4.1 | 涉及全行远程监控中心管理的规章制度文件材料 | 永久 |
| 20.4.2 | 全行突发事件安全保卫应急处置机制等相关文件材料 | 30年 |
| 20.4.3 | 全行安防建设规划与技术标准、技防建设与应用、安防投资预算与固定资产管理等相关文件材料 | 10年 |

续表

| 序号 | 归 档 范 围 | 保管期限 |
|---|---|---|
| 20.4.4 | 全行守库押运、监控值守等安全服务外包业务监督管理等相关文件材料 | 10 年 |
| 20.4.5 | 营业网点录像监控检查、安全保卫内部控制、操作风险管理等相关文件材料 | 10 年 |
| 20.4.6 | 新建、改建营业网点、自助银行、办公楼等的安防设施(技防、物防)相关设计图 | 10 年 |
| **21** | **公共关系与企业文化部(省分行机关党委、团委)** | |
| **21.1** | **综合科(含共性材料)** | |
| 21.1.1 | 本部门规划、年度工作计划、要点等文件材料 | 30 年 |
| 21.1.2 | 本部门年度工作总结 | 永久 |
| 21.1.3 | 本部门经办的行领导讲话情况通报(共性材料) | 永久 |
| 21.1.4 | 党委中心组、机关党委、团委等工作办法、制度、章程、规定等文件材料 | 永久 |
| 21.1.5 | 行内外各项评比和表彰活动中获得的奖杯、奖状、奖牌、奖章、锦旗、荣誉证书等(共性材料) | 永久 |
| 21.1.6 | 全行员工职业装管理及采购相关合同、资料等文件材料 | 30 年 |
| 21.1.7 | 部门印章使用登记簿 | 30 年 |
| 21.1.8 | 本部门各类内部事务、财务管理、员工管理及业绩管理等文件材料(共性材料) | 10 年 |
| 21.1.9 | 本部门业务培训通知、计划、课件等培训文件材料(共性材料) | 10 年 |
| 21.1.10 | 由本部门负责接待的有关机关和上级主管部门领导、社会知名人士检查、视察、调研工作时形成的文件材料(共性材料) | |
| 21.1.10.1 | 副厅级(含)以上级别领导干部检查、视察、调研的有关文件材料 | 永久 |
| 21.1.10.2 | 副厅级以下领导干部以及社会知名人士检查、视察、调研的有关文件材料 | 30 年 |
| 21.1.11 | 收到的有关机关、上级主管单位等相关机构制发的文件材料(共性材料) | |

续表

| 序号 | 归 档 范 围 | 保管期限 |
| --- | --- | --- |
| 21.1.11.1 | 涉及本行或部门有关人事、机构、案件和业务办理依据的文件材料 | 永久 |
| 21.1.11.2 | 与本行业务有关一般性文件材料或涉及本行方针、政策、法律规章和指导要求等文件材料 | 10年 |
| 21.1.12 | 部门承办会议或专业条线会议的会议材料(共性材料) | |
| 21.1.12.1 | 会议请示、批复、通知、议程、参会名单、报告、领导讲话、总结、决定、纪要、新闻报道、照片、录音、录像等 | 永久 |
| 21.1.12.2 | 会议代表发言、经验交流、会议讨论记录、简报等 | 10年 |
| **21.2** | **企业文化管理科** | |
| 21.2.1 | 有关示范单位管理的制度、办法、规定等文件材料 | 永久 |
| 21.2.2 | 企业文化方面所获奖项的证书、奖状、奖杯、奖牌等 | 永久 |
| 21.2.3 | 重要的课题研究报告、企业文件宣传专题片、社会责任宣传片及视频资料等 | 永久 |
| 21.2.4 | 有关文明单位管理的制度、办法、规定、推荐、评选、表彰等文件材料 | 永久 |
| 21.2.5 | 有关公益捐赠工作的签报、信函、会议纪要、领导批示、捐赠协议等文件材料 | 永久 |
| 21.2.6 | 公益捐赠管理、社会责任管理等制度、办法、规定等文件材料 | 永久 |
| 21.2.7 | 全行重要文化品牌、年度企业文化活动的文件材料 | 30年 |
| 21.2.8 | 全行企业文化建设先进单位及先进个人评选有关文件材料 | 30年 |
| 21.2.9 | 国内奖项荣誉参评材料 | 30年 |
| 21.2.10 | 全行重要事件的新闻发布工作文件材料 | 30年 |
| **21.3** | **宣传信息科** | |
| 21.3.1 | 有关新闻宣传、声誉风险、品牌管理等方面的制度、办法等文件材料 | 永久 |
| 21.3.2 | 省分行媒体监测报告、主体宣传活动组织等文件材料 | 30年 |
| 21.3.3 | 品牌管理、VI标识管理相关文件材料 | 10年 |
| 21.3.4 | 总行下发的各类设计源文件 | 10年 |

续表

| 序号 | 归档范围 | 保管期限 |
|---|---|---|
| **21.4** | **产品创新管理科** | |
| 21.4.1 | 产品创新与管理体系相关制度办法，包括产品创新与管理办法、产品创新项目管理办法等文件材料 | 永久 |
| 21.4.2 | 产品创新与统筹委员会会议记录、纪要等文件材料 | 30年 |
| 21.4.3 | 产品创新计划编制、调整、执行情况、流程优化等文件材料 | 10年 |
| 21.4.4 | 创新产品面市审查、创新项目备案等文件材料 | 10年 |
| **21.5** | **消费者权益保护科** | |
| 21.5.1 | 消费者权益保护工作指引 | 30年 |
| 21.5.2 | 消费者权益保护工作考评办法 | 30年 |
| 21.5.3 | 消费者权益保护重大事项应急预案 | 30年 |
| 21.5.4 | 消费者权益保护工作年报 | 30年 |
| **21.6** | **省分行机关党委** | |
| 21.6.1 | 分行机关党内统计信息报表 | 永久 |
| 21.6.2 | 机关党委组织工作规章制度 | 永久 |
| 21.6.3 | 入党、转正、退党、转入、转出等决定及党员名册，党员组织关系介绍信及存根 | 永久 |
| 21.6.4 | 党费收缴、管理、使用情况的报告 | 30年 |
| 21.6.5 | 机关开展的党内理论教育、专题学习教育及培训活动文件材料 | 30年 |
| 21.6.6 | 年度述职报告、基层党建年度考核等党建工作文件材料 | 10年 |
| **21.7** | **团委** | |
| 21.7.1 | 劳动竞赛获奖表彰文件材料 | 30年 |
| 21.7.2 | 综合类荣誉称号的评选表彰文件材料 | 30年 |
| 21.7.3 | 共青团组织建设、团员管理文件材料 | |
| 21.7.3.1 | 涉及组织成立、调整、撤销事项和团员发展、转正、退团、转入、转出、表彰、处分事项文件材料 | 永久 |
| 21.7.3.2 | 团员统计、团费管理等文件材料 | 30年 |

续表

| 序号 | 归档范围 | 保管期限 |
| --- | --- | --- |
| 22 | 离退休人员管理部 | |
| 22.1 | 综合科(含共性材料) | |
| 22.1.1 | 本部门规划、年度工作计划、要点等文件材料 | 30年 |
| 22.1.2 | 本部门年度工作总结 | 永久 |
| 22.1.3 | 本部门经办的行领导讲话情况通报(共性材料) | 永久 |
| 22.1.4 | 行内外各项评比和表彰活动中获得的奖杯、奖状、奖牌、奖章、锦旗、荣誉证书等(共性材料) | 永久 |
| 22.1.5 | 本部门各类内部事务、财务管理、员工管理及业绩管理等文件材料(共性材料) | 10年 |
| 22.1.6 | 本部门业务培训通知、计划、课件等培训文件材料(共性材料) | 10年 |
| 22.1.7 | 由本部门负责接待的有关机关和上级主管部门领导、社会知名人士检查、视察、调研工作时形成的文件材料(共性材料) | |
| 22.1.7.1 | 副厅级(含)以上级别领导干部检查、视察、调研的有关文件材料 | 永久 |
| 22.1.7.2 | 副厅级以下领导干部以及社会知名人士检查、视察、调研的有关文件材料 | 30年 |
| 22.1.8 | 收到的有关机关、上级主管单位等相关机构制发的文件材料(共性材料) | |
| 22.1.8.1 | 涉及本行或部门有关人事、机构、案件和业务办理依据的文件材料 | 永久 |
| 22.1.8.2 | 与本行业务有关的一般性文件材料或涉及本行方针、政策、法律规章和指导要求等文件材料 | 10年 |
| 22.1.9 | 部门承办会议或专业条线会议的会议材料(共性材料) | |
| 22.1.9.1 | 会议请示、批复、通知、议程、参会名单、报告、领导讲话、总结、决定、纪要、新闻报道、照片、录音、录像等 | 永久 |
| 22.1.9.2 | 会议代表发言、经验交流、会议讨论记录、简报等 | 10年 |
| 22.2 | 机关科 | |
| 22.2.1 | 离退休同志来信来访的相关文件材料 | 30年 |

续表

| 序号 | 归档范围 | 保管期限 |
|---|---|---|
| 22.2.2 | 办理离退休干部的丧葬和善后处理事宜的相关文件材料 | 10年 |
| **22.3** | **系统科** | |
| 22.3.1 | 落实离退休干部政策、表彰评先等重要事项的管理性文件材料 | 永久 |
| 22.3.2 | 全辖离退休干部统计年报等相关文件材料 | 30年 |
| **23** | **工会** | |
| **23.1** | **综合科(含共性材料)** | |
| 23.1.1 | 本部门规划、年度工作计划、要点等文件材料 | 30年 |
| 23.1.2 | 本部门年度工作总结 | 永久 |
| 23.1.3 | 行内外各项评比和表彰活动中获得的奖杯、奖状、奖牌、奖章、锦旗、荣誉证书等(共性材料) | 永久 |
| 23.1.4 | 部门印章使用登记簿 | 30年 |
| 23.1.5 | 本部门各类内部事务、财务管理、员工管理及业绩管理等文件材料(共性材料) | 10年 |
| 23.1.6 | 本部门业务培训通知、计划、课件等培训文件材料(共性材料) | 10年 |
| 23.1.7 | 由本部门负责接待的有关机关和上级主管部门领导、社会知名人士检查、视察、调研工作时形成的文件材料(共性材料) | |
| 23.1.7.1 | 副厅级(含)以上级别领导干部检查、视察、调研的有关文件材料 | 永久 |
| 23.1.7.2 | 副厅级以下领导干部以及社会知名人士检查、视察、调研的有关文件材料 | 30年 |
| 23.1.8 | 收到的有关机关、上级主管单位等相关机构制发的文件材料(共性材料) | |
| 23.1.8.1 | 涉及本行或部门有关人事、机构、案件和业务办理依据的文件材料 | 永久 |
| 23.1.8.2 | 与本行业务有关的一般性文件材料或涉及本行方针、政策、法律规章和指导要求等文件材料 | 10年 |
| 23.1.9 | 部门承办会议或专业条线会议的会议材料(共性材料) | |

续表

| 序号 | 归 档 范 围 | 保管期限 |
| --- | --- | --- |
| 23.1.9.1 | 会议请示、批复、通知、议程、参会名单、报告、领导讲话、总结、决定、纪要、新闻报道、照片、录音、录像等 | 永久 |
| 23.1.9.2 | 会议代表发言、经验交流、会议讨论记录、简报等 | 10 年 |
| **23.2** | **组织建设科** | |
| 23.2.1 | 有关职工合法权益的政策、制度、规定等文件材料 | 永久 |
| 23.2.2 | 各类先进评选表彰文件及资料(包括外部荣誉) | 永久 |
| 23.2.3 | 职工互助基金的管理文件材料 | 30 年 |
| 23.2.4 | 职工之家、道德建设、学习标兵等单项荣誉称号的评选表彰文件材料 | 30 年 |
| **23.3** | **宣传教育科** | |
| 23.3.1 | 全行“女职工文明示范岗”创建单位的考核认定、年度评选检查等相关文件材料 | 30 年 |
| 23.3.2 | 劳动竞赛获奖表彰文件材料 | 30 年 |
| 23.3.3 | 全系统年度劳动竞赛计划、组织开展劳动竞赛活动的文件材料 | 10 年 |
| 23.3.4 | 工会组织的宣传、文化艺术活动的通知、签报、通报等文件材料 | 10 年 |
| 23.3.5 | 全行女职工工作、“巾帼建功”创建评选活动、“三八”国际妇女节女职工特色活动等相关文件材料 | |
| 23.3.5.1 | 表彰决定、全辖女职工权益保护专项集体合同等文件材料 | 永久 |
| 23.3.5.2 | 专题系列活动策划、请示、通知等管理性文件材料 | 10 年 |

注:共性材料是指部门内各科室均产生的文件材料。

# 附录七　××资产管理股份有限公司××省分公司管理类档案归档范围与保管期限表

| 序号 | 归档范围 | 保管期限 |
|---|---|---|
| 1 | **办公室** | |
| **1.1** | **分公司设立、变更、撤销等过程的文件材料** | |
| 1.1.1 | 分公司设立、变更、撤销或其他变更公司形式等过程中形成的请示、批复、函等文件材料 | 永久 |
| 1.1.2 | 分公司设立登记相关证照、证照变更登记文件材料，取得新证照的复印件、年检过的证照复印件 | 永久 |
| 1.1.3 | 分公司设立、变更、启用与废止印模等文件材料 | 永久 |
| **1.2** | **分公司党委会、总经理办公会、民主生活会的通知、议程、报告、决议、决定、记录、领导人讲话、总结、纪要、讨论通过的文件材料，参加人员名单等文件材料** | 永久 |
| **1.3** | **分公司举办工作会议、专题会议的会议材料文件** | |
| 1.3.1 | 分公司年度工作会议、重要专题会议的通知、议程、讲话、总结、纪要、决议、决定、照片、录音录像等 | 永久 |
| 1.3.2 | 分公司主办的较重要专题会议的通知、议程、讲话、总结、纪要、决议、决定、照片、录音录像等 | 30 年 |
| 1.3.3 | 分公司召开一般性专题会议的通知、议程、讲话、总结、纪要、决议、决定、照片、录音录像等 | 10 年 |
| 1.3.4 | 代表发言、经验交流文件材料、简报 | 10 年 |
| **1.4** | **分公司承办的重要会议、活动的文件材料** | |
| 1.4.1 | 分公司承办的重要会议的请示、批复、签报、通知、议程、人员名单、报告、领导人讲话、照片、录音录像等 | 30 年 |
| 1.4.2 | 代表发言、经验交流文件材料、简报 | 10 年 |
| **1.5** | **有关机关和监管部门、上级单位领导干部、社会知名人士检查、视察、调研分公司工作时形成的文件材料** | |
| 1.5.1 | 有关机关和监管部门、上级单位副部(含)级以上领导干部、社会知名人士检查、视察、调研分公司工作时形成的文件、工作汇报、照片、录音录像等文件材料 | 永久 |

续表

| 序号 | 归 档 范 围 | 保管期限 |
| --- | --- | --- |
| 1.5.2 | 有关机关和监管部门、上级单位厅级(含)领导干部检查、视察、调研本企业工作时形成的文件、工作汇报、照片、录音录像等文件材料 | 30年 |
| 1.5.3 | 有关机关和监管部门、上级单位正处级(含)以下领导干部检查、视察、调研本企业工作时形成的文件、工作汇报、照片、录音录像等文件材料 | 10年 |
| **1.6** | **分公司收到上级单位及外单位的文件材料** | |
| 1.6.1 | 上级单位主送分公司在机构设销、机构调整、机构更名、授权、新开业务、部门组织设置、人事任命、表彰、惩戒、经营管理、费用管理等事项中需要执行和依据的重要文件材料 | 永久 |
| 1.6.2 | 上级单位、监管部门及有关机关对分公司进行检查、审计的结果或决定的文件材料 | 永久 |
| 1.6.3 | 上级单位对分公司经营项目请示的批复等重要文件材料 | 永久 |
| 1.6.4 | 其他机构主送分公司有关本单位人员人事调动的文件材料 | 永久 |
| 1.6.5 | 上级单位、监管部门及有关机关对分公司在项目管理、各种计划经营、财务管理等一般性业务问题请示的批复文件 | 30年 |
| 1.6.6 | 上级单位、监管部门及有关机关制发的需要分公司执行和依据的较重要的文件 | 30年 |
| 1.6.7 | 其他机构主送分公司的经营项目相关事项的重要文件材料 | 30年 |
| 1.6.8 | 市、县级有关单位表彰分公司及员工的有关文件 | 永久 |
| 1.6.9 | 上级单位、监管部门及有关机关制发的属于本单位主管业务的一般性文件材料 | 10年 |
| 1.6.10 | 上级单位、监管部门及有关机关制发的非本单位主管业务但需要贯彻执行的文件材料 | 10年 |
| 1.6.11 | 其他平级机构制发的与分公司相关的一般性文件材料 | 10年 |
| **1.7** | **党委综合性工作文件材料** | |
| 1.7.1 | 分公司党务工作的各项规章制度、办法、规定、细则等文件材料 | 永久 |
| 1.7.2 | 分公司基层党组织设立、变更、调整等文件材料 | 永久 |
| 1.7.3 | 分公司党委年度工作及学习计划、总结,“三重一大”等重要专项活动的通知、报告、重要调研等文件材料、党务工作大事记等 | 永久 |

续表

| 序号 | 归 档 范 围 | 保管期限 |
| --- | --- | --- |
| 1.7.4 | 分公司基层党建年度考核通知、述职报告、考核结果等文件材料 | 永久 |
| 1.7.5 | 党委班子民主生活会的报告,班子成员个人汇报材料、征求意见反馈材料等 | 永久 |
| 1.7.6 | 分公司年度党内统计报表及报告 | 永久 |
| 1.7.7 | 分公司年度党费收支结存表及报告 | 永久 |
| 1.7.8 | 分公司党员名册,党组织关系的介绍信或存根 | 永久 |
| 1.7.9 | 分公司党员发展工作计划、总结材料 | 永久 |
| 1.7.10 | 分公司党委工作情况反映、专项工作自查总结、简报、请示、通知、批复等各项事务文件材料 | |
| 1.7.10.1 | 重要事务 | 30 年 |
| 1.7.10.2 | 一般性事务 | 10 年 |
| 1.7.11 | 分公司党内奖惩文件材料 | 永久 |
| 1.7.12 | 分公司党员学习教育活动形成的文件材料 | 10 年 |
| 1.7.13 | 分公司党委中心组学习教育文件材料 | 30 年 |
| 1.7.14 | 民主党派人员名单文件材料 | 永久 |
| 1.7.15 | 分公司精神文明建设和企业文化建设的文件材料 | 永久 |
| 1.7.16 | 分公司党建宣传工作情况反映、工作简报及一般文件材料 | 10 年 |
| **1.8** | **纪委综合性工作文件材料** | |
| 1.8.1 | 分公司纪检监察工作的制度、办法、规定、细则等文件材料 | 永久 |
| 1.8.2 | 分公司纪检监察年度工作计划和总结、重要调研文件材料 | 永久 |
| 1.8.3 | 分公司纪委会会议通知、议程、纪要、照片等文件材料 | 永久 |
| 1.8.4 | 分公司行政处罚、处分、复议等工作中形成的有关文件材料 | 永久 |
| 1.8.5 | 分公司与员工签订的廉洁责任状、廉洁承诺书 | 永久 |
| 1.8.6 | 分公司员工违纪案件调查处理形成的文件材料 | |
| 1.8.6.1 | 数额较大的贪污、索贿受贿、非法所得、挪用公款案件,因违法违纪造成重大经济损失或严重后果的案件 | 永久 |

续表

| 序号 | 归 档 范 围 | 保管期限 |
|---|---|---|
| 1.8.6.2 | 数额较小的贪污、索贿受贿、非法所得、挪用公款案件，因失职未造成重大经济损失或严重后果的案件 | 30年 |
| 1.8.7 | 纪检监察工作一般性事务文件材料 | 30年 |
| 1.8.8 | 开展宣传教育、警示教育的相关活动文件材料 | 10年 |
| 1.8.9 | 出具的廉政审查意见等材料 | 永久 |
| 1.8.10 | 信访件调查处理产生的文件材料 | |
| 1.8.10.1 | 有领导重要指示的和处理结果的 | 永久 |
| 1.8.10.2 | 无处理结果的 | 10年 |
| **1.9** | **分公司文秘、档案、印章、机要、保密管理工作文件材料** | |
| 1.9.1 | 分公司文秘、档案、印章、机要、保密管理规章制度、办法、规定、细则、工作总结等文件材料 | 永久 |
| 1.9.2 | 实物印章印模及电子印章印模，作废的实物印章等 | 永久 |
| 1.9.3 | 档案开发、编研成果，组织沿革、档案库存登记簿、归档目录清单、档案归档移交单、销毁清册等文件材料 | 永久 |
| 1.9.4 | 分公司文秘、档案、印章、机要、保密工作规划、计划文件材料 | 30年 |
| 1.9.5 | 分公司文秘、档案、印章、机要、保密管理工作的一般事务性文件材料 | 10年 |
| 1.9.6 | 档案借阅申请单、印章管理员交接单 | 30年 |
| 1.9.7 | 与员工签订的保密责任书、保密承诺函 | 永久 |
| 1.9.8 | 文秘、档案、印章、机要、保密等工作检查方案、通知、报告、通报、泄密事件调查、处分等文件材料 | 30年 |
| 1.9.9 | 非档案人员档案库房出入登记簿、档案库房温度日常检查簿、档案库房消防设备检查簿、印章使用情况登记簿、机要交换文件登记簿等文件材料 | 10年 |
| 1.9.10 | 各种有保存价值的实物 | 永久 |
| 1.9.11 | 其他各种有保存价值的非纸质载体、介质文件材料 | 永久 |
| **1.10** | **分公司新闻管理、动态信息管理、舆情管理、企业文化管理等文件材料** | |
| 1.10.1 | 分公司信息新闻、企业文化管理、信访管理规章制度、办法、细则、规定等文件材料 | 永久 |

续表

| 序号 | 归 档 范 围 | 保管期限 |
|---|---|---|
| 1.10.2 | 分公司年度工作计划、总结，员工花名册，分公司的史、志、年鉴、大事记、组织沿革等编研成果，重要文件汇编等文件材料 | 永久 |
| 1.10.3 | 涉及分公司企业文化、信息新闻方面的重要方案、请示、报告、通知、通报等文件材料 | 永久 |
| 1.10.4 | 涉及分公司重要活动、重大事件、典型事迹对外宣传报道材料的请示，对外发布的重要公告、公示等文件材料 | 永久 |
| 1.10.5 | 具有重要保存价值的关于分公司的宣传片、照片、录音、录像文件材料 | 永久 |
| 1.10.6 | 新闻媒体对分公司重要活动、重大事件、典型人物的宣传报道 | 永久 |
| 1.10.7 | 重要的舆情报告、负面舆情的处理文件材料 | 30 年 |
| 1.10.8 | 分公司新闻管理、企业文化建设一般的文件材料 | 30 年 |
| 1.10.9 | 对分公司经营管理、主营业务近时期有参考价值的信息 | 10 年 |
| 1.10.10 | 编制的内刊、简报、工作信息 | 10 年 |
| **1.11** | **分公司安全保卫、突发事件应急管理工作文件材料** | |
| 1.11.1 | 分公司安全保卫管理规章制度、突发事件应急预案等文件材料 | 永久 |
| 1.11.2 | 分公司安全检查、突发事件管理工作计划、报告、报表、调查方案、会议纪要、记录、通报、总结等文件材料 | 永久 |
| 1.11.3 | 自然灾害、重大安全事故抢救、调查、处理等文件材料 | 永久 |
| 1.11.4 | 分公司办公环境保护调查、监测、分析等文件材料 | 永久 |
| **1.12** | **分公司办公用房、办公附属用房的购置、租赁、维修与装修、人防设施建设管理、物业管理等文件材料** | |
| 1.12.1 | 分公司办公用房及办公附属用房的购置、租赁、维修与装修、人防设施建设管理、物业管理等事项方案、请示、总结、审核、批复等文件 | 永久 |
| 1.12.2 | 分公司办公用房及办公附属用房的购置、租赁、维修与装修、人防设施建设、物业管理等过程中产生的合同协议等重要文件 | 永久 |
| 1.12.3 | 分公司办公用房及办公附属用房装修、人防设施建设过程中的预算审核、招标组织、验收、结算等工作文件材料 | 永久 |
| 1.12.4 | 人防设施管理制度、办法等文件材料 | 永久 |

续表

| 序号 | 归档范围 | 保管期限 |
|---|---|---|
| 1.12.5 | 分公司办公用房租赁及维护、物业管理、人防设施管理等一般性事务文件材料 | 10年 |
| 1.12.6 | 分公司安全、消防教育、应急演练活动文件材料 | 10年 |
| **1.13** | **分公司后勤管理服务工作文件材料** | |
| 1.13.1 | 分公司在物品管理、车辆管理、食堂管理、交流干部住房、会议室和活动室管理使用等方面后勤管理工作制定的规章制度、办法、规定、细则等文件材料 | 永久 |
| 1.13.2 | 分公司2万元金额(含)以上的固定资产、办公用品、办公家具、礼品采购审批手续、招投标文件材料、合同、协议、来往函件等文件材料 | 30年 |
| 1.13.3 | 分公司物品管理台账、统计报表,固定资产清产核资、产权登记、处理产权纠纷、实物账物、计划购置、调配使用、报废处理等过程中产生的文件材料 | 30年 |
| 1.13.4 | 交流干部住房租赁合同、日常管理工作文件 | 10年 |
| 1.13.5 | 分公司2万元金额以下办公用品、办公家具、礼品采购合同、出入库登记本、领用登记本等文件材料 | 10年 |
| 1.13.6 | 车辆日常检查、车辆使用登记本、2万元金额以下公务车辆维修合同,食堂日常检查,会议室和活动室使用登记本等一般性事务文件材料 | 10年 |
| **1.14** | **审计工作文件材料** | |
| 1.14.1 | 分公司审计工作管理规章制度、办法、规定等文件材料 | 永久 |
| 1.14.2 | 分公司审计工作年度工作计划、总结 | 永久 |
| 1.14.3 | 分公司内部审计、专项审计工作通知、记录、意见、报告等一般事务性文件材料 | 30年 |
| 1.14.4 | 上级单位、外部监管机构等单位审计过的事项,分公司整改落实情况的报告等文件材料 | 永久 |
| 1.14.5 | 各级单位审计过的事项，本部门整改落实情况报告等文件材料 | 30年 |
| **1.15** | **信息科技管理文件材料** | |
| 1.15.1 | 分公司信息化管理各项规章制度、方法、规定等文件材料 | 永久 |
| 1.15.2 | 分公司信息化项目方案、请示、合同、协议、验收等文件材料 | 永久 |

续表

| 序号 | 归 档 范 围 | 保管期限 |
| --- | --- | --- |
| 1.15.3 | 分公司信息化业务外包服务请示、采购审批、合同等文件材料 | 30 年 |
| 1.15.4 | IT 设备领用申请单、电子耗材采购审批文件、入库出库材料 | 10 年 |
| 1.15.5 | 信息化设备日常检查、维修记录材料 | 10 年 |
| **1.16** | **人事薪资管理文件材料** | |
| 1.16.1 | 分公司人事管理文件材料 | |
| 1.16.1.1 | 分公司人才发展规划、工作计划、人力资源管理方面规章制度、办法、规定、细则等文件材料 | 永久 |
| 1.16.1.2 | 分公司绩效考核办法、实施方案等文件材料 | 永久 |
| 1.16.1.3 | 分公司部门及员工年度综合考核办法、实施方案、规定,总经理室成员、各部门主要负责人述职报告等文件材料 | 永久 |
| 1.16.1.4 | 分公司员工年度综合考核结果评价资料(考核打分明细表、汇总表、绩效考核评价结果备案材料等) | 永久 |
| 1.16.1.5 | 分公司年度选人用人“一报告两评议”工作材料(工作报告、民主评议表、统计表等) | 永久 |
| 1.16.1.6 | 分公司人员任免请示、通知、民主推荐、部门推荐、考察、谈话、公示等文件材料 | 永久 |
| 1.16.1.7 | 分公司员工的录用、转正、聘用(解聘)、调配、定级、考核、奖惩、劳动合同管理、辞职、退休、返聘、死亡、抚恤、安置等管理文件材料 | 永久 |
| 1.16.1.8 | 分公司员工签订的劳动合同 | 永久 |
| 1.16.1.9 | 分公司退休及内部退养人员审批、管理等有关文件材料 | 永久 |
| 1.16.1.10 | 分公司实习人员管理文件材料 | 10 年 |
| 1.16.1.11 | 分公司先进单位、劳动模范、先进工作者的文件材料 | |
| 1.16.1.11.1 | 分公司及省部级(含)以上表彰、奖励的文件材料 | 永久 |
| 1.16.1.11.2 | 其他表彰、奖励的文件材料 | 30 年 |
| 1.16.1.12 | 对分公司有关员工的处分文件材料 | 永久 |
| 1.16.1.13 | 分公司员工调动工作的行政、工资关系的介绍信及存根 | 永久 |
| 1.16.1.14 | 赈灾、扶贫、献血、拥军优属等文件材料 | 永久 |
| 1.16.1.15 | 参与和投入社会公益、慈善、捐赠事业的记录文件材料 | 永久 |

续表

| 序号 | 归 档 范 围 | 保管期限 |
| --- | --- | --- |
| 1.16.1.16 | 分公司社会责任报告 | 永久 |
| 1.16.1.17 | 分公司员工工作证管理相关文件材料 | 永久 |
| 1.16.1.18 | 分公司员工名册 | 永久 |
| **1.17** | **分公司薪酬管理文件材料** | |
| 1.17.1 | 分公司薪酬、待遇方面的请示、批复、通知等文件材料 | 永久 |
| 1.17.2 | 分公司员工费用分配的通知 | 永久 |
| 1.17.3 | 分公司薪酬管理委员会会议材料、记录、纪要、表决票 | 永久 |
| 1.17.4 | 向上级单位上报人员费用使用、统计等相关文件材料 | 永久 |
| 1.17.5 | 向广东省申报残疾人保障金相关文件材料 | 永久 |
| 1.17.6 | 分公司退休及内部退养人员管理相关表格(薪酬部分) | 永久 |
| 1.17.7 | 分公司员工参加补充医疗保险、意外保险、养老保险、失业保险、工伤保险、住房公积金管理过程中形成的登记、变更、注销、汇(补、缓)缴、转移、提取等文件材料 | 永久 |
| 1.17.8 | 分公司薪酬、福利、个人所得税等工资发放通知、明细表等文件材料 | 永久 |
| 1.17.9 | 分公司清算非分公司发工资员工代垫费用通知等文件材料 | 10年 |
| **1.18** | **分公司外事工作文件材料** | |
| 1.18.1 | 分公司外事工作规章制度、办法、规定等文件材料 | 永久 |
| 1.18.2 | 分公司外事工作计划和总结 | 永久 |
| 1.18.3 | 因公出访(境)考察、参加国际会议等出访审批文件材料 | 永久 |
| 1.18.4 | 国际交往中签订的协议、协定、备忘录、重要会谈记录、纪要等 | 永久 |
| 1.18.5 | 因私出国(境)审批文件材料 | 30年 |
| 1.18.6 | 参加出访形成的出访日程、考察报告 | |
| 1.18.6.1 | 分公司领导参加出访活动形成的出访日程、考察报告 | 永久 |
| 1.18.6.2 | 分公司员工参加出访活动形成的出访日程、考察报告 | 30年 |
| **1.19** | **分公司员工招聘、培训工作文件材料** | |
| 1.19.1 | 分公司员工年度培训计划、总结 | 永久 |

续表

| 序号 | 归 档 范 围 | 保管期限 |
|---|---|---|
| 1.19.2 | 分公司培训的请示、通知、学员签到表、学员培训总结 | 30 年 |
| 1.19.3 | 员工培训材料、课程安排等文件材料 | 10 年 |
| 1.19.4 | 分公司招聘请示、参加招聘考试人员的成绩单等文件材料 | 永久 |
| **1.20** | **共青团工作文件材料** | |
| 1.20.1 | 分公司共青团年度工作计划、总结 | 永久 |
| 1.20.2 | 分公司团委成立、变更、撤销等文件材料 | 永久 |
| 1.20.3 | 分公司共青团开展劳动竞赛、文体活动形成的文件材料 | 10 年 |
| 1.20.4 | 省部级(含)以上单位及分公司团委表彰先进团委、团员等文件材料 | 永久 |
| 1.20.5 | 分公司发展团员及团费管理等文件材料 | 永久 |
| 1.20.6 | 分公司团委日常工作的请示、通知等文件材料 | 10 年 |
| 1.20.7 | 分公司共青团代表大会的请示、批复、通知、名单、报告、领导讲话、选举结果、会议通过的文件材料等 | 永久 |
| 1.20.8 | 分公司共青团常委(扩大)会的请示、批复、通知、名单、报告、领导讲话、选举结果、会议通过的文件材料等 | 永久 |
| **1.21** | **工会工作文件材料** | |
| 1.21.1 | 工会代表大会文件材料 | |
| 1.21.1.1 | 请示、批复、通知、会议秩序册、领导人讲话、选举结果、会议记录、讨论通过的文件材料、纪要、决议等文件材料 | 永久 |
| 1.21.1.2 | 职工代表大会合影、录音录像材料 | 永久 |
| 1.21.1.3 | 大会交流材料、会议简报、讨论未通过的文件材料 | 10 年 |
| 1.21.1.4 | 筹备工作、选举工作中形成的文件材料,小组会议记录、会务工作安排、总结等文件材料 | 10 年 |
| 1.21.2 | 工会日常工作文件材料 | |
| 1.21.2.1 | 分公司工会管理规章制度、办法、规定等文件材料 | 永久 |
| 1.21.2.2 | 分公司工会年度工作计划、总结、统计年报 | 永久 |
| 1.21.2.3 | 分公司工会会员名册 | 永久 |
| 1.21.2.4 | 分公司工会组织建设工作中形成的请示、批复 | 永久 |

续表

| 序号 | 归档范围 | 保管期限 |
|---|---|---|
| 1.21.2.5 | 分公司工会开展宣传教育、文体活动的通知、总结 | 10年 |
| 1.21.2.6 | 分公司工会权益保障工作的通知、请示 | 30年 |
| 1.21.2.7 | 分公司工会经费开支经办及日常管理等方面工作文件 | 永久 |
| 1.21.2.8 | 分公司工会对职工节假日慰问安排等方面工作文件 | 10年 |
| 1.21.2.9 | 获得省部级(含)以上单位颁发的奖杯、奖状、奖牌、奖章、锦旗、荣誉证书等 | 永久 |
| 1.21.2.10 | 分公司计划生育、独生子女管理等文件材料 | 永久 |
| 1.21.2.11 | 分公司女职工工作所产生的文件材料 | |
| 1.21.2.11.1 | 涉及女职工权益、福利等文件材料 | 永久 |
| 1.21.2.11.2 | 涉及女职工文体活动等文件材料 | 10年 |
| **1.22** | **内部管理文件材料** | |
| 1.22.1 | 部门年度工作计划、总结 | 永久 |
| 1.22.2 | 部门在党建、合规经营、风险管理及其他专项工作、活动方面的计划、报告等文件资料 | |
| 1.22.2.1 | 重要的 | 永久 |
| 1.22.2.2 | 一般的 | 30年 |
| 1.22.3 | 部门会议的通知、签到、议程、会议纪要、照片等文件材料 | 10年 |
| 1.22.4 | 部门各类档案的保管和移交的清单、记录单等文件材料 | 30年 |
| 1.22.5 | 部门费用预算相关文件材料 | |
| 1.22.5.1 | 部门费用预算的请示、签报、批复等文件材料 | 30年 |
| 1.22.5.2 | 部门费用预算外支出的请示、签报、批复等文件材料 | 30年 |
| 2 | **风险管理部** | |
| **2.1** | **风险管理工作文件材料** | |
| 2.1.1 | 风险管理方面的规章制度、办法、规定等文件材料 | 永久 |
| 2.1.2 | 经营策略建议、下达经营部门任务指标的通知 | 永久 |
| 2.1.3 | 风险指标监测数据、季度评级材料和分析报告 | 30年 |
| 2.1.4 | 风险管理工作会议发言材料、交流材料、总结、会议记录等文件材料 | 10年 |

续表

| 序号 | 归 档 范 围 | 保管期限 |
|---|---|---|
| 2.1.5 | 向上级单位报送的内部交易管理报告、统计表等文件材料 | 永久 |
| **2.2** | **反洗钱工作文件材料** | |
| 2.2.1 | 反洗钱工作管理规章制度、办法、规定等文件材料 | 永久 |
| 2.2.2 | 向上级单位报送的反洗钱工作报告、统计报表等文字材料 | 永久 |
| **2.3** | **项目审查及审批文件材料** | |
| 2.3.1 | 项目审查方面的规章制度、办法、规定等文件材料 | 永久 |
| 2.3.2 | 经办人员对上会项目的初审意见、对重大资产处置方案开展的尽职调查报告 | 永久 |
| 2.3.3 | 经营决策委员会会议通知、会议纪要、表决票 | 永久 |
| 2.3.4 | 对审批项目的批复 | 永久 |
| **2.4** | **本部门出具的授信执行意见材料** | 永久 |
| **2.5** | **评级及项目预警文件材料** | |
| 2.5.1 | 对业务部门投资项目进行现场检查后形成的汇总或综合性报告、整改通知 | 30年 |
| 2.5.2 | 对重大资产处置方案开展的尽职调查报告 | 永久 |
| 2.5.3 | 已终结投资项目的后评价工作文件材料 | 永久 |
| **2.6** | **中介机构管理工作文件材料** | |
| 2.6.1 | 中介机构管理工作方面的规章制度、办法、规定等文件材料 | 永久 |
| 2.6.2 | 向中介机构发出的邀标函/邀请函、中介机构的回标书、经办人员对评审项目的初审意见 | 永久 |
| 2.6.3 | 评估审核与中介机构管理委员会会议通知、会议纪要、表决票、中介选定通知书 | 永久 |
| 2.6.4 | 业务约定书 | 30年 |
| **2.7** | **资产收购处置文件材料** | |
| 2.7.1 | 各类资产收购、处置的定价处置办法和管理规定等文件材料 | 永久 |
| **2.8** | **法律合规事务文件材料** | |
| 2.8.1 | 制定的有关公司法律事务、合规管理工作规章制度、办法、规定等文件材料 | 永久 |

续表

| 序号 | 归 档 范 围 | 保管期限 |
|---|---|---|
| 2.8.2 | 法律工作的指南性文件及示范性法律文本 | 30 年 |
| 2.8.3 | 对分公司合规检查等形成的文件材料 | 30 年 |
| 2.8.4 | 编制的分公司合规资讯等文件材料 | 10 年 |
| **2.9** | **公告需求函、认刊书、报纸** | 30 年 |
| **2.10** | **内部管理文件材料** | |
| 2.10.1 | 部门年度工作计划、总结 | 永久 |
| 2.10.2 | 部门在党建、合规经营、风险管理及其他专项工作、活动方面的计划、报告等文件资料 | |
| 2.10.2.1 | 重要的 | 永久 |
| 2.10.2.2 | 一般的 | 30 年 |
| 2.10.3 | 部门会议的通知、签到、议程、会议纪要、照片等文件材料 | 10 年 |
| 2.10.4 | 部门各类档案的保管和移交的清单、记录单等文件材料 | 30 年 |
| 2.10.5 | 部门费用预算相关文件材料 | |
| 2.10.5.1 | 部门费用预算的请示、签报、批复等文件材料 | 30 年 |
| 2.10.5.2 | 部门费用预算外支出的请示、签报、批复等文件材料 | 30 年 |
| 3 | **资金财会部** | |
| **3.1** | **分公司财务管理工作文件材料** | |
| 3.1.1 | 会计核算办法、会计工作规范及内部控制规范、办法、指南 | 永久 |
| 3.1.2 | 固定资产管理规范、分公司成本费用开支管理规范 | 永久 |
| 3.1.4 | 分公司会计检查的通知、报告及整改反馈等相关文件材料 | 30 年 |
| 3.1.5 | 总部费用预算的通知、批复、监控等相关文件材料 | 30 年 |
| 3.1.6 | 分公司年度会计报表、财务决算报告、报表 | 永久 |
| 3.1.7 | 财务审计报告 | 永久 |
| 3.1.8 | 分公司财务和成本核算文件材料 | 永久 |
| 3.1.9 | 向监管机构报送公司年度经营盈亏运行情况报告、报表 | 永久 |
| 3.1.10 | 向统计局报送分公司年度统计报表 | 永久 |
| 3.1.11 | 分公司统计月报表、季报表 | 10 年 |

续表

| 序号 | 归档范围 | 保管期限 |
|---|---|---|
| 3.1.12 | 向分公司领导报送用于分公司内部分析的有关业务报表以及业务情况分析报告 | 30年 |
| **3.2** | **分公司财务开支管理相关文件材料** | |
| 3.2.1 | 总部对分公司财务开支管理工作的指导和监督等文件材料 | 永久 |
| 3.2.2 | 分公司大额业务费用预算的请示、批复等文件材料 | 永久 |
| 3.2.3 | 分公司营业外支出的请示、批复等文件材料 | 永久 |
| 3.2.4 | 分公司年度费用管理、业务管理分析报告等文件材料 | 永久 |
| 3.2.5 | 财务审查委员会会议通过的项目请示、初审报告、会议通知、表决意见汇总表、会议纪要、项目批复等文件材料 | 永久 |
| 3.2.6 | 商业化业务及集团重大财务事项的财税审核等文件材料 | 永久 |
| **3.3** | **分公司固定资产、税收管理相关文件材料** | |
| 3.3.1 | 分公司固定资产新增、使用、调拨、报废等文件材料 | 永久 |
| 3.3.2 | 分公司固定资产规模控制等文件材料 | 30年 |
| 3.3.3 | 分公司税务登记、缴纳、减免、返还等工作文件材料 | 永久 |
| 3.3.4 | 分公司税务筹划、税收管理建议等文件材料 | 30年 |
| 3.3.5 | 分公司税务咨询机构的咨询、政策研究等文件材料 | 10年 |
| 3.3.6 | 分公司纳税申报表 | 10年 |
| **3.4** | **分公司会计核算相关材料** | |
| 3.4.1 | 会计凭证、账簿 | 30年 |
| 3.4.2 | 银行存款余额调节表 | 30年 |
| 3.4.3 | 银行对账单 | 30年 |
| 3.4.4 | 会计档案移交清册 | 30年 |
| 3.4.5 | 会计档案保管登记簿 | 永久 |
| **3.5** | **分公司资金业务管理文件材料** | |
| 3.5.1 | 分公司管理的银行账户的开立、变更、销户等文件材料 | 永久 |
| **3.6** | **内部管理文件材料** | |
| 3.6.1 | 部门年度工作计划、总结 | 永久 |

续表

| 序号 | 归档范围 | 保管期限 |
|---|---|---|
| 3.6.2 | 部门在党建、合规经营、风险管理及其他专项工作、活动方面的计划、报告等文件资料 | |
| 3.6.2.1 | 重要的 | 永久 |
| 3.6.2.2 | 一般的 | 30 年 |
| 3.6.3 | 部门会议的通知、签到、议程、会议纪要、照片等文件材料 | 10 年 |
| 3.6.4 | 部门各类档案的保管和移交的清单、记录单等文件材料 | 30 年 |
| 3.6.5 | 部门费用预算相关文件材料 | |
| 3.6.5.1 | 部门费用预算的请示、签报、批复等文件材料 | 30 年 |
| 3.6.5.2 | 部门费用预算外支出的请示、签报、批复等文件材料 | 30 年 |
| **4** | **资产经营一部** | |
| **4.1** | **内部管理文件材料** | |
| 4.1.1 | 部门年度工作计划、总结 | 永久 |
| 4.1.2 | 部门在党建、合规经营、风险管理及其他专项工作、活动方面的计划、报告等文件资料 | |
| 4.1.2.1 | 重要的 | 永久 |
| 4.1.2.2 | 一般的 | 30 年 |
| 4.1.3 | 部门会议的通知、签到、议程、会议纪要、照片等文件材料 | 10 年 |
| 4.1.4 | 部门各类档案的保管和移交的清单、记录单等文件材料 | 30 年 |
| 4.1.5 | 部门费用预算相关文件材料 | |
| 4.1.5.1 | 部门费用预算的请示、签报、批复等文件材料 | 30 年 |
| 4.1.5.2 | 部门费用预算外支出的请示、签报、批复等文件材料 | 30 年 |
| **4.2** | **本部门经营管理文件材料** | |
| 4.2.1 | 本部门年度经营管理工作计划、任务目标、总结、统计等文件材料 | 永久 |
| 4.2.2 | 本部门半年度、季度、月份资产经营管理工作计划、总结、统计等文件材料 | 10 年 |
| 4.2.3 | 本部门经营管理工作中重要的请示、报告、通知、批复等文件材料 | 永久 |

续表

| 序号 | 归 档 范 围 | 保管期限 |
|---|---|---|
| 4.2.4 | 本部门开展经营项目过程中形成的尽调报告、会议纪要、核价意见等文件材料 | 10 年 |
| 4.2.5 | 本部门额度管理的一般性文件材料 | 10 年 |
| 4.2.6 | 分公司与客户签署的战略合作协议 | 永久 |
| 4.2.7 | 分公司签署的短期合作协议及其补充协议 | 30 年 |
| 4.2.8 | 分公司对重点单位或个人的资信调查、客户管理等文件材料 | 30 年 |
| 4.2.9 | 项目债权催收通知书及回执、公证送达书，刊登在金融时报上的债权催收公告，发布在公司网站的处置公告、其他证明诉讼时效、法定期间的文件材料 | 永久 |
| 4.2.10 | 项目日常走访工作表、谈判记录、会议纪要、电话记录单等 | 永久 |
| 4.2.11 | 项目管理、运作及处置过程中产生的评估报告、合同、协议、方案、请示、批复、投后管理等文件材料 | 30 年 |
| 4.2.12 | 项目处置终结报告、终结审计意见等文件材料 | 30 年 |
| 4.2.13 | 对已立项未执行项目文件材料 | 10 年 |
| 5 | **资产经营二部** | |
| **5.1** | **内部管理文件材料** | |
| 5.1.1 | 部门年度工作计划、总结 | 永久 |
| 5.1.2 | 部门在党建、合规经营、风险管理及其他专项工作、活动方面的计划、报告等文件资料 | |
| 5.1.2.1 | 重要的 | 永久 |
| 5.1.2.2 | 一般的 | 30 年 |
| 5.1.3 | 部门会议的通知、签到、议程、会议纪要、照片等文件材料 | 10 年 |
| 5.1.4 | 部门各类档案的保管和移交的清单、记录单等文件材料 | 30 年 |
| 5.1.5 | 部门费用预算相关文件材料 | |
| 5.1.5.1 | 部门费用预算的请示、签报、批复等文件材料 | 30 年 |
| 5.1.5.2 | 部门费用预算外支出的请示、签报、批复等文件材料 | 30 年 |
| **5.2** | **本部门资本金、零价格、股权转股权及其他股权项目管理文件** | |
| 5.2.1 | 项目所属企业上报的重要请示、报告、函及相关批复、复函、处理结果等文件材料 | 30 年 |

续表

| 序号 | 归 档 范 围 | 保管期限 |
|---|---|---|
| 5.2.2 | 项目所属企业上报的一般事项的请示、报告、函及相关批复、复函、处理结果等文件材料 | 10 年 |
| 5.2.3 | 项目所属企业上报的年度工作计划、年度经营财务数据、工作总结、审计报告 | 30 年 |
| 5.2.4 | 项目所属企业上报的业务统计报表、统计报告等文件材料 | 10 年 |
| 5.2.5 | 项目在管理、运作及处置过程中产生的审计报告、评估报告、合同、协议、方案、请示、批复及出具的证明、委托书等文件材料 | 30 年 |
| 5.2.6 | 向上级及有关监管部门上报的项目管理、运行、处置方面的有关报告 | 30 年 |
| 5.2.7 | 项目债权催收通知书及回执、公证送达书、资产处置公告、其他证明诉讼时效、法定期间的文件材料 | 永久 |
| 5.2.8 | 项目重要的日常走访、谈判、会议、电话记录单等 | 30 年 |
| 5.2.9 | 资本金、零价格、股权转股权及其他股权项目公司委派董事、监事及高级管理人员的年度考核文件材料 | 30 年 |
| 5.2.10 | 项目在管理、处置过程中管理的一般事项的文件资料 | 10 年 |
| 5.2.11 | 项目处置终结报告、终结审计意见等文件材料 | 30 年 |
| 5.2.12 | 分公司与客户签署的有关战略合作协议复 | 30 年 |
| 5.2.13 | 资本金、债转股项目所涉国有产权登记有关文件材料 | 30 年 |
| **5.3** | **本部门其他经营项目管理文件材料** | |
| 5.3.1 | 本部门年度经营管理工作计划、任务目标、总结、统计等文件材料 | 永久 |
| 5.3.2 | 本部门半年度、季度、月份资产经营管理工作计划、总结、统计等文件材料 | 10 年 |
| 5.3.3 | 本部门经营管理工作中重要的请示、报告、通知、批复等文件材料 | 永久 |
| 5.3.4 | 本部门开展经营项目过程中形成的尽调报告、会议纪要、核价意见等文件材料 | 10 年 |
| 5.3.5 | 本部门额度管理的一般性文件材料 | 10 年 |
| 5.3.6 | 分公司与客户签署的战略合作协议 | 永久 |

续表

| 序号 | 归档范围 | 保管期限 |
|---|---|---|
| 5.3.7 | 分公司签署的短期合作协议及其补充协议 | 30年 |
| 5.3.8 | 分公司对重点单位或个人的资信调查、客户管理等文件材料 | 30年 |
| 5.3.9 | 项目债权催收通知书及回执、公证送达书,刊登在金融时报上的债权催收公告,发布在公司网站的处置公告、其他证明诉讼时效、法定期间的文件材料 | 永久 |
| 5.3.10 | 项目日常走访工作表、谈判记录、会议纪要、电话记录单等 | 永久 |
| 5.3.11 | 项目管理、运作及处置过程中产生的评估报告、合同、协议、方案、请示、批复、投后管理等文件材料 | 30年 |
| 5.3.12 | 项目处置终结报告、终结审计意见等文件材料 | 30年 |
| 5.3.13 | 对已立项未执行项目文件材料 | 10年 |
| 6 | **市场开发部** | |
| **6.1** | **内部管理文件** | |
| 6.1.1 | 部门年度工作计划、总结 | 永久 |
| 6.1.2 | 部门在党建、合规经营、风险管理及其他专项工作、活动方面的计划、报告等文件资料 | |
| 6.1.2.1 | 重要的 | 永久 |
| 6.1.2.2 | 一般的 | 30年 |
| 6.1.3 | 部门会议的通知、签到、议程、会议纪要、照片等文件材料 | 10年 |
| 6.1.4 | 部门各类档案的保管和移交的清单、记录单等文件材料 | 30年 |
| 6.1.5 | 部门费用预算相关文件材料 | |
| 6.1.5.1 | 部门费用预算的请示、签报、批复等文件材料 | 30年 |
| 6.1.5.2 | 部门费用预算外支出的请示、签报、批复等文件材料 | 30年 |
| **6.2** | **本部门经营管理文件材料** | |
| 6.2.1 | 本部门年度经营管理工作计划、任务目标、总结、统计等文件材料 | 永久 |
| 6.2.2 | 本部门半年度、季度、月份资产经营管理工作计划、总结、统计等文件材料 | 10年 |
| 6.2.3 | 本部门经营管理工作中重要的请示、报告、通知、批复等文件材料 | 永久 |

续表

| 序号 | 归 档 范 围 | 保管期限 |
| --- | --- | --- |
| 6.2.4 | 本部门开展经营项目过程中形成的尽调报告、会议纪要、核价意见等文件材料 | 10 年 |
| 6.2.5 | 本部门额度管理的一般性文件材料 | 10 年 |
| 6.2.6 | 分公司与客户签署的战略合作协议 | 永久 |
| 6.2.7 | 分分公司签署的短期合作协议及其补充协议 | 30 年 |
| 6.2.8 | 分公司对重点单位或个人的资信调查、客户管理等文件材料 | 30 年 |
| 6.2.9 | 项目债权催收通知书及回执、公证送达书,刊登在金融时报上的债权催收公告,发布在公司网站的处置公告、其他证明诉讼时效、法定期间的文件材料 | 永久 |
| 6.2.10 | 项目日常走访工作表、谈判记录、会议纪要、电话记录单等 | 永久 |
| 6.2.11 | 项目管理、运作及处置过程中产生的评估报告、合同、协议、方案、请示、批复、投后管理等文件材料 | 30 年 |
| 6.2.12 | 项目处置终结报告、终结审计意见等文件材料 | 30 年 |
| 6.2.13 | 对已立项未执行项目文件材料 | 10 年 |
| 7 | **××地区业务部** | |
| **7.1** | **内部管理文件材料** | |
| 7.1.1 | 部门年度工作计划、总结 | 永久 |
| 7.1.2 | 部门在党建、合规经营、风险管理及其他专项工作、活动方面的计划、报告等文件资料 | |
| 7.1.2.1 | 重要的 | 永久 |
| 7.1.2.2 | 一般的 | 30 年 |
| 7.1.3 | 部门会议的通知、签到、议程、会议纪要、照片等文件材料 | 10 年 |
| 7.1.4 | 部门各类档案的保管和移交的清单、记录单等文件材料 | 30 年 |
| 7.1.5 | 部门费用预算相关文件材料 | |
| 7.1.5.1 | 部门费用预算的请示、签报、批复等文件材料 | 30 年 |
| 7.1.5.2 | 部门费用预算外支出的请示、签报、批复等文件材料 | 30 年 |
| **7.2** | **本部门经营管理文件材料** | |
| 7.2.1 | 本部门年度经营管理工作计划、任务目标、总结、统计等文件材料 | 永久 |

续表

| 序号 | 归档范围 | 保管期限 |
|---|---|---|
| 7.2.2 | 本部门半年度、季度、月份资产经营管理工作计划、总结、统计等文件材料 | 10年 |
| 7.2.3 | 本部门经营管理工作中重要的请示、报告、通知、批复等文件材料 | 永久 |
| 7.2.4 | 本部门开展经营项目过程中形成的尽调报告、会议纪要、核价意见等文件材料 | 10年 |
| 7.2.5 | 本部门额度管理的一般性文件材料 | 10年 |
| 7.2.6 | 分公司与客户签署的战略合作协议 | 永久 |
| 7.2.7 | 分公司签署的短期合作协议及其补充协议 | 30年 |
| 7.2.8 | 分公司对重点单位或个人的资信调查、客户管理等文件材料 | 30年 |
| 7.2.9 | 项目债权催收通知书及回执、公证送达书，刊登在金融时报上的债权催收公告，发布在公司网站的处置公告、其他证明诉讼时效、法定期间的文件材料 | 永久 |
| 7.2.10 | 项目日常走访工作表、谈判记录、会议纪要、电话记录单等 | 永久 |
| 7.2.11 | 项目管理、运作及处置过程中产生的评估报告、合同、协议、方案、请示、批复、投后管理等文件材料 | 30年 |
| 7.2.12 | 项目处置终结报告、终结审计意见等文件材料 | 30年 |
| 7.2.13 | 对已立项未执行项目文件材料 | 10年 |